思想道德与法治实践教程

主　编 陈　莉　方学军　李战奎
副主编 席华娟　张雪梅　张海军　余广俊

图书在版编目(CIP)数据

思想道德与法治实践教程 / 陈莉，方学军，李战奎主编. —西安：西安交通大学出版社，2023.8

ISBN 978-7-5693-3220-9

Ⅰ.①思… Ⅱ.①陈… ②方… ③李… Ⅲ.①思想修养—高等学校—教材 ②法律—中国—高等学校—教材 Ⅳ.①G641.6 ②D920.4

中国国家版本馆 CIP 数据核字(2023)第 074922 号

书　　名 思 想 道 德 与 法 治 实 践 教 程
SIXIANG DAODE YU FAZHI SHIJIAN JIAOCHENG
主　　编 陈　莉　方学军　李战奎
责任编辑 张　娟
责任校对 张静静
装帧设计 伍　胜

出版发行 西安交通大学出版社
(西安市兴庆南路 1 号　邮政编码 710048)
网　　址 http://www.xjtupress.com
电　　话 (029)82668357　82667874(市场营销中心)
(029)82668315(总编办)
传　　真 (029)82668280
印　　刷 西安日报社印务中心

开　　本 720mm×1000mm　1/16　**印张** 16.75　**字数** 275 千字
版次印次 2023 年 8 月第 1 版　2023 年 8 月第 1 次印刷
书　　号 ISBN 978-7-5693-3220-9
定　　价 45.00 元

如发现印装质量问题，请与本社市场营销中心联系。
订购热线：(029)82665248　(029)82667874
投稿热线：(029)82668525

前　言

“思想道德与法治”是中宣部、教育部规定开设的一门融思想性、政治性、科学性、理论性、实践性于一体的普通高等院校思想政治理论课。本课程通过开展马克思主义的世界观、人生观、价值观、道德观、法治观教育，引导大学生自觉提升思想道德素质和法治素养，成长为担当民族复兴大任的时代新人。

习近平总书记在学校思想政治理论课教师座谈会上强调：“思想政治理论课是落实立德树人根本任务的关键课程。”①近年来，在改革创新思想政治理论课和推进教材体系向教学体系转化的过程中，我们始终坚持思想政治理论课改革创新的“八个相统一”原则，着力探索“理论性和实践性相统一”的思政课改革创新方法和途径，遵循思想政治教育规律和学生成长规律，紧密围绕国家战略和区域经济社会发展战略，致力于创新研究和推行地方高校思想政治理论课实践教学模式。本实践教程为陕西省高等教育教学改革项目“地方高校思想政治理论课‘三维四段’式实践教学体系创新研究”（19BY108）和陕西省精品课程“习近平新时代中国特色社会主义思想‘三进’与‘思想道德修养与法律基础’课教学模式重构的理论与实践”（陕西省委教育工委 2019 立项）的研究与实践成果，是地方高校加强和改进思政课实践教学的深入探索和经验总结。

本实践教程以中宣部、教育部“思想道德与法治”马克思主义理论研究和建设工程统编教材各章内容为基础，紧紧围绕习近平新时代中国特色社会主义思想“三进”工作，密切结合马克思主义中国化时代化最新理论成果，充分运用地方高校所在区域社会经济发展、乡村振兴、生态文明建设、历史文化传承、红色基因赓续等丰富的教育教学资源和所建立的实践教学基地，各章均设置了教学目标、理论热点、实践项目、案例学习与评析、延伸阅读、精选习题、推荐阅读书目七个模块，设计了过程性和终结性相结合的实践教学评价方式，实施多元主

---

① 习近平.用新时代中国特色社会主义思想铸魂育人　贯彻党的教育方针落实立德树人根本任务[N].人民日报,2019－03－19(01)。

体、多维度评价。所设置的教学目标聚焦大学生的知识学习、能力培养和价值塑造;所撰写的理论热点体现知识经典性和时代前沿性;所选择的案例具有价值引领性和思想启发性;所设计的实践项目富有地方特色性和普遍适用性;所挑选的练习题兼具知识理论性和生动实践性;所收集的阅读材料具有丰富知识性和时代创新性。本教程着力将理论传授融入实践教学之中,旨在通过思想政治理论课实践教学对当代大学生面临和关心的实际问题予以科学阐释和有力回答,引导大学生在实际情境中亲身体验、真切感知和深刻领悟理论的科学性和实践的伟力,从而教育大学生树立崇高的理想信念,弘扬伟大的爱国主义精神,学习和践行社会主义核心价值观,努力加强思想道德修养,增强学法守法的自觉性,提升家国情怀和政治认同,树立正确的世界观、人生观和价值观,全面提高思想道德素质和法律素养,成长为德、智、体、美、劳全面发展的社会主义合格建设者和可靠接班人。

由于时间紧迫,加之水平有限,书中难免会有一些不妥之处,恳请广大读者批评指正,以期进一步修改和完善。

编者

2023 年 6 月 25 日

目　录

第一章　领悟人生真谛　把握人生方向

教学目标

1. 知识目标：能够以马克思主义主客体辩证关系的基本原理为认识工具，系统地掌握与人生观相关的基本理论，科学认识“人的本质是什么”“人为什么活着”“人应该怎样生活”“怎样的人生才有意义”等问题，树立正确的人生观。

2. 能力目标：能够结合个人实际和社会现实，认识到想要实现个人价值和社会价值必须要有正确的人生态度，树立正确的幸福观、得失观、苦乐观、顺逆观、生死观和荣辱观，能够警惕和抵制错误人生观，自觉设定正确的人生目的，端正人生态度，把劳动作为手段，通过奋斗去创造有价值的人生。

3. 情感价值目标：正确认识和把握自身在各种社会关系中的地位和作用，确立科学高尚的人生追求，保持积极进取的人生态度；认识到只有与历史同向、与祖国同行、与人民同在，只有服务人民、奉献社会才能成就出彩人生，实现个人价值。

理论热点

一、知识要点

1. 人的本质

马克思在扬弃黑格尔辩证法的合理内核和费尔巴哈唯物主义的基础上，于《关于费尔巴哈的提纲》一文中明确指出：“人的本质不是单个人所固有的抽象物，在其现实性上，它是一切社会关系的总和。”[1]人对自身的认识，既是一个古

---

① 马克思. 关于费尔巴哈的提纲[M]//中共中央马克思恩格斯列宁斯大林著作编译局. 马克思恩格斯选集：第1卷. 北京：人民出版社，1995：56.

老的问题,又是一个常新的问题。对人的认识,核心在于认识人的本质。在中外思想史上,许多思想家对此曾提出过自己的见解,但直到19世纪中叶,马克思和恩格斯创立了辩证唯物主义和历史唯物主义,并用它来观察人、分析人、认识人后,人的本质才首次被科学揭示。

社会属性是人的本质属性。人以劳动求得生存和发展,人类的劳动只有在一定的社会关系中才能得以展开和发展,即便是个体的劳动实践也是从社会中获得了劳动实践能力后才能进行下去,并且人的实践活动是有意识的,人能够对自己的存在和活动的内容、方式有所"观",并且根据一定的"观"作出选择、采取行动。

社会关系是处在不断变化之中的,人们正是在这种客观的、不断变化的社会关系中塑造自我,成为真正现实的、具有个性特征的人,正是在一定的社会历史条件下,在客观的不断变化的社会关系中实践人生、感悟人生,才形成了相应的人生观。

思考人生,树立正确的人生观,首先需要对"人是什么"和"人的本质是什么"等问题有科学的认识。只有以马克思主义为指导,正确理解人的本质,才能科学地理解人生观的问题,才能抵制错误人生观的消极影响。

2. 人生观的主要内容

人生观主要包括人生目的、人生态度和人生价值。人生目的即人为什么活着,人生态度即人应当如何活着,人生价值即什么样的人生才有价值。这三个方面相辅相成,统一为一个有机整体。

人生目的是指生活在一定历史条件下的人在人生实践中的根本指向和人生追求。人生目的是人生观的核心,人生目的决定人生道路、人生态度与人生价值。

人生态度是指人们在生活实践形成的对人生问题的一种稳定的心理倾向和精神状态。人生态度是人生观的重要内容。一个人有什么样的人生观,就会有什么样的人生态度。反过来,个人的人生态度往往又制约着他对整个世界和人生的看法,从而对个人的世界观、人生观产生重要影响。

人生价值是指人的生命及其实践活动的作用和意义。人生价值内在地包含了人的自我价值和社会价值两个方面。人的自我价值,是个体的实践活动对自己的生存和发展所具有的价值,主要表现为对自身物质和精神需要的满足程度。人的社会价值,是个体的实践活动对社会、对他人所具有的价值。人的自我价值的实现是个体为社会创造更大价值的前提,人的社会价值的实现是个体自我完善、全面发展的保障。

3. 保持认真、务实、乐观、进取的人生态度

人生须认真。要严肃思考人的生命应有的意义，明确生活目标和肩负的责任，既要清醒地看待生活，又要积极认真地面对生活。不能得过且过、游戏人生，否则就会虚掷光阴，甚至误入歧途。

人生当务实。要从人生的实际出发，以科学的态度看待人生，以务实的精神创造人生。不能好高骛远、空谈理想、眼高手低、浅尝辄止，否则就会脱离实际、一事无成。

人生应乐观。只有热爱生活的人，才能真正拥有生活。乐观豁达的人生态度是人们承受困难和挫折的心理基础。不能因为自己的期望没有被满足或者遇到困难和挫折，就消极悲观、畏难退缩，甚至颓废堕落、自暴自弃。

人生要进取。逆水行舟，不进则退。大学生要不断丰富人生的意义，在创新创造中不断书写人生的新篇章。不能贪图安逸、满足现状、因循守旧、故步自封，否则人生就会失去应有的光彩。

4. 实现人生价值的基础

实现人生价值要从社会客观条件出发。学生应懂得珍惜当今中国难得的发展机遇，努力实现自己的人生价值。

实现人生价值要从个体自身条件出发。大学生自身社会经验偏少、知识储备不够，容易通过主观想象认知自我。学生应在成长成才的过程中不断完善知识结构、丰富社会实践，坚持实事求是的原则，客观认识自己，在正确认知自我的基础上实现人生价值。

不断增强实现人生价值的能力和本领。虽然人在实现人生价值的过程中不可避免地要受到客观条件的制约，但个人的主观努力在相当大的程度上也决定着人生价值实现的程度。学生应全面提高综合素质和能力，为实现人生价值奠定良好基础。

5. 树立正确的幸福观、得失观、苦乐观、顺逆观、生死观和荣辱观

(1)树立正确的幸福观。什么是真正的幸福，应该追求什么样的幸福，通过什么样的方式实现幸福，是大学生应该认真思考的人生课题。幸福是一个总体性范畴，它意味着人总体上生存状态较好。实现幸福离不开一定的物质条件，在追求物质生活水平提高的同时，要更加注重追求德性和人格的高尚，注重追求健康向上的精神生活。在追求幸福的过程中，不能把自己的幸福建立在损害社会整体利益和他人利益的基础上。

幸福美好的生活是靠个人勤奋劳动创造的。一个人对社会与他人的贡献越大，自身价值就越大，成就感与被尊重感就越强，也相对更容易感到幸福。而这些都要靠辛勤劳动才能实现，只有通过劳动创造的幸福才是真正的幸福。

(2)树立正确的得失观。得与失是人们最常遇到的一对矛盾，正确认识得与失，树立正确的得失观，对于人们正确认识和处理利益问题，选择正确的人生道路，创造有价值的人生具有积极的意义。权衡得失，必有一个比较取舍的过程，孟子曾说："鱼，我所欲也；熊掌，亦我所欲也。二者不可得兼，舍鱼而取熊掌者也。生，亦我所欲也；义，亦我所欲也。二者不可得兼，舍生而取义者也。"孟子之言，正应了"两害相权从其轻，两利相较从其重"之理。

不要拘泥于个人利益的得失，不要满足于一时的得，亦不要惧怕一时的失。

如果失去成就了别人，那是成人之美，自己亦有精神上的获得。正因为有了这样的认识，社会上才有了善举和见义勇为的壮举。人生不可能一帆风顺，面对挫折和失去，我们应当保持良好的心态，不能遇到一点挫折就轻言放弃，面对一点失败就灰心丧气，相反，我们应因势利导，化不利为有利。正确认识得与失，努力做到不为私心所扰、不为名利所累、不为物欲所惑，有了正确的得失观，人的心胸会更加开阔，人的心灵会更加美丽，人的境界也会更加高尚。

(3)树立正确的苦乐观。苦与乐既对立又统一，又在一定条件下可以相互转化。奋斗是艰辛的，但真正的快乐只能由奋斗的艰辛转化而来。学生应在自身成长过程中准确把握苦与乐的辩证关系，努力做迎难而上、艰苦奋斗的开拓者。

(4)树立正确的顺逆观。顺水行舟，更容易接近和实现目标，但是又容易使人滋生骄娇二气，自满自足，意志衰退。逆水行舟，亦可以磨炼意志、陶冶品格、积累战胜困难的经验、丰富人生阅历。只有善于利用顺境，顺势而快上，勇于正视逆境和战胜逆境，处低谷而力争，人生价值才能够实现。

(5)树立正确的生死观。如何认识、对待生与死，体现了一个人的人生境界，更直接影响着他的实际生活。学生应牢固树立生命可贵的意识，爱护自己和他人的生命，理性面对生老病死的自然规律，珍惜韶华，在服务人民、投身中华民族伟大复兴的事业中释放潜能，努力赋予有限的个体生命更有价值的意义。

(6)树立正确的荣辱观。荣辱观对个人的思想行为具有鲜明的导向和调节作用。大学生应具备正确的荣辱观,明确是非、对错、善恶、美丑的界限,坚持以热爱祖国为荣、以危害祖国为耻,以服务人民为荣、以背离人民为耻,以崇尚科学为荣、以愚昧无知为耻,以辛勤劳动为荣、以好逸恶劳为耻,以团结互助为荣、以损人利己为耻,以诚实守信为荣、以见利忘义为耻,以遵纪守法为荣、以违法乱纪为耻,以艰苦奋斗为荣、以骄奢淫逸为耻。

6. 反对错误的人生观

(1)反对拜金主义。拜金主义是引发自私自利、钱权交易、行贿受贿、贪赃枉法等丑恶现象的重要思想根源。人应当是金钱的主人,而不是金钱的奴隶;应当依靠自己的劳动创造财富,合理合法获取金钱。生活中还有许多远比金钱更有意义的东西值得我们去追寻。

(2)反对享乐主义。享乐主义不仅危害大学生的健康成长,而且会败坏社会风气。在日常生活中应树立正确的消费观:健康有益的、适度的物质生活和文化生活,是人的正当需要,也有利于促进经济社会的发展;过度的消费,一味追求享乐,甚至认可及时行乐的价值观,只会使人意志消沉,碌碌无为。

(3)反对极端个人主义。极端个人主义突出强调以个人为中心,在处理个人与他人、个人与社会的关系上表现为极端利己主义和狭隘功利主义。

7. 成就出彩人生的途径

青年学生应明确新时代赋予自己的历史责任,在服务人民、奉献社会的实践中与历史同向、与祖国同行、与人民同在,创造有意义的人生。

(1)与历史同向。青年学生应正确认识世界和中国发展大势,准确把握中国发展的重要战略机遇期,提升民族自信心,增强时代责任感,与历史同步伐,与时代共命运。

(2)与祖国同行。通过回溯历史,青年学生应明确,只有自觉将人生目标同国家和民族的前途命运紧紧联系在一起,才能最大限度地实现人生价值。青年学生正确认识国家和民族赋予自身的历史责任和使命,自觉与国家和民族共奋进、同发展。

(3)与人民同在。青年学生应明确,只有走与人民群众相结合的道路,向人民群众学习,从人民群众中汲取营养,做中国最广大人民根本利益的维护者,才能使自己的人生大有作为。

二、热点解析

1. 拜金主义的实质和表现

拜金主义即货币拜物教，是从商品拜物教发展而来的。拜物教是人们把某些象征物当作神灵一样崇拜的原始宗教。马克思在分析商品和货币及其关系的问题时，发现人们对于商品和货币的态度和拜物教中人们对物的崇拜十分相似，于是将拜物教引入分析中，提出商品拜物教的概念。商品拜物教产生于以私有制为基础的商品经济中。商品交换是商品价值实现的形式，它反映出人们对社会资料的占有情况和相互关系，也反映出人与人之间的劳动关系。但在商品交换中，商品生产和商品交换的社会关系被物与物之间的交换形式掩盖，因此人们对交换物产生崇拜。当货币作为一般等价物出现之后，人们对商品的崇拜逐渐转变为对货币的崇拜，拜金主义由此产生，在不同的时代有不同的表现。

如今，拜金主义以奢靡之风、享乐之风的形式渗入社会生活的各个方面，在这种错误思潮的影响下部分大学生滋生了享乐主义、奢侈虚荣等错误的价值观，主要通过以下几种方式表现出来。

（1）非法校园贷。零门槛、无抵押、无利息，专为学生打造，秒到账……这些字眼都来自为大学生“量身定制”的陷阱——非法校园贷。面对害人不浅的非法校园贷，大学生们应擦亮眼睛，莫入圈套。学生在借贷时通常无抵押无担保，但一些借贷公司存在高利借贷的情况。若不能及时归还贷款，放贷人可能会采取恐吓、殴打、威胁学生甚至其父母的手段进行暴力讨债，对学生的人身安全和校园秩序造成严重的危害。

2016 年 4 月，教育部与银监会联合发布了《关于加强校园不良网络借贷风险防范和教育引导工作的通知》，明确要求各高校建立校园不良网络借贷日常监测机制和实时预警机制，同时，建立校园不良网络借贷应对处置机制。2017 年 9 月 6 日，教育部明确要求“取缔校园贷款业务，任何网络贷款机构都不允许向在校大学生发放贷款”。

（2）超前消费。超前消费是指当下的收入水平不足以购买现在所需的产品或服务，以分期付款、预支形式进行消费。简单来说，超前消费是指将今后的收入提前到现在支出，通俗来说，就是花明天的钱圆今天的梦。这种消费虽然在一定时期对经济发展有一定的刺激作用，但是对大学生来说，危险性极大。

大学生是一个特殊的社会群体，他们充满了青春和活力，在大学校园接受着知识的熏陶，但社会经验不足，思想相对单纯，再加上学校和家庭教育的缺位或不足，造成不谙世事的大学生缺乏抵御外在诱惑的理性武器。消费观背后隐藏的是价值观。有什么样的内在价值观，就会有什么样的消费行为，价值观是消费行为的深层驱动力。从根本上来说，除了对外在的金融信贷给予更加法治化的规范以外，还要注重校园课堂本身，在课堂中规范学生的消费观。

(3)物质主义。物质主义是社会伦理学用词，指以物质生活为生活的第一要义，强调物质利益的极端重要性，主张致力于物质享受，并以物质生活资料判断善恶是非的理论观点和思想学说。物质主义与唯经济主义、极端功利主义和享乐主义关系十分密切，它们在本质上均割裂了物质利益同其他事物的内在联系，犯了片面夸大物质或物质利益功能和作用的错误。物质主义忽视甚至全盘否定精神文化和道德伦理的价值，认为相对于物质或物质利益而言，精神文化和伦理道德完全是多余的、无用的，甚至是有害的，发展社会的精神文明和道德文明是对社会财富的巨大浪费或破坏。物质主义是一种唯经济论，它在伦理道德上的主要表现常常是否认伦理道德的内在功能和相对独立性，只承认物质或物质利益的合道德性。

这些现象的存在，主要源于以下几个方面：①人与货币之间的关系异化。货币就其本质而言是商品交换的媒介和手段，但是在拜金主义者眼里货币的价值却高于一切商品，甚至能够购买世间的一切，成为一种统治人和支配人的异化力量，掌控人的物质生产实践活动和思想意识。人创造了货币，货币却反过来统治人，在货币面前个人丧失了自身的独特性，人被异化为金钱的奴仆，人与货币之间的关系异化。②把享乐主义视为终极价值追求。拜金主义赚取金钱的最终目的是拥有金钱之后的炫耀和奢靡享受，推崇贪图享乐、炫耀奢华、挥霍消费的生活方式。诚然，金钱是满足享乐的物质基础和前提，拜金主义夸大了金钱的价值，扭曲了享乐的意义，把享乐看作赚钱的最终目的和至高无上的活动，不惜一切代价地拼命赚钱占有享受对象，满足物质上的奢靡需求。③以利己主义为总的指导原则。拜金主义是资本主义利己主义价值观的核心内容和价值取向。拜金主义认为利己主义是人与生俱来的本性，它把自身奉为永恒的价值主体，作为价值的归宿和裁定者，没有自我，价值关系就不复存在，把自我放在道德生活的中心。拜金主义扭曲了人类的活动，只接受对自己有利的一面，否认对自己不利的一面，一切经济活动都以个人为中心，以个人经济利益为思想和行为的准则及道德评价标准，为了追求个人经济利益最大化不惜一切代价，见利忘义、自私自利、唯利是图。

因此，绝不能奉行拜金主义的人生观和价值观。我们发展社会主义市场经济，正确利用物质利益的杠杆调动人们的积极性，目的是大力发展生产力，提高人民的生活水平，促进人的自由与全面发展以及社会的协调和可持续发展，这就决定了秉持拜金主义的价值观不仅不会带来社会财富的增加，相反会诱发人的趋利性，引发社会利益与个人利益之间的冲突。广大青年学生充分认识到拜金主义的错误和危害，自觉抵制它的侵蚀，对于树立正确的人生观和价值观意义重大。

2. 幸福人生是劳动创造出来的

劳动观点是历史唯物主义的基本观点。首先，要树立劳动光荣的观点。其次，一切合法的劳动收入都应该得到保护。权利与义务的统一是现代法治社会的基本要求，也是现代伦理的基本准则。劳动者在享有劳动权利的同时应该履行劳动义务。劳动者权利与义务的分配应遵循三大原则：一是贡献原则，即一个人的权利与义务要对等，同时与贡献成正比；二是平等原则，即每个人不论贡献如何都应该完全平等地享有基本权利与履行基本义务；三是差别原则，即每个人因其贡献差别而得到相应所得。有劳动能力的公民从事劳动，既是行使国家赋予的权利，又是履行对国家和社会所承担的义务。必须将诚实劳动、履行劳动过程中应该遵守的基本义务必须提高到一个关乎社会秩序公正的高度来认识。换言之，只有我们每一个人都在社会体系中各安其分、各敬其业，才能创造一个公正的社会环境。

劳动创造了人本身。恩格斯在《劳动在从猿到人转变过程中的作用》中提出了“劳动创造了人本身”的理论命题。他认为：“甚至达尔文学派的最富有唯物精神的自然科学家们还弄不清人类是怎样产生的，因为他们在唯心主义的影响下，没有认识到劳动在这中间所起的作用”“（劳动）它是整个人类生活的第一个基本条件，而且达到这样的程度，以致我们在某种意义上不得不说：劳动创造了人本身”①。劳动过程就其简单要素来说，是创造使用价值的有目的的活

① 恩格斯．劳动在从猿到人转变过程中的作用[M]//中共中央马克思恩格斯列宁斯大林著作编译局．马克思恩格斯选集：第3卷．北京：人民出版社，1995：508，515．

动，是为了人类的生活需要而占有自然物，因此它是人类生活的一切社会形式所共有的，也是一切伦理关系作为真正的人的关系的基础。自从有了社会劳动，就产生了劳动关系，也就有了规范和调节劳动关系的伦理原则，但这种伦理原则是基于权利论而非义务论的。劳动过程包含劳动者、劳动对象、劳动资料三个基本要素，而劳动者是主体，在劳动中起着主导作用。在物质资料的生产过程中，劳动是劳动者最基本的权利，即劳动者是通过劳动权利来确证的，劳动者如果失去了劳动权利，那劳动者本身就不存在。劳动权在本质上属于生存权，关系到劳动者的生存与发展，甚至直接影响社会生产力的发展和社会稳定。

劳动是人的本质力量的外化。劳动既把人同动物区别开，把人从自然界中提升出来，又把人与人类社会同自然界紧密地联系起来。劳动是人类的本质活动，它使人类获得了自己的本质，把自己与其他动物从根本上区别开来。人通过劳动改变自然，创造属于人自己的物质生活条件。劳动是从自然界向人类社会过渡的中介。劳动就其最一般的性质而言是使用价值的创造者。它是通过人与自然之间的物质、能量、信息的变换而实现的，劳动过程也是人与人之间关系形成和人类社会形成的过程。唯物史观揭示了劳动是人类社会产生的基础和前提。历史过程中决定性的东西归根到底是物质资料的生产和再生产，人类的历史首先是生产发展的历史。劳动是人与自然之间的物质变换的过程，是人以自身活动来引起、调整和控制人与自然之间的物质变换的过程。人在改变外部自然的同时，也使自身的自然得以改变和完善。劳动决定着社会的产生、变化和发展。所以说，它是揭开人类历史之谜的钥匙。

劳动能够创造幸福人生。《中华人民共和国劳动法》第三条规定：“劳动者应当完成劳动任务，提高职业技能，执行劳动安全卫生规程，遵守劳动纪律和职业道德。”劳动者应当依照法律的规定和劳动合同的约定，接受用人单位的安排，努力完成劳动任务，认真履行各项劳动义务。正是通过每一个人的劳动，社会获得了发展的物质基础，每一个人获得了自身生存和发展的相应报酬，借助他人劳动创造的社会经济物质文化条件，借助自己劳动创造的货币收入，人们感受到了自身价值的实现，从而过上幸福的生活。

3. 如何理解人的本质

人的本质是什么？这历来是哲学家们孜孜探求的一个问题。不同的哲学家对于人的本质有不同的看法。马克思主义哲学正是在批判继承前人成果的基础上,对人的本质作出了新的科学规定。马克思在不同的著作中曾对人的本质作过两个明确的定义。

在《1844年经济学哲学手稿》[①]中,马克思在谈到人的"类生活"和"类本质"的时候指出:"生产生活就是类生活。这是产生生命的生活。一个种的整体特性、种的类特性就在于生命活动的性质,而人的类特性恰恰就是自由的有意识的活动。"马克思认为,人是有自我意识的类存在物,能够自觉地意识到自己的类生命和类活动,而动物和它的生命活动是直接同一的,人类的劳动活动和动物的本能活动有本质的区别。动物的本能活动是以自己的身体器官来适应和顺应自然环境,并从自然界获得现成生活资料的一种生命活动,而人的劳动活动却是通过创造劳动工具来改造自然,并从自然界里获取自己生产的生活资料的生命活动。与动物的本能活动不同,人的生命活动不是消极地顺应自然,而是运用创造性活动,积极地利用自然界为自己服务。这种创造性活动的一个重要特点就是自由、自觉和自主性,人类的自由、自觉和自主性不能脱离人的劳动活动而存在,它内在于劳动活动之中,但又通过劳动活动的对象化显现于外,从根本上说它是劳动活动的一种本质属性,离开了劳动活动,它既不能存在也不能发展。"劳动创造了人"即源于此。

1845年,在被恩格斯称为"包含着新世界观的天才萌芽的第一个文件"的《关于费尔巴哈的提纲》中,马克思对人的本质又作出了新的定义。在批判了费尔巴哈抽象人本主义的错误之后,马克思指出:"人的本质不是单个人所固有的抽象物,在其现实性上,它是一切社会关系的总和。"[②]这一定义被作为马克思的成熟的"人的本质"而广为传播,"一切社会关系的总和"是从人的社会性的具体性和历史性的维度来界定人的本质的。

所谓社会关系的具体性,是指每一个人都处在一定的具体的客观的社会关系之中,如家庭关系、宗教关系、伦理关系、职业关系、经济关系、民族关系、政治关系、精神或思想关系等。在这些错综复杂的社会关系中,最原初的最基本的关系就是经济关系,即生产关系,它不仅对其他关系具有支配和决定作用,而且

---

① 马克思.1844年经济学哲学手稿[M]//中共中央马克思恩格斯列宁斯大林著作编译局.马克思恩格斯选集:第1卷.北京:人民出版社,1995:46.

② 马克思.关于费尔巴哈的提纲[M]//中共中央马克思恩格斯列宁斯大林著作编译局.马克思恩格斯选集:第1卷.北京:人民出版社,1995:56.

在一定意义上统一和整合这些关系。这些既定的客观的社会关系是每一个人活动的前提,任何人都不可能超越这个前提,人们只能以此为前提,依据个体的思想、兴趣、爱好和性格,去选择不同的生活道路。因此,一定的社会关系对于每一个人来说,既是既定的、客观的,又是能动的、开放的,每一个个体都在这样的社会关系中选择和建造自己特定的社会关系之网并开辟自己的人生之路,这就是社会关系的具体性。

社会关系的历史性,是指社会关系不是僵死不变的,而是不断地处在历史的变动的过程之中。马克思在给帕·瓦·安年科夫的信中指出,尽管人们不能自由地选择某一社会形式,包括作为既得力量存在的生产力,“然而这并不是说,他们永远不会放弃他们在其中获得一定生产力的那种社会形式。恰恰相反。为了不致丧失已经取得的成果,为了不致失掉文明的果实,人们在他们的交往方式不再适合于既得的生产力时,就不得不改变他们继承下来的一切社会形式”[①]。因此,随着人们创造的新的生产力的获得,生产关系以及在此基础上形成的各种社会关系,或迟或早都会发生改变。而随着社会关系的改变,由此决定的人的社会本质属性也会发生改变,因而人的本质必然是历史的和变动的。抽象的一成不变的人类本性是不存在的。这就是为什么从一个时代到另一个时代人们的思想观念、价值准则及审美意识这些人类的社会本质属性发生如此巨大变化的原因。

马克思关于人的本质的上述两个定义在根本上是一致的,但考察问题的维度却有所不同。二者相互补充、相得益彰,只有把它们统一起来加以理解,才能较为全面地把握马克思关于人的本质的思想,真正认识到什么是“完整的现实的人”。

实践项目

一、课内实践

1. 规划人生

(1)活动名称:探讨“人的一生应该怎样度过”。

---

① 马克思、恩格斯关于历史唯物主义的部分书信[M]//马列著作选读编辑组.马列著作选读:哲学.北京:人民出版社,1998:425.

(2)活动目的:思考应该怎样度过自己的一生,在讨论和交流中明白,虽然每一个人都是从个体出发去规划人生和干事创业,但秉持极端个人主义的人生观是不可取的。人的本质是一切社会关系的总和,只有把个体的选择融入国家和民族的需求当中,与祖国同向而行,才能通过自己的努力奋斗实现个人价值。

(3)活动时间:第一章第一节课授课结束后。

(4)活动地点:授课教室或多媒体教室。

(5)活动具体步骤:

第一,让每一位学生思考"人的一生应该怎样度过"并积极作答。

第二,在黑板上写出或在屏幕上显示出不同学生的回答要点。

第三,比较总结不同的回答要点,让全体同学选出自己最赞成的答案。

第四,教师作引导性总结。

(6)活动注意事项:

第一,鼓励独立思考,每个人的发言不超过2分钟,尽量让更多人发言。

第二,可以引用名人名言,但要有自己的理解。

2.影视赏析

(1)活动名称:影视赏析——杰出人士的青春往事。

(2)活动目的:认识到没有谁的人生之路是一帆风顺的,杰出人士也有自己的困惑,但他们能自我反思、自我修正,认识到要成就自己的人生,就必须具有认真、务实、乐观、进取的态度,以永不懈怠的学习和奋斗精神去充实自己,不断增强实现人生价值的能力和本领,超越人生的逆境,成为更好的自己。

(3)活动时间:第一章第二节课授课结束后。

(4)活动地点:多媒体教室。

(5)活动具体步骤:

第一,根据教材内容事先给全体学生布置作业——从影视剧和纪录片中剪辑古今中外杰出人士的青春往事,长短不限,但必须有相对完整的故事。

第二,收集学生剪辑的相关视频资料,教师对资料进行整理。

第三,筛选出较为完整和有教育启发性的内容在课堂上播放。

第四,让学生对播放内容进行评价。

(6)活动注意事项:

第一,鼓励独立思考,每个人的评价发言不超过2分钟,尽量让更多人发言。

第二,结合杰出人士的故事,谈谈自己的理解。

第三,时间控制在20分钟左右。

3. 形象定位

(1)活动名称:给自己的未来画像。

(2)活动目的:认识和分析自己的主客观条件,从个性、兴趣爱好、对未来的期望等方面给自己定位,从社会角色、职业分工、个人追求、家庭期待等方面畅想自己未来的形象,用心理暗示和心理期待促进自身成才成长。

(3)活动时间:第一章授课结束后随堂进行。

(4)活动地点:授课教室或多媒体教室。

(5)活动具体步骤:

第一,根据教材内容事先布置该项作业,并让全体学生以文字稿的形式上交。

第二,教师对学生上交的作业进行评阅,并根据学生的实际情况写出有针对性的评语。

第三,把作业发给学生,学生根据老师的评语进行修改完善,形成演讲的文字稿。

第四,上课时让每个班级推选三名学生评委,评委和其他学生均可自愿上台演讲。

(6)活动注意事项:

第一,每个人的演讲不超过2分钟,尽量让更多人参加。

第二,结合自身的实际情况,设想未来理想的自己。

第三,时间控制在30分钟左右。

二、课外实践

1. 榜样访谈

(1)活动名称:拜访身边的榜样。

(2)活动目的:结合榜样的成长经历,根据他们应对各种遭遇的经历,反诸求己,正确地、辩证地对待自己在生活中遇到的困惑和困难。

(3)活动时间:节假日。

(4)活动地点:自己长期生活的地区。

(5)活动具体步骤:

第一,选定自己身边的能人、强人、某一方面特别优秀者、德高望重者等。

第二,通过亲朋好友的介绍引荐,与这些人进行座谈交流。

第三,记录谈话内容,写出自己对人生的反思和理解。

第四,总结交流收获,做好自己的人生规划。

(6)活动注意事项:

第一,拜访前期的沟通不可或缺,不得贸然前往。

第二,拜访时注意礼仪,应衣着整洁,谈吐得体。

第三,第一次见面时最好与引荐者结伴而行,熟识后交流才能深入。

2. 故事宣讲

(1)活动名称:他山之石。

(2)活动目的:在故事中思考人生,正确地、辩证地对待自己的人生困惑和选择,充分发挥主观能动性,认识到人的主观意志和精神力量在自身发展过程中的重要作用。

(3)活动时间:节假日。

(4)活动地点:不限。

(5)活动具体步骤:

第一,搜集历年来国家层面优秀模范人物的名单,选择有代表性的、有借鉴意义的对象。

第二,搜集选定对象的各种事迹,尤其是与青年成长时期的困惑、思考与选择有关的事例。

第三,比较和反思他们的行为事迹,对照自己,结合时代发展做好人生规划。

第四,整理出他们相对完整的成长故事。

(6)活动注意事项:

第一,以各种正规和权威的报道和宣传作为素材。

第二,整理出至少三个代表性人物的相对完整的成长故事。

第三,每个故事中都应包含符合时代精神、价值取向的内容。

3. 参观名人故居

(1)活动名称:故居寻踪。

(2)活动目的:了解名人成长的自然人文环境,探求他们成长的主观和客观条件。

(3)活动时间:节假日。

(4)活动地点:名人故居。

(5)活动具体步骤:

第一,搜集感兴趣的历史名人的事迹,并选定保存完整的若干名人青年时期的居所。

第二,根据自身兴趣指向、经济条件等因素,带着问题有目的地实地探访名人故居,从名人故居中找寻其成长成才的客观因素。

第三,总结探访收获,有意识地对照自身客观条件,努力发挥主观因素的作用,规划自己的人生。

(6)活动注意事项:

第一,做好参观访问的前期攻略,结伴而行。

第二,搜集探访对象的相关资料,带着问题参观。

第三,把名人的故事、报道资料等与其成长环境相结合,写出自己的感悟。

第四,往返途中注意安全。

三、自主实践

1.对话未来

(1)活动名称:与十年后的自己对话。

(2)活动目的:找到现实和理想之间的差距,明确人生目标,确定奋斗的方向,规划奋斗的路线,更好地向理想的自己靠近,找到切实可行的实践之路。

(3)活动时间:课余时间。

(4)活动地点:自由选择。

(5)活动具体步骤:

第一,结合自身实际,畅想十年后自己的职业、角色、成就等,借助电脑技术,为未来的自己画像。

第二,以十年后的自己的生活、职业等作为奋斗的理想状态,设定和规划目前的学习和生活。

(6)活动注意事项:

第一,对十年后的具体状态设想得越详细、越具体越好。

第二,必须从目前自身的实际情况出发,不胡思乱想,也不异想天开。

第三,十年后的自己和现在的自己必须具有内在的联系性,从目前的状态能够找到达成十年之后的目标的可行性。

2. 线上探讨

(1)活动名称:新时代的青春之问。

(2)活动目的:反思年轻人的所思所想,从质疑中寻找原因,在期望中发现差距,在肯定中寻求方向,找到自己正确的前进方向,彰显青春的价值。

(3)活动时间:课余时间。

(4)活动地点:班级 QQ 群。

(5)活动具体步骤:

第一,发动班集体的力量,在网络上搜集认可和肯定年轻人价值的宣传片和演讲。

第二,每个人把搜集到的各种宣传片和演讲发送到班级 QQ 群共享。

第三, 在班级 QQ 群展开讨论,回应网民对青年人的质疑。

第四,总结青春应该具有的底色,确定以"奋斗是青春的底色,让青春不留白"来为青春之问作答,与同学或更大范围的人群在线上展开广泛探讨。

(6)活动注意事项:

第一,广泛搜集网络上关于青年人的各种代表性看法和意见。

第二,以典型的宣传片和演讲作为讨论对象。

第三,把观看视频的感受和与网友的评论相结合,根据自己的理解和认识在线上展开讨论,思考和总结青春时光应该如何度过。

3. 社会调查

(1)活动名称:"新时代青年的时代认知"问卷调查。

(2)活动目的:了解大学校园和步入社会的青年对时代的认识,以中国近代历史上的有作为、不负时代使命的年轻人的思想和行为作为参考标准,明确认知程度的差异会导致行为选择的不同,认识到理解时代的重要性。

(3)活动时间:节假日。

(4)活动地点:大学校园或城市的繁华地段等年轻人较集中的地方。

(5)活动具体步骤:

第一,学生自由组合,或以某个社团的名义进行,并针对主题设计调查问卷。

第二,至少印制200份问卷,在年轻人集中的场所发放,现场回收。

第三,归类问卷答案,从中分析不同年龄段的年轻人对时代和自身价值的认识。

第四,结合调查结果,对存在的问题进一步分析,思考自身如何回应时代的呼唤。

(6)活动注意事项:

第一,组织集体活动之前应在所在院系、学校团委等进行备案。

第二,问卷发放时应注意态度和语气,不勉强行色匆匆的路人,对愿意配合问卷调查的对象赠送小礼物表示感谢。

第三,调查者应表达能力较强,在较短的时间内说明该项活动的目的和要求,以完成问卷调查为第一目的。

第四,各位问卷发放者应注意杜绝不必要的冲突,处理好突发事件。

案例学习与评析

案例一　黄旭华:旭日东升耀中华

办公桌上一架全身金黄的第一代核潜艇模型引人注目,背后是一排整齐的书架。每天早上,头发花白、已是鲐背之年的黄旭华院士,会准时出现在武汉某研究所的办公室。

弃医从工30年,深潜海底龙宫寂寥无名;以身许国一甲子,托举国之重器从无到有。1月10日上午,这位常常拒绝外界"中国核潜艇之父"称誉的老人,从国家主席习近平手中接过国家最高科学技术奖的获奖证书。

20世纪20年代,黄旭华出生在广东省海丰县田墘镇(今汕尾市田墘街道)一个杏林之家,原名黄绍强,在9个孩子中排行老三。

父母是他的第一任"人生导师"。父母开设药房救死扶伤,享誉乡里。他们搬离生活安逸的老家揭阳,到穷人最多、病人最多、最苦的海丰县田墘镇免费救治穷苦病人。耳濡目染下,黄旭华从小立志"做个好医生,救死扶伤"。

黄旭华的少年时代笼罩在战乱的阴云中。战争的残酷让他意识到,战火一日不息，就会有更多的人受苦受难。

日军轰炸桂林时，警报声响起，学生纷纷藏身山洞，饿上一整天是常事，返校途中更是满目疮痍，一片废墟。

“学医只能救人，我要救国。”生于海畔，对日寇在沿海杀害渔民的行径耳闻目睹，他毅然开始了一生探寻保卫祖国海域、抵抗外侮的人生道路。

1958 年，黄旭华被秘密调到北京参加核潜艇总体设计工作，各种难题接踵而至。

当时，国家经济极度困难，粮食不够，就挖野菜和白菜根充饥。无技术、无经验、无条件更是成了“拦路虎”——研发团队无一人学过真正的核潜艇技术，甚至于连见都没见过。

毛主席一句“核潜艇一万年也要搞出来”，坚定了黄旭华的人生方向。

大家加班加点没日没夜干活儿；基地岛上荒草丛生，一阵大风刮来，差点掀倒女儿小燕妮；晚上狂风敲打着窗户，他埋头拨算盘、看图纸、做方案。

穿梭在漫天风沙中，吃着硬邦邦的窝窝头，只要能造出核潜艇，苦亦是甜。

为了把数千吨的核潜艇送入深海，需要精准测出几万个设备的重心，黄旭华带领大家在船台进口处放一个磅秤，逐一收集每个设备的数据。

此后经年，中国陆续实现第一艘核潜艇下水，第一艘核动力潜艇交付海军使用，第一艘导弹核潜艇顺利下水，成为继美、苏、英、法之后世界上第五个拥有核潜艇的国家。

因为工作保密，这位中国第一代攻击型核潜艇和战略导弹核潜艇总设计师，30 年不回家，甚至父亲去世也不能回家奔丧。

“对国家的忠，就是对父母最大的孝！”在 2018 年共青团湖北省委五四活动现场，这位 2013 年度“感动中国”人物面对青年一代说出掷地有声的话语时，“90 后”“00 后”的掌声经久不息。

青年兴则国家兴。黄旭华注意到，今天的不少年轻人这山望着那山高，频繁跳槽。

“做事要有个方向，要立志做大事。”多年来与青少年的接触中，黄旭华总是现身说法，“只有把个人的抱负和国家的需要紧密相连，才能实现真正的人生价值。”

“事业上要有大的成就，就要看准，你要坚持下去，一个人能够工作的时间并不多，要坚持做好。”这个自认为“不聪明也不太笨”的长者用一生为此写下注脚。

从1958年我国研制核潜艇的“09”工程开始至今，很多人来来走走，而他一经踏足便是60年痴心不改，被誉为中国核潜艇从无到有、从有到精的唯一的全程参与者和见证者。

黄旭华院士所在的研究所里一直流传着一段逸事。一次出差，难得有闲暇逛街，看见一种花布料子不错，他专门买回家准备给夫人做一件衣服。夫人见后又喜又气，因为这种花布衣服她已经穿了好几年，长期沉醉在科研中的黄旭华硬是没印象。

同样可以为“坚持的力量”佐证的是，曾经的科研基地葫芦岛“一年两次风，一次刮半年”，种下的树苗不过几天就被吹跑。在一代代的接力奋斗中，而今的葫芦岛已成中国优秀旅游城市、国家园林城市。

当年，这个还叫黄绍强的少年，取意“旭日荣华”，改名“黄旭华”，在苦难的中华，怀揣一腔“民族如旭日东升般崛起”的报国梦想，一路走来。

（作者：张月、雷宇；来源：《中国青年报》2020年1月14日，节选）

案例评析

人的一生只能享受一次青春，当一个人在青年时就把自己的人生与人民的事业紧密相连，与历史同向、与祖国同行、与人民同在，他所享受的就是多彩的青春。黄旭华将人生目标同国家和民族的前途命运紧紧联系在一起，最大限度地实现了人生价值，值得青年学生学习。如果每一个人都能够认清历史发展的趋势，能够正确认识国家和民族赋予他们的历史责任和使命，自觉与国家和民族共奋进、同发展，那么他不仅能够实现自身的价值，也能够真正地参与民族复兴大业。

案例二　张富清的故事：四次选择彰显党性修养

“小心点，别摔了啊。”看到记者拍照，张富清的小儿子张健全小声提醒。那是一只老掉牙的搪瓷缸，一面印着天安门、和平鸽的图案，一面印着“赠给英勇的中国人民解放军”“保卫祖国 保卫和平”等字样。张健全笑言，这是父亲张富清的“宝贝”，用了60多年还不舍得丢掉。

1953年,全军抽调有作战经验的连职及以上军官参加抗美援朝,已在新疆喀什安定下来的张富清主动请缨,和战友们马不停蹄地赶赴北京。才到北京,《朝鲜停战协定》签订,这批战斗骨干就被送去学习文化知识。

几个月后,在全国人民慰问人民解放军代表团赴各地部队开展慰问活动时,正在江西南昌防空部队文化速成学校学习的张富清和战友们一人获得了一块纪念章、一只搪瓷缸。

“刚从战场下来,九死一生,过了几天安稳日子,为什么又争着返回战场?”有人问。

“我们是人民的军队,眼看着要打到中国来了,我们如果不出头,人民就没好日子过了。”张富清回答。

张富清第一次选择为人民而战,是在1948年3月。这之前,张富清曾被国民党军队抓去充当了两年多的杂役。在瓦子街战役中,被“解放”的他没有领遣散费,而是主动要求加入解放军。

“共产党的军队仁义、讲规矩,是真正为劳苦大众打仗的军队,参加解放军就是为自己打仗,为人民打仗。”张富清说起往事依旧慷慨激昂。入伍4个多月,作战英勇的张富清选择坚定地跟党走:加入中国共产党。至今他还记得,入党介绍人是连长李文才、指导员肖友恩。

1954年12月,张富清从文化速成学校毕业后有多种选择:留在大城市,海阔天空;回陕西老家,可以方便赡养老母。当组织找他谈话时,他当即决定响应党的号召,去鄂西山区最偏远、最困难的来凤县。这是他人生的第三次重要选择。“我是一名党员,党需要我干什么,我就干什么,战场上死都不怕,苦点怕什么?”谈及当年的决定,张富清至今依然态度坚定。

妻子孙玉兰原以为丈夫到了来凤,为当地贫穷面貌的改善做点贡献,就能回大城市或者老家去。却没想,这一去便是一辈子。

1965年,张富清从来凤县三胡区(今三胡乡)调往卯洞公社(今百福司镇)。当时来凤县有“穷三胡富卯洞”的说法,三胡区的老百姓常常要吃救济粮,而卯洞公社因为有码头、船厂、林场等社办企业,条件相对较好。

本以为生活会有所改善的孙玉兰,却没想到丈夫又一次作出了“一名共产党员的选择”,他主动要求分管条件最苦的高洞片区,扛着铺盖卷上了山。张富清一年到头忙着带领高洞的村民们修路、抓生产，一连几个月不着家。

大儿子张建国还记得，有一次他上山给父亲送饭菜，走到天黑还没赶到地方，只得投宿在村民家中。

为党分忧，为人民谋幸福，是任何时代的共产党员都应有的选择。95 岁的张富清坚定地认为，在人生的诸多岔路口，他选择了最应该走的那条路——跟着党走。

（作者：程远州；来源：《人民日报》2019 年 5 月 29 日第 4 版，节选）

案例评析

生而平凡却贡献赫赫，老英雄张富清身上的“强烈反差”，启发人们思考，什么是信仰与忠诚，什么是使命与担当。四次人生选择，正是他正确的人生观的集中体现。怀着“党把我培养成一个革命军人、一个国家干部，我就要努力为党、为人民做点事”的人生信念，他战争年代“坚决听党的话，保证完成任务”，和平年代“我是共产党员，哪里有困难，哪里条件艰苦，我就去哪里”，深藏功与名，甘守清与苦，自家日子再难也从不向组织开口。

正因为有信仰，所以才能坚持“为党和国家分忧，不能跟党讲价钱”，才能许党报国，主动作为、迎难而上。正因为有担当，所以才能“公家之利，知无不为”，所以才能知重负重，不计利益得失，认真负责做好各项工作。他有正确的事业观，所以才能坚持事业为上、实干担当，在平凡的岗位上作出自己应有的贡献。人的一生相当漫长，在每一次人生的抉择当中都能以党的事业为重，不计较个人利益的得失，自觉地把个人融入社会和民族发展的洪流当中，这是张富清老英雄对人生之问的最好答案。

案例三　“蓝领创客”的炽热情怀

——记国家电网天津市电力公司滨海供电分公司运维检修部第四党支部副书记、配电抢修一班班长　张黎明

张黎明以工匠精神自勉，坚守初心，扎根一线，是配电抢修一线的“活地图”和“急先锋”，是新时代的“蓝领创客”。他以对党的无限忠诚、对事业的坚定执着、对百姓的绵厚深情，书写了一名共产党员的时代价值。

深扎一线的“根”，滋养信念树

“电力抢修是雪中送炭、救人危急的事，干着光荣。”这是张黎明坚守配电抢修30年的生动诠释，也是一个普通共产党人对平凡岗位的郑重承诺。

做好故障抢修，技术要精，地理也要熟。没有任务的时候，张黎明总是随身带着笔记本，记下所辖线路的全部位置及周边环境，回来后把一条条线路图精确地绘制下来，并弄清所有配电线路所带的用户及用电性质。久而久之，张黎明练就了一手事故诊断的绝活，凭借线路保护运作情况、设备健康状况、故障周围环境，就能迅速准确地判断事故的基本性质和位置，被同事们称为“活地图”。

张黎明服务的辖区是天津市滨海新区，有140多家世界500强企业在此落户。作为所在班组的负责人，张黎明经常在供电关键期选择全天值守，以便随时投入故障抢修。“党员就是要走在前，干在前，凡事比别人多做一些，做好一些。”

海河隧道工程是我国首次在高地震区修建沉管隧道，备受瞩目。2014年10月子夜12点左右，海河隧道建设工地突然停电，海河隧道负责人给张黎明拨通了求助电话。与此同时，张黎明也接到公司调度的电话。他们迅速开展全线故障排查，仅2个小时，挖断的电缆就被重新接好。

多年来，他的手机始终处于开机状态，有时候夜里听到下雨了，他会习惯性地把手机握在手里，为的就是第一时间接到电话、第一时间赶到现场、第一时间解答疑难。抢修一线工作常常与危险相伴，2015年8月12日晚11点半左右，滨海新区开发区瑞海公司仓库发生连续爆炸，十几分钟后，张黎明就率队抵达距离爆炸点不足1.5公里的事故现场，到次日凌晨5点，共往返医院和事故现场8次，为20多名伤员抢下了救援“第一时间”，以抢险救援的“最美逆行”彰显大爱与责任。

执着创新的“梦”，铸强先进魂

“让60多万企业用户和260万居民想用电时就有电。”这是张黎明的一个质朴的梦想。为了梦想，他开启了蓝领工匠的创新之门。

张黎明主持了多项创新项目，成果颇丰，获得国家专利24项。“可摘取式低压刀闸”推广应用，将恢复送电时间由原来的45分钟缩短至8分钟，每年减少停电损失超过300万元。他推行的以“受理、行动、评价、分析”为主要内容的“AAEA”抢修管理模式，将故障平均处理时间由3小时缩短到1小时。

在滨海供电分公司有一种特殊手提箱,抢修班里、抢修车上、事故现场都在用,这就是张黎明团队创新发明的拉杆式“急修 BOOK 箱”。这种新型工具箱,就如同一本“工具书”,将工具和常用备件分门别类地放在适当的“页面”上,到了现场可以很方便地“翻阅”、提取,工具缺失也能随时发现。“急修 BOOK 箱”在全市电力系统得到大力推广,成了抢修一线员工的随身宝贝。

张黎明爱学习、善钻研,坚信“服务没有最好,创新就能更好”。在技术创新上有一手,在管理创新上更有一套,他带领团队制定完善“抢修服务一日标准化工作流程”,进一步整合优化抢修服务流程,提高了抢修工作效率。在服务客户过程中,张黎明总结提炼出了“服务态度主动化、服务手段现代化、程序标准规范化、管理方式军事化、延伸服务人性化、特殊对象亲情化”的“六化”工作法,使工作效率、服务质量和客户满意度不断得到提升。

在大众创业、万众创新的时代号角下,公司成立了“张黎明创新工作室”。5 年来,“张黎明创新工作室”实现技术革新 200 余项,110 余项获国家专利,产生直接经济效益近 10 亿元,151 人提升了技能等级,被命名为天津市“十大劳模创新工作室示范单位”,张黎明也成为天津市电力系统唯一一位享受国务院政府特殊津贴的一线工人。

以爱织就的“光”,照亮百姓心

张黎明的手机号出现最多的地方,是社区敬老助残服务卡、街道市民服务手册、便民爱心卡。在他的心里,始终记着作为一名共产党员的根本,就是要服务好百姓。

2007 年,“滨海黎明共产党员服务队”成立了。近 10 年间,张黎明和他的 215 名队员走进石化企业、“大火箭”基地等,进行安全检查保供电;走进乡村,推行节约用电小窍门,增加电力设备让农村告别低电压;走进校园,向孩子们宣传安全用电常识;走进医院,检修线路保安全;走进社区,推行社区经理服务制,开展“节能互助,照亮邻里”等服务项目……社区群众亲切地叫他“张书记”,因为在他们心里,张黎明是社区的“电管家”,是代表党和政府给他们送温暖的“光明使者”。

他还带领服务队先后与十几个社区的 150 余户老弱孤残住户确立帮扶关系,建立服务档案,走访慰问军烈属、残疾人、空巢老人等特殊群体,结对帮扶失学儿童,送心脏病患者、受伤者就医等。服务队每年累计服务 1100 余次,他个人志愿服务 1 万多小时。

黎明出发,点亮万家。张黎明用传承与创新、专注与钻研、坚守与坚持,为“工匠精神”作出了最美的诠释。

(作者:中共中央组织部组织一局;来源:《全国优秀共产党员风采录》第四集,党建读物出版社2016年版)

案例评析

张黎明是国家电网天津市滨海供电分公司运维检修部配电抢修一班班长、滨海黎明共产党员服务队队长。他爱岗敬业,工作30多年来始终奋战在电力抢修一线,累计巡线8万多公里,完成故障抢修作业近2万次,被誉为电力抢修的“活地图”。他勇于创新,先后实现技术革新400余项,20多项填补电力行业空白,是知识型、技能型、创新型劳动者的杰出代表。他甘于奉献,模范践行全心全意为人民服务的根本宗旨,带领黎明共产党员服务队,十年如一日开展学雷锋志愿服务,用爱心搭起了企业与群众的“连心桥”。

张黎明扎根一线,从普通工人逐步成长为技能专家。在一次次彻夜抢修,一次次挥汗攻坚中,从青丝到白发,张黎明用奋斗成就了自己。他奋战抢修现场、服务百姓客户的动人故事,激励了身边所有了解他的人,也带出了一大批以他为榜样的徒弟。新时代是干出来的,幸福是奋斗出来的。张黎明坚守初心而又锐意创新,作为“时代楷模”,他的事迹彰显了劳动精神、劳模精神和工匠精神,他的政治品格、敬业意识、进取精神和高尚情操,是伟大时代精神的生动体现。

延伸阅读

1. 习近平总书记在北京大学师生座谈会上的讲话(部分)

当代青年是同新时代共同前进的一代。我们面临的新时代,既是近代以来中华民族发展的最好时代,也是实现中华民族伟大复兴的最关键时代。广大青年既拥有广阔发展空间,也承载着伟大时代使命。青年是国家的希望、民族的未来。我衷心希望每一个青年都成为社会主义建设者和接班人,不辱时代使命，不负人民期望。对广大青年来说，这是最大的人生际遇，也是最大的人生考验。

2014年我来北大同师生代表座谈时对广大青年提出了具有执着的信念、优良的品德、丰富的知识、过硬的本领这四点要求。借此机会，我再给广大青年提几点希望。

一是要爱国，忠于祖国，忠于人民。爱国，是人世间最深层、最持久的情感，是一个人立德之源、立功之本。孙中山先生说，做人最大的事情，“就是要知道怎么样爱国”。我们常讲，做人要有气节、要有人格。气节也好，人格也好，爱国是第一位的。我们是中华儿女，要了解中华民族历史，秉承中华文化基因，有民族自豪感和文化自信心。要时时想到国家，处处想到人民，做到“利于国者爱之，害于国者恶之”。爱国，不能停留在口号上，而是要把自己的理想同祖国的前途、把自己的人生同民族的命运紧密联系在一起，扎根人民，奉献国家。

二是要励志，立鸿鹄志，做奋斗者。苏轼说：“古之立大事者，不惟有超世之才，亦必有坚忍不拔之志。”王守仁说：“志不立，天下无可成之事。”可见，立志对一个人的一生具有多么重要的意义。广大青年要培养奋斗精神，做到理想坚定，信念执着，不怕困难，勇于开拓，顽强拼搏，永不气馁。幸福都是奋斗出来的，奋斗本身就是一种幸福。1939年5月，毛泽东同志在延安庆贺模范青年大会上说：“中国的青年运动有很好的革命传统，这个传统就是‘永久奋斗’。我们共产党是继承这个传统的，现在传下来了，以后更要继续传下去。”为实现中华民族伟大复兴的中国梦而奋斗，是我们人生难得的际遇。每个青年都应该珍惜这个伟大时代，做新时代的奋斗者。

三是要求真，求真学问，练真本领。“玉不琢，不成器；人不学，不知道。”知识是每个人成才的基石，在学习阶段一定要把基石打深、打牢。学习就必须求真学问，求真理、悟道理、明事理，不能满足于碎片化的信息、快餐化的知识。要通过学习知识，掌握事物发展规律，通晓天下道理，丰富学识，增长见识。人的潜力是无限的，只有在不断学习、不断实践中才能充分发掘出来。建设社会主义现代化强国，发展是第一要务，创新是第一动力，人才是第一资源。希望广大青年珍惜大好学习时光，求真学问，练真本领，更好为国争光、为民造福。

四是要力行，知行合一，做实干家。“纸上得来终觉浅，绝知此事要躬行。”学到的东西，不能停留在书本上，不能只装在脑袋里，而应该落实到行动上，做到知行合一、以知促行、以行求知,正所谓"知者行之始,行者知之成"。每一项事业,不论大小,都是靠脚踏实地、一点一滴干出来的。"道虽迩,不行不至;事虽小,不为不成。"这是永恒的道理。做人做事,最怕的就是只说不做,眼高手低。不论学习还是工作,都要面向实际、深入实践,实践出真知;都要严谨务实,一分耕耘一分收获,苦干实干。广大青年要努力成为有理想、有学问、有才干的实干家,在新时代干出一番事业。我在长期工作中最深切的体会就是:社会主义是干出来的。

同学们、老师们!

辛弃疾在一首词中写道:"乘风好去,长空万里,直下看山河。"我说过:"中国梦是历史的、现实的,也是未来的;是我们这一代的,更是青年一代的。中华民族伟大复兴的中国梦终将在一代代青年的接力奋斗中变为现实。"新时代青年要乘新时代春风,在祖国的万里长空放飞青春梦想,以社会主义建设者和接班人的使命担当,为全面建成小康社会、全面建设社会主义现代化强国而努力奋斗,让中华民族伟大复兴在我们的奋斗中梦想成真!

(来源:《人民日报》2018 年 5 月 3 日第 2 版)

2. 人生理想的希望哲学阐释(节选)

人生活在世界上,总是会期待些什么,瞻望新的更美好的生活前景。作为愿望或追求的人生理想,最初表现为人的积极的情绪,一种面向未来的"期待情绪"。那么,人为何会有期待情绪?首先,它源自人性内部,源于个体生命的内在冲动力。在现实生活中,人们常常把理想比喻为梦,即人天生有"做梦"的倾向。作为理想之梦"具有某种向前的倾向,从而作为意识方式,尚未被意识到的东西装载某种向前推进的东西"[①]。其次,来自对现状的不满和改变现实的愿望。无论什么时代,现实总会有这样或那样的缺憾,令人感到不如意乃至伤心痛楚。出于改变现状的客观需要,或者说在特定的历史责任感的驱使下,人们从内心深处对未来作出崭新的筹划,以便对现实的改变更具针对性。期待情绪便是诸多内外因素共同作用的结果。在各类社会群体中,青年是最喜欢做梦的,这与他们所处的人生阶段和生理特点有密切关联。对青年人来说,美好的人生理想就是青春之梦。青年人往往有着积极乐观的心态,他们朝气蓬勃、意

---

① 布洛赫.希望的原理[M].梦海,译.上海:上海译文出版社,2012:123.

气风发，充满着活力，确信未来是美好的，因而对新生充满了憧憬之情。在他们看来，“生活就意味着‘早晨’，世界‘就是为我们准备的场所’”[①]。青年人的“理想之梦”是最值得珍视的。1957 年 11 月，毛泽东在莫斯科大学接见我国留学生时，满怀深情地说：“你们青年人朝气蓬勃，正在兴旺时期，好像早晨八九点钟的太阳。希望寄托在你们身上。”[②]对青年人而言，理想之梦是他们“奋发进取的、不知疲倦的原动力，助于此，得以实现预先描绘的愿望图像”[③]。

理想指明了青年人生发展的方向，照亮了他们人生的前程，作为未来的曙光在向他们招手。在社会生活中，不同个体都有自己的理想之梦，他们各自的梦汇聚成为“时代之梦”。一代代人不断生发的新的理想，乃是人生之“未完成性”的表征。人们改善现实缺憾的迫切愿望，又不断激发人的主观能动性的发挥，引导着人们去完成认识和改造世界的使命。各种前瞻性的希望或梦想，凝聚着个体生命中的意向性，指向暂时无法证实的、看不见摸不着的价值——一种未来存在的价值。正是这种未来存在的价值，激励和召唤着人的行动。个体生命需要不断趋近这个目标，体认并努力践行自己的使命。

…………

在理想视域中建构新世界，是人的本质力量的体现和确证。马克思主义认为，与动物消极被动地适应外部世界不同，人是积极能动地反映并创造新世界。这种创造首先表现在观念上的建构——以“理想的形式”预先在思想中建构起来。人的意识不仅能够反映当下的存在，还能够追溯过去、展望未来的前景。无论个人理想还是社会理想，都是人类对“未来图像”的美好憧憬，是人类创造性的重要表现方式。“创造性的道德证明是一种催人奋进的力量，它使一切唤起人们希望的东西趋于完满，使一切在脑海中浮现的内容轮廓得以纯洁地、冷静地昭然若揭。”[④]理想的目标指向，就是为了一个崭新世界的到来做准备。当下尚未实现的东西，并非简单地回溯过去，而是指向未来光明的前景。历史的连续性告诉人们，如果说现在是“过去的理想”的实现，那么，未来必定是“现在

---

① 布洛赫. 希望的原理[M]. 梦海，译. 上海：上海译文出版社，2012：124.

② 中共中央文献研究室. 建国以来毛泽东文稿：第 6 册 [M]. 北京：中央文献出版社，1992：650.

③ 布洛赫. 希望的原理[M]. 梦海，译. 上海：上海译文出版社，2012：84.

④ 布洛赫. 希望的原理[M]. 梦海，译. 上海：上海译文出版社，2012：130.

的理想"的实现。

理想不是让人眷恋以往的成就,而是为人展示一种"未来视域",要人们在变革的实践中去认识自我、认识社会,勇猛进取,去创造一个崭新的世界。由此,理想成为理解人类生命的重要方式。人生不能没有理想和追求,否则人就无法拥有完整的人生经历。理想与人生意义的追求相关联,表现为理想与希望的一体性。唯有在这个高度,人们才能把握真正意义上的理想。

(作者:程立涛;来源:《教学与研究》2015 年第 7 期,有删改)

3. 总书记对青年强调的几个"大"

青年是整个社会力量中最积极、最有生气的力量,国家的希望在青年,民族的未来在青年。6 月 18 日下午,"把青春华章写在祖国大地上"网络主题宣传和互动引导活动在北京启动。

习近平总书记一直十分关心青年成长。2021 年 4 月 19 日,总书记在清华大学考察时指出:"广大青年要肩负历史使命,坚定前进信心,立大志、明大德、成大才、担大任,努力成为堪当民族复兴重任的时代新人,让青春在为祖国、为民族、为人民、为人类的不懈奋斗中绽放绚丽之花。"

对于青年立大志、明大德、成大才、担大任,总书记还有许多深情寄语和深刻论述。一起学习!

立大志

青年的理想信念关乎国家未来。青年理想远大、信念坚定,是一个国家、一个民族无坚不摧的前进动力。新时代中国青年要树立远大理想。

2013 年 5 月 4 日,习近平总书记来到中国航天科技集团公司中国空间技术研究院同各界优秀青年代表座谈时指出:"历史和现实都告诉我们,青年一代有理想、有担当,国家就有前途,民族就有希望,实现我们的发展目标就有源源不断的强大力量。"

2018 年 5 月 2 日,习近平总书记在同北京大学师生座谈时指出:"每一代青年都有自己的际遇和机缘。我记得,1981 年北大学子在燕园一起喊出'团结起来,振兴中华'的响亮口号,今天我们仍然要叫响这个口号,万众一心为实现中国梦而奋斗。"

2019 年 3 月 18 日,习近平总书记在学校思想政治理论课教师座谈会上指出:"'为学须先立志。志既立,则学问可次第着力。立志不定,终不济事。'"

2019年4月30日，习近平总书记在纪念五四运动100周年大会上发表重要讲话时指出："青年志存高远，就能激发奋进潜力，青春岁月就不会像无舵之舟漂泊不定。正所谓'立志而圣则圣矣，立志而贤则贤矣'。青年的人生目标会有不同，职业选择也有差异，但只有把自己的小我融入祖国的大我、人民的大我之中，与时代同步伐、与人民共命运，才能更好实现人生价值、升华人生境界。"

2021年4月19日，习近平总书记在清华大学考察时强调："广大青年要爱国爱民，从党史学习中激发信仰、获得启发、汲取力量，不断坚定'四个自信'，不断增强做中国人的志气、骨气、底气，树立为祖国为人民永久奋斗、赤诚奉献的坚定理想。"

2021年5月28日，习近平总书记在中国科学院第二十次院士大会、中国工程院第十五次院士大会、中国科协第十次全国代表大会上指出："要在全社会营造尊重劳动、尊重知识、尊重人才、尊重创造的环境，形成崇尚科学的风尚，让更多的青少年心怀科学梦想、树立创新志向。"

明大德

人无德不立。止于至善，是中华民族始终不变的人格追求。我们要建设的社会主义现代化强国，不仅要在物质上强，更要在精神上强。这就需要新时代中国青年把正确的道德认知、自觉的道德养成、积极的道德实践紧密结合起来，不断修身立德，打牢道德根基，让自己的人生道路走得更正、走得更远。

2013年7月，习近平总书记来到中国科学院高能物理研究所、中国科学院大学考察，在与科研工作者和师生座谈时指出："学习的目的是什么呢？就是要把学到的知识回馈社会，做一个对社会有用的人，做一些对社会有用的事。科学无国界，但科学家有祖国，要有一颗爱国之心。每一个中国人，最终应该为国家、为民族、为人民，包括为养育自己的父母，尽量多做些事情。我国很多伟大的科学家都具有这样的高贵品质。"

2019年3月18日，习近平总书记在学校思想政治理论课教师座谈会上强调："要成为社会主义建设者和接班人，必须树立正确的世界观、人生观、价值观，把实现个人价值同党和国家前途命运紧紧联系在一起。"

2019年4月30日，习近平总书记在纪念五四运动100周年大会上指出："新时代中国青年要自觉树立和践行社会主义核心价值观，善于从中华民族传统美德中汲取道德滋养，从英雄人物和时代楷模的身上感受道德风范，从自身内省中提升道德修为,明大德、守公德、严私德,自觉抵制拜金主义、享乐主义、极端个人主义、历史虚无主义等错误思想,追求更有高度、更有境界、更有品位的人生,让清风正气、蓬勃朝气遍布全社会!"

2020 年 9 月 17 日,习近平总书记来到湖南大学岳麓书院考察调研,面对热情洋溢的青年学子,习近平总书记深情嘱托,新时代是一个英雄辈出的时代,青年人正逢其时,希望同学们不负青春、不负韶华、不负时代,珍惜时光好好学习,掌握知识本领,树立正确的世界观、人生观、价值观,系好人生第一粒扣子,走好人生道路,为实现中华民族伟大复兴贡献聪明才智。

2021 年 4 月 19 日,习近平总书记在清华大学考察时指出,广大青年"要锤炼品德,自觉树立和践行社会主义核心价值观,自觉用中华优秀传统文化、革命文化、社会主义先进文化培根铸魂、启智润心,加强道德修养,明辨是非曲直,增强自我定力,矢志追求更有高度、更有境界、更有品位的人生"。

成大才

当今时代,知识更新不断加快,社会分工日益细化,新技术新模式新业态层出不穷。这既为青年施展才华、竞展风采提供了广阔舞台,也对青年能力素质提出了新的更高要求。新时代中国青年不论是成就自己的人生理想,还是担当时代的神圣使命,都须珍惜韶华、不负青春,努力提高内在素质,锤炼过硬本领。

2019 年 4 月 30 日,习近平总书记在纪念五四运动 100 周年大会上发表重要讲话时指出:"新时代中国青年要增强学习紧迫感,如饥似渴、孜孜不倦学习,努力学习马克思主义立场观点方法,努力掌握科学文化知识和专业技能,努力提高人文素养,在学习中增长知识、锤炼品格,在工作中增长才干、练就本领,以真才实学服务人民,以创新创造贡献国家!"

2020 年 2 月 21 日,习近平总书记给在首钢医院实习的西藏大学医学院学生回信指出:"希望你们珍惜学习时光,练就过硬本领,毕业后到人民最需要的地方去,以仁心仁术造福人民特别是基层群众。"

2021 年 5 月 28 日,习近平总书记在中国科学院第二十次院士大会、中国工程院第十五次院士大会、中国科协第十次全国代表大会上指出:"要更加重视青年人才培养,努力造就一批具有世界影响力的顶尖科技人才,稳定支持一批创新团队,培养更多高素质技术技能人才、能工巧匠、大国工匠。我国教育是能够培养出大师来的,我们要有这个自信!"

担大任

青年是标志时代的最灵敏的晴雨表，时代的责任赋予青年，时代的光荣属于青年。实现中华民族伟大复兴的中国梦，需要一代又一代有志青年接续奋斗。党和人民对广大青年寄予厚望。

2018 年 5 月 2 日，习近平总书记在同北京大学师生座谈时指出："广大青年既是追梦者，也是圆梦人。追梦需要激情和理想，圆梦需要奋斗和奉献。广大青年应该在奋斗中释放青春激情、追逐青春理想，以青春之我、奋斗之我，为民族复兴铺路架桥，为祖国建设添砖加瓦。"

2019 年 4 月 30 日，习近平总书记在纪念五四运动 100 周年大会上发表重要讲话时指出："在实现中华民族伟大复兴的新征程上，应对重大挑战、抵御重大风险、克服重大阻力、解决重大矛盾，迫切需要迎难而上、挺身而出的担当精神。只要青年都勇挑重担、勇克难关、勇斗风险，中国特色社会主义就能充满活力、充满后劲、充满希望。"

2019 年 6 月 18 日，习近平总书记在给北京体育大学 2016 级研究生冠军班全体学生的回信中指出："新时代的中国，更需要使命在肩、奋斗有我的精神。希望你们继续带头拼、加油干，为建设体育强国多作贡献，为社会传递更多正能量。"

2020 年 7 月 7 日，习近平总书记在给中国石油大学（北京）克拉玛依校区毕业生的回信中指出："这场抗击新冠肺炎疫情的严峻斗争，让你们这届高校毕业生经受了磨炼、收获了成长，也使你们切身体会到了'志不求易者成，事不避难者进'的道理。前进的道路从不会一帆风顺，实现中华民族伟大复兴的中国梦需要一代一代青年矢志奋斗。同学们生逢其时、肩负重任。希望全国广大高校毕业生志存高远、脚踏实地，不畏艰难险阻，勇担时代使命，把个人的理想追求融入党和国家事业之中，为党、为祖国、为人民多作贡献。"

2021 年 3 月 25 日，习近平总书记在福建闽江学院考察调研时强调："实现第二个百年奋斗目标，实现中华民族伟大复兴，青年一代责任在肩。希望同学们树立远大理想、热爱伟大祖国、担当时代责任、勇于砥砺奋斗、练就过硬本领、锤炼品德修为，努力成为对社会有用的人、道德高尚的人，积极投身全面建设社会主义现代化国家的伟大事业。"

2021 年 4 月 19 日，习近平总书记在清华大学考察时指出，广大青年"要勇于创新，深刻理解把握时代潮流和国家需要，敢为人先、敢于突破，以聪明才智贡献国家，以开拓进取服务社会。要实学实干，脚踏实地、埋头苦干，孜孜不倦、如饥似渴，在攀登知识高峰中追求卓越，在肩负时代重任时行胜于言，在真刀真枪的实干中成就一番事业”。

（作者：学而时习；来源：求是网官方账号 2021 年 6 月 20 日）

4. 新时代造就新青年

“新时代是追梦者的时代，也是广大青少年成就梦想的时代。希望你们心系祖国，志存高远，脚踏实地，在奋斗中创造精彩人生，为祖国和人民贡献青春和力量。”前不久，习近平总书记给中国单板滑雪运动员苏翊鸣回信，向他和中国冰雪健儿取得优异成绩表示祝贺，并提出殷切期望。

十年磨一剑。2012 年，8 岁的苏翊鸣经常随父母练习滑雪，仍处在“玩”的阶段；2022 年，还差 3 天年满 18 周岁的苏翊鸣力压一众顶尖选手，勇夺北京冬奥会男子单板滑雪大跳台项目冠军。这背后，意味着年复一年的刻苦训练，每天拼尽全力学习新动作，努力克服心理上的紧张、恐惧。北京冬奥会上，苏翊鸣等“00 后”运动员顽强拼搏、朝气蓬勃，从一个侧面印证着：新时代的新一代成长起来了。

体育强则中国强，国运兴则体育兴。习近平总书记指出：“我们每个人的梦想、体育强国梦都与中国梦紧密相连。没有强大祖国，何谈个人梦想？”新中国成立以来特别是改革开放以来积累的坚实物质基础，党的十八大以来党和国家事业发生的历史性变革、取得的历史性成就，为体育健儿搭建了追逐梦想的舞台，也为青年一代创造了绽放青春的平台。苏翊鸣等优秀青年运动员的成长成才，就是最好的例证。

人生因梦想而绚丽，青春因梦想而闪耀。新时代的青年为梦想打拼，不只在奥运赛场，如今各行各业的青年都在展现自己的责任与担当。在神舟十三号载人飞行任务中，由 9 名 90 后组成的“北京明白”团队，让人看到了航天人青春的样貌、蓬勃的活力；在庆祝中国共产党成立 100 周年大会上，共青团员和少先队员代表集体致献词，喊出了“请党放心，强国有我”的铮铮誓言。“70 后、80 后、90 后、00 后，他们走出去看世界之前，中国已经可以平视这个世界了”。习近平总书记的这席话，打动无数国人心。“平视这个世界”的新一代，以实现中华民族伟大复兴为己任，不断增强做中国人的志气、骨气、底气，是可爱、可信、可为的一代。

当今世界正经历百年未有之大变局，我国正处于实现中华民族伟大复兴关键时期。踏上新的赶考之路，我们深知越是接近民族复兴越不会一帆风顺，越充满风险挑战乃至惊涛骇浪。方此之时，尤需广大青年敢于斗争、善于斗争，把自己的小我融入祖国的大我、人民的大我之中，与时代同步伐、与人民共命运，在大战大考中勇挑重担、积极作为。坚定风雨无阻向前进的信念，激扬越是艰险越向前的精神，广大青年必能展现青春激昂的风采，肩负起国家和民族的希望，更好书写新时代的青春答卷。

时代的责任赋予青年，时代的光荣属于青年。回溯历史，在中国共产党的旗帜下，一代代中国青年把青春奋斗融入党和人民的事业，成为实现中华民族伟大复兴的先锋力量。当前，全党全国各族人民正在意气风发向着第二个百年奋斗目标迈进。伟大的国家，伟大的时代，人人都享有人生出彩的机会。奔跑吧，新时代的新青年！

（作者：习 骅；来源：《人民日报》2022 年 3 月 18 日第 4 版）

精选习题

一、单选题

1. 人生观的核心是（　　）

A. 人生价值　　B. 人生目的　　C. 人生态度　　D. 人生信仰

2. 在社会主义条件下，当你在为人民服务时，人民中的其他成员也在为社会包括为你服务，因此，处理个人与他人的关系时应当遵循的原则是（　　）

A. 利己不损人

B. 主观为自己，客观为他人

C. 各人自扫门前雪，莫管他人瓦上霜

D. 我为人人，人人为我

3. 马克思中学毕业时即表示要“为人类福利而劳动”；毛泽东青年时便立志“以天下为己任”；周恩来在南开中学时提出“为中华崛起而读书”，这些事例告诉我们（　　）

A. 人生目的决定走什么样的人生道路

B. 人生目的决定持什么样的人生态度

C. 人生目的的决定选择什么样的人生价值标准

D. 人生目的决定保持什么样的人生精神状态

4. 有的人身处逆境而百折不挠,有的人在顺境中却长吁短叹,有的人笑对人生,有的人看破红尘,这些都是(　　)的表现

A. 人生目的　　B. 人生态度　　C. 人生理想　　D. 人生信念

5. 人生价值主要回答(　　)

A. 人为什么活着　　B. 世界的本源是什么

C. 人应该怎样对待生活　　D. 什么样的人生才有意义

6. 把追求金钱作为人生的至高目的,认为金钱可以主宰一切的错误人生观是(　　)

A. 享乐主义的人生观　　B. 禁欲主义的人生观

C. 拜金主义的人生观　　D. 极端个人主义的人生观

7. 决定人的价值观的是(　　)

A. 社会实践　　B. 世界观

C. 人生观　　D. 社会制度

8. 人生价值的根本内容是以(　　)的关系为实际内容的人与人之间的价值关系。

A. 自我与他人　　B. 索取与享受

C. 劳动与创造　　D. 贡献与索取

9. 人生价值评价的根本尺度是(　　)

A. 一个人的个人生活是否符合社会发展的客观规律,是否通过实践促进了历史的发展

B. 能力大小

C. 对社会的贡献大小

D. 动机的善恶

10. 科学的人生观是(　　)

A. 自保自利的人生观　　B. 及时享乐的人生观

C. 为人民服务的人生观　　D. 合理利己主义的人生观

二、多选题

1. 下列有关社会价值的说法正确的是(　　)

A. 社会价值是社会和他人对于个体的意义

B. 社会价值主要通过劳动创造和贡献表现出来

C. 社会价值是作为客体的人对作为主体的人的生存和发展需要的满足

D. 社会价值是个体的人生对于社会和他人的意义

E. 对社会作出的贡献越多,则人生价值就越大

2. 大学生要科学认识实际生活中的各种问题,勇敢面对和正确处理各种人生矛盾,就应树立(　　)

A. 正确的得失观　　B. 正确的生死观

C. 正确的幸福观　　D. 正确的荣辱观

E. 正确的苦乐观

3. 人生价值的评价方法是(　　)

A. 坚持能力有大小与贡献须尽力相统一

B. 坚持物质贡献与精神贡献相统一

C. 坚持完善自身与贡献社会相统一

D. 坚持个人成就与自身理想相统一

E. 坚持理论学习和认真实践相统一

4. 人生观的主要内容包括(　　)

A. 人生目的　　B. 人生态度

C. 人生价值　　D. 人生问题

5. 正确的人生态度应该是(　　)

A. 人生须务实　　B. 人生须认真

C. 人生应乐观　　D. 人生要进取

6. "个人的抱负不可能孤立地实现,只有把它同时代和人民的要求紧密结合起来,用自己的知识和本领为祖国为人民服务,才能使自身价值得到充分实现。"这句话的含义包括(　　)

A. 人生价值的本质是个人对社会的责任和贡献

B. 一个高尚的人只有社会价值而没有自我价值

C. 一个人要想实现自我价值,就得为社会创造价值

D. 人生的自我价值必须与社会价值相结合,并通过社会价值表现出来

7. 爱因斯坦说:"我评定一个人的真正价值只有一个标准,即看他在多大程度上摆脱了自我。"对这句话正确的理解是(　　)

A. 个人人生价值的大小要看社会对他的满足程度

B. 人生价值的大小取决于他“自我”价值实现的程度

C. 人生的真正价值在于对社会的奉献

D. 对社会贡献越大,摆脱“自我”的程度也就越大,个人的人生价值就越大

8. 下列属于正确的人生目的的是(　　)

A. 人生在世,吃穿二字

B. 名利须有总须有,命里如无莫强求

C. 为最广大人民群众的利益服务

D. 要为祖国和人民的利益无私奉献

9. 大学生应有的人生态度是(　　)

A. 安于现状,及时行乐　　B. 严肃认真,积极进取

C. 助人为乐,爱国奉献　　D. 珍惜生命,乐观向上

10. 保持心理健康的方法和途径有(　　)

A. 树立正确的世界观、人生观、价值观

B. 掌握应对心理问题的科学方法

C. 合理地调控情绪

D. 积极参加集体活动,增进人际交往

三、材料分析题

材料1:

杜富国受伤一年后:被子仍要叠豆腐块

这是一个伤痕累累的身体。眼睛完全失明,两只手也已经截肢。从脖子到肩膀、到腹部、再到大腿,凌乱分布着几十条伤疤。这个身体的主人是杜富国,他是一名扫雷战士。2018年10月11日,27岁的杜富国在执行扫雷任务时,一枚加重手榴弹突然爆炸,他浑身是血,被抬下雷场。他经常说:“扫雷的长征路刚刚结束,要开始新的长征路,这条路上,自己是自己最大的敌人。”时隔一年,这位失去了双眼与双手的战士正在慢慢适应他的新生活。

独自穿衣洗漱

失去双眼和双手一年后,如今杜富国已经能一个人完成日常洗漱穿衣。10月23日,重庆的西南医院康复楼。早上六点半,附近军校的起床号准时响起,杜富国从黑暗中醒来,然后在黑暗中摸索。他挪到T恤的位置,用牙齿咬起衣

服一端，伸胳膊，头钻进去，左右摇晃两下就穿好了上衣。失去双手，他也正慢慢熟悉新的洗漱方式。洗脸、擦脸、刮胡子，如今他都能用残臂熟练完成。

依旧按照军人标准整理内务

现在，杜富国依然坚持用军人标准严格要求自己。洗漱后，他就开始叠军被。他先是绕着被子走一圈，用半截小臂把被子抚平，然后小心翼翼地打出褶。五分钟过去，“豆腐块”成形。再花十分钟时间，把被子移到床头，拉平床单，床铺整整齐齐。

打完60针，他笑了出来

杜富国的身体布满了大大小小的伤疤。这些伤疤“有毒”，每隔半个月需要打一次疤痕针。临近杜富国打针的时候，护工和战友都来到他的屋里。杜富国调皮地说，打针的时候要来好几个人压着我。最难的是开始，伤疤硬硬的，护士只能用力往里面推针，疼得他直冒冷汗。“3，2，1，狙”，一旁的战友张鹏提醒杜富国，“狙”就是“打针”的意思。脖子上打完11针，杜富国喊着：“休息一下，休息一下再打。”休息一会儿后，打针还要继续。痛到极点时，杜富国嘴巴张到最大，双眼紧闭，脸憋得发红，忍着不让自己喊出来。他的半截小臂忍不住翘起，肚子因剧痛吸气而狠狠瘪下去，露出根根分明的肋骨。四根针管，整整60针。刚一打完，他紧张的表情一下就不见了，笑了出来，露出洁白的牙齿。

每天练字一个多小时

从2018年12月21日来到西南医院，杜富国在这里度过300多天了。现在他已经可以自如上下楼梯，不用人扶。医院为他配了一只机械手，可以做出“开、闭、旋”三个动作，对应“张开手、握手、转动手腕”。杜富国现在在努力练字，他几乎每天都要练上一个多小时。在右边小臂上绑住一支笔，靠左边的小臂定点起笔。现在他已经能写出自己的名字、“不忘初心”等不少字。回忆起那次使他失去双眼和双手的爆炸，杜富国不后悔：“我受伤后，半个月就接受自己了，我不后悔，如果后悔就接受不了自己。”他挂在嘴边的一句话是：“只有自己是自己的敌人。”他相信，一切都可以战胜。

跑三公里只用13分钟

杜富国迫不及待地想让自己变得更好。10月24日下午三点，结束午休后，杜富国出现在康复楼二层锻炼室。他在反重力跑台，一跑就是三公里、五公里。康复师介绍，他现在跑三公里，大概只需要13分钟，比一般成年男子速度还要快。每个刚接触杜富国的人,都小心翼翼的,怕不小心问到他的痛处。但杜富国自己却终日笑呵呵的,喜欢把空空的袖管甩来甩去。苏醒一周,杜富国感到幻肢痛,偶尔有个手指头痛一下,他去摸,却什么都没有。“这种痛就是一种折磨”,这是他唯一表露出的难过。谈到未来,他还不太清楚自己要做什么。能确定的是,他想留在部队,做一份力所能及的工作。

材料2:

不给自己任何借口

她是个不幸的孩子,19岁那年,正当步入芭蕾舞生涯巅峰之际,却意外地发觉自己双眼模糊,后被诊断为视网膜脱落,面临失明的危险。通过家人的劝说,她接受了手术,医生命令她在床上躺三个月并一动不动。但她无法完全遵守,仍然坚持在床上练习绷脚踢腿,就像她所说的那样:“让我的脚还活着。”这次手术没有完全成功,接着进行了第二次手术,但医生得出结论认为,她的眼睛将永远不会有余光。她同意进行了第三次手术,但被勒令必须坚持躺在床上一年,整个人完全一动不动,不允许她和女儿玩,咀嚼太硬的食物,笑或者哭以及转动她的头,同时需要控制脸部表情。这让她心急如焚,因为她明白,如果一年不练,在芭蕾艺术里等待她的将是一条死亡之路。丈夫决定辞去工作,陪伴在她身边。每天,丈夫坐在她的床边,用他的手指替代脚尖,在她的胳膊上舞蹈,教给她芭蕾舞动作。她后来回忆:“我在我的脑海里跳舞。闭目,平静,放平我的后背,我教我自己跳吉赛尔。”一天又一天,一月又一月,虽然不曾舞蹈,但她内心那份感觉却真实地存在着。最后,她被允许下床,显然跳舞还是有问题。但她对医生的嘱咐置若罔闻,每天又在芭蕾排练厅开始练习。一年以后,重新登上舞台,她一下子就找到了久违的自己。她凭着精湛的舞技,获得了鲜花和掌声,受到了人们的好评。

尽管表演事业蒸蒸日上,但她的视力却一天天衰弱。不久,她只剩一只眼睛有模糊视力了,丈夫劝她放弃芭蕾舞,可倔强的她又选择了双人舞。因为在双人舞舞段中,一般是由男演员来引导女演员的。在舞台上,她的舞伴都是精确定位,如果是远距离接抛,他们之间的距离则会有固定的脚步数,舞台上的特殊彩灯,引导着她婀娜多姿的身影,而台下的观众根本不会觉察到舞台上的她跟别人有什么不同。

就这样,她在芭蕾这种“高精尖”的艺术表演中持续精进,不仅跳遍了18—19世纪的全部经典芭蕾舞剧,而且在巴兰钦等现代芭蕾大师的作品中原创并首演了主要舞段和角色,更以燃烧了半个多世纪仍不见衰减的激情,将表演生涯延续到了古稀之年,取得了许多人都无法企及的辉煌成绩!

1948年,她放弃在纽约如日中天的事业,毅然回到祖国古巴,从零开始,经过十年的反复和艰苦磨炼,终于打造出了誉满全球的古巴国家芭蕾舞团,实现了她用芭蕾报效祖国、改善同胞文化生活的人生理想。在20世纪五六十年代,她凭借自己在世界范围的知名度,带着古巴芭蕾舞团走遍世界各国,为古巴的国家外交打开了全新的局面。

她就是20世纪极具国际知名度的古巴芭蕾表演艺术家,也是芭蕾史上的传奇人物——阿丽西亚·阿隆索。

2010年7月9日,阿隆索摘取了西班牙巴勃罗艺术大奖。当媒体曝光她双目几乎失明的事实时,她再度成了人们心目中的奇人。许多记者好奇地追问:“为什么双目几乎失明还能取得如此佳绩?”高雅的她总会淡淡一笑:“不给自己任何借口,将借口踩在脚下,翩翩起舞,也就一路走到了今天……”

是的,不给自己任何借口!一个人如果能秉持这种信念,坚持积极进取的人生态度,就能斩断后路,不断超越自己,收获属于自己的成功。芭蕾大师阿隆索就是由于对芭蕾艺术的执着追求和无尽热爱,靠着积极进取的人生态度,才创造了卓越不凡的人生业绩。当代大学生肩负建设中国特色社会主义、实现中华民族伟大复兴的崇高使命,理应从阿隆索身上汲取奋发向上、不断进取的精神力量。

结合材料回答问题:

1. 当人生遇到挫折的时候,我们应该采取什么样的人生态度?
2. 人应该怎样度过自己的一生?
3. 逆境中该如何实现自身的价值?

推荐阅读书目

1. 习近平:《习近平谈治国理政》,外文出版社2014年版。
2. 朱光潜:《给青年的十二封信》,人民文学出版社2018年版。
3. 梁启超:《少年中国说》,长江文艺出版社2019年版。
4. 柳青:《创业史》,中国青年出版社2009年版。

5. 傅雷:《傅雷家书》,人民教育出版社2019年版。

6. 夏洛蒂·勃朗特:《简·爱》,吴钧燮译,人民文学出版社2018年版。

7. 列夫·托尔斯泰:《童年·少年·青年》,草婴译,上海文艺出版社2008年版。

8. 路遥:《平凡的世界》,北京十月文艺出版社2021年版。

9. 刘同:《谁的青春不迷茫》,京华出版社2018年版。

第二章　追求远大理想　坚定崇高信念

教学目标

1. 知识目标：进一步了解理想信念的内涵及其重要意义；深刻理解马克思主义信仰、中国特色社会主义共同理想和共产主义远大理想；科学把握理想与现实的辩证统一关系；正确认识和把握个人理想与社会理想的关系。

2. 能力目标：培养和提高责任担当与社会参与能力；正确看待理想和现实的矛盾，坚定理想信念，明辨是非善恶，自觉砥砺品行，成为以中华民族伟大复兴为己任的时代新人。

3. 情感价值目标：激发对中国特色社会主义事业的情感认同，树立科学的奋斗目标，将个人理想与国家的前途、民族的命运相结合，志存高远、脚踏实地、艰苦奋斗，在民族复兴的伟大实践中成就自己的精彩人生。

理论热点

一、知识要点

1. 理想信念的内涵与特征

理想是人们在实践中形成的、有实现可能性的、对未来社会和自身发展目标的向往与追求，是人们的世界观、人生观和价值观在奋斗目标上的集中体现。理想是多方面和多类型的，根据不同的标准，可分为个人理想和社会理想，近期理想和远期理想，生活理想、职业理想、道德理想和政治理想等。理想具有超越性、实践性、时代性的特征。

信念是人们在一定的认识基础上确立的对某种思想或事物坚信不疑并身体力行的精神状态。信念是认知、情感和意志的有机统一体，为人们矢志不渝、百折不挠地追求理想目标提供了强大的精神动力。在信念体系中,高层次的信念决定低层次的信念,低层次的信念服从高层次的信念。信仰是最高层次的信念,具有最大的统摄力。信仰有盲目和科学之分。信念具有执着性、支撑性、多样性的特征。

理想是信念所指的对象,信念则是理想实现的保障。离开理想这个人们确信和追求的目标,信念无从产生;离开信念这种对奋斗目标的执着向往和追求,理想无法实现。也正因如此,人们常将理想与信念合称为理想信念。

2. 理想信念是精神之"钙"

理想信念是人们由自然人向社会人转化的一个重要标志。马克思说:"人的本质不是单个人所固有的抽象物,在其现实性上,它是一切社会关系的总和。"[①]人在社会关系中逐渐在思想上形成了关于"人应当怎样生活""人与人的关系应当是怎样的状态"的认识,并将自己对社会关系的认识应用到自己的生活、学习和工作之中,进而逐渐将那些外在于自己的、构成人类文明的传统、道德、习俗、规范、制度等,一步步转变为自己的自觉需要——作为文明的、社会的、历史的"人"的需要,使自己成为一个自觉的、行为不再像动物那样只为自然本能所支配的人。这个过程就是每个青年人都应当完成的精神发育的社会化过程。

信念同理想一样,也是人类特有的精神现象。信念是认知、情感和意志的有机统一体,为人们矢志不渝、百折不挠地追求理想目标提供了强大的精神动力。

理想信念是精神之"钙"。首先,理想信念昭示奋斗目标。人生是一个在实践中奋斗的过程。要使生命富有意义,就必须在科学的理想信念指引下,沿着正确的人生道路前进。理想信念是人的思想和行为的定向器,一旦确立就可以使人方向明确、精神振奋,即使前进的道路曲折、人生的境遇复杂,也能使人看到未来的希望和曙光,永不迷失前进的方向。人的理想信念,反映的是人对社会和自身发展的期望。因此,有什么样的理想信念,就意味着以什么样的期望和方式去改造自然和社会,塑造和成就自身。只有树立崇高的理想信念,才能够解答好人生的意义、奋斗的价值及做什么样的人等重要的人生课题。

① 马克思.关于费尔巴哈的提纲[M]//中共中央马克思恩格斯列宁斯大林著作编译局.马克思恩格斯选集:第1卷.北京:人民出版社,1995:56.

其次，理想信念催生前进动力。一个人有了崇高坚定的理想信念，才会以惊人的毅力和不懈的努力成就事业。与此相反，一个人如果没有崇高坚定的理想信念，就有可能浑浑噩噩、庸庸碌碌、虚度一生，甚至腐化堕落、走上邪路。大学时期确立的理想信念，对今后的人生之路将产生重大影响，甚至会影响终身。大学生人生目标的确立、生活态度的形成、知识才能的丰富、发展方向的设定、工作岗位的选择，以及如何择友、如何面对挫折、如何克服困难等问题的解决，都需要一个总的原则和目标，都离不开理想信念的指引和激励。大学生应当重视理想信念的选择和确立，努力树立科学崇高的理想信念，使人生道路越走越宽广，使宝贵的人生富有价值。

最后，理想信念提升人生境界。一方面，理想信念是一个人在精神生活领域安身立命的根本。没有理想信念的支撑，人的精神世界就如同无根之木、无基之塔。另一方面，理想信念是衡量一个人精神境界高下的重要标尺。理想信念作为人的精神世界的核心，不仅能使人的精神生活的各个方面统一起来，使人的精神世界成为一个健康有序的系统，避免精神空虚和迷茫，而且能引导人们不断追求更高的人生目标，并在追求和实现理想目标的过程中提升精神境界、塑造高尚人格。

大学生只有树立崇高的理想信念，才能激发为民族复兴和人民幸福而发奋学习的强烈责任感与使命感，掌握建设祖国、服务人民的本领。

3. 为什么要信仰马克思主义

“马克思主义是马克思恩格斯的观点和学说的体系。它是无产阶级及其政党的完整而彻底的世界观，是无产阶级和一切被压迫人民争取解放的理论。”①它具有实践性、科学性、人民性和创新性。

马克思主义具有科学性。马克思主义学说不是凭空臆造，它的创立是以19世纪三四十年代的产业革命为社会历史条件，以德国古典哲学、空想社会主义和英国古典经济学为思想理论源泉，以哲学、自然科学和社会科学一系列发现为科学理论支撑的。同时，马克思主义是一门完整的科学理论体系，包括马克思主义哲学、马克思主义经济学等理论。

马克思主义具有人民性。马克思主义的人民性解决的是“为了谁”的问题，

---

① 庄福龄，马克思主义史：第1卷[M]. 北京：人民出版社，1996：39.

是立场问题。马克思主义不是为某个集团或阶级代言的“私器”，而是为无产阶级和人类解放而斗争的“公器”，代表绝大多数人的利益和历史进步方向。正如《共产党宣言》所说：“过去的一切运动都是少数人的，或者为少数人谋利益的运动。无产阶级的运动是绝大多数人的，为绝大多数人谋利益的独立的运动。”①可以说，历史上从来没有一种理论像马克思主义那样，与工人阶级和劳动人民的命运如此紧密地联系在一起。在马克思之前，社会上占统治地位的理论都是为统治阶级服务的。马克思主义第一次站在人民的立场探求人类自由解放的道路，以科学的理论为最终建立一个没有压迫、没有剥削、人人平等、人人自由的理想社会指明了方向。

马克思主义具有实践性。马克思曾说：“哲学家们只是用不同的方式解释世界，而问题在于改变世界。”②正是有了马克思主义的指导，社会主义由空想变成科学，由科学理论转变为社会实践。100 多年前，在马克思主义指引下，中国共产党诞生了。中国共产党自诞生以来，始终坚持把马列主义的基本原理与中国革命、建设和改革的各个历史阶段的具体实践紧密结合，建立了中华人民共和国，创造性地完成了由新民主主义革命向社会主义革命的转变，建立了社会主义基本制度，开始了对社会主义建设道路的艰辛探索，取得了一系列重大成果。党的十一届三中全会以后，中国共产党始终坚持马克思主义指导思想，团结带领人民进行改革开放新的伟大革命，取得了一个又一个彪炳史册的历史功绩。进入新时代，实现中华民族伟大复兴的中国梦依然需要坚定不移地坚持马克思主义这一指导思想。

马克思主义具有创新性。创新性是马克思主义与时俱进的活的灵魂。邓小平说：“马克思主义理论从来不是教条，而是行动的指南。它要求人们根据它的基本原则和基本方法，不断结合变化着的实际，探索解决新问题的答案，从而也发展马克思主义理论本身。”③这就是说，马克思主义理论不是一成不变的，我们要根据时代发展和实践需要不断进行理论创新，唯有此，马克思主义才可

---

① 马克思，恩格斯. 共产党宣言[M]//中共中央马克思恩格斯列宁斯大林著作编译局. 马克思恩格斯文集：第 2 卷. 北京：人民出版社，2009：42.

② 马克思. 关于费尔巴哈的提纲[M]//中共中央马克思恩格斯列宁斯大林著作编译局. 马克思恩格斯文集：第 1 卷. 北京：人民出版社，2009：506.

③ 邓小平文选：第 3 卷[M]. 北京：人民出版社，1993：146.

以保持其旺盛的生命力，中国特色社会主义事业才能顺利进行。

4. 中国特色社会主义共同理想与共产主义远大理想

中国特色社会主义是我们的共同理想。有共同理想，才能有共同步调。在中国共产党领导下，坚持和发展中国特色社会主义，实现中华民族伟大复兴，必须树立中国特色社会主义共同理想。这个共同理想，把国家、民族与个人紧紧地联系在一起，把各个阶层、各个群体的共同愿望有机结合在一起，集中代表了我国工人、农民、知识分子和其他劳动者、建设者、爱国者的利益和愿望，有着广泛的社会共识，具有令人信服的必然性、广泛性和包容性。

中国特色社会主义是科学社会主义，不是别的什么主义。在当代中国，坚持中国特色社会主义，就是真正坚持科学社会主义。但是我们要清醒地认识到，中国特色社会主义不是从天上掉下来的，而是中国共产党带领人民历经千辛万苦找到的实现中国梦的正确道路。同时我们还要明白，中国共产党的领导是中国特色社会主义最本质的特征。

胸怀共产主义远大理想。共产主义社会是物质财富极大丰富、实现按需分配、人的精神境界极大提高、每个人自由而全面发展的社会。中国共产党从成立之日起，就确立了共产主义的远大理想，始终团结带领全国各族人民朝着这个伟大理想前行。

共产主义是崇高的社会理想，是关于无产阶级解放的学说，同时也是一种现实运动。共产主义远大理想既是面向未来的，又是指向现实的，不仅反映了人们对未来社会的美好向往，更是一个从现实的人出发，不断满足人的现实利益需求、推进人的全面发展、推动社会发展进步的历史过程与现实运动。共产主义远大理想的最终实现是一个漫长、艰辛的历史过程，需要一代又一代人付出艰苦的努力。

5. 理想与现实的辩证关系

理想与现实是对立统一的。首先，理想和现实存在着对立的一面，二者的矛盾与冲突，属于“应然”和“实然”的矛盾。其次，理想与现实又是统一的。理想受现实的规定和制约，是在认识现实的基础上发展起来的。一方面，现实中包含着理想的因素，孕育着理想的发展；另一方面，理想中也包含着现实，既包含着现实中必然发展的因素，又包含着由理想转化为现实的条件，在一定的条件下，理想就可以转化为未来的现实。脱离现实而谈理想，理想就会成为空想。

实现理想的长期性、艰巨性和曲折性。理想的实现是一个过程。一般来说,理想越是远大,它的实现过程就越复杂,需要的时间也就越漫长。

艰苦奋斗是实现理想的重要条件。艰苦奋斗是我们的传家宝。艰苦奋斗始终是激励我们为实现国家富强、民族复兴而共同奋斗的强大精神力量。

6. 个人理想与社会理想的辩证关系

个人理想是指处于一定历史条件和社会关系中的个体对于自己未来的物质生活、精神生活所产生的种种向往和追求。社会理想是指社会集体乃至社会全体成员的共同理想,即在全社会占主导地位的共同奋斗目标。

个人理想与社会理想的关系实质上是个人与社会关系在理想层面的反映。个人与社会有机地联系在一起,二者相互依存、相互制约、共同发展。同样,社会理想与个人理想也不是彼此孤立的,它们之间相互联系、相互影响、相互制约。

个人理想以社会理想为指引。正确的个人理想不是依个人主观愿望随意确定的,从根本上说它是由正确的社会理想规定的。同时,个人理想的实现,必须以社会理想的实现为前提和基础。因此,在整个理想体系中,社会理想是最根本、最重要的,而个人理想则从属于社会理想。换句话说,个人理想的确立要以社会理想为引导,个人理想的实现依赖于社会理想的实现。个人理想只有同国家的前途、民族的命运相结合,个人的向往和追求只有同社会的需要和人民的利益相一致,才可能变为现实。

社会理想是对个人理想的凝练和升华。社会理想是建立在众人的个人理想基础之上的,是对社会成员个人理想的凝练和升华。社会理想的实现归根到底要靠社会成员的共同努力,并具体体现在每个社会成员为实现个人理想而进行的实践中。

7. 正确认识和处理社会理想与个人理想的关系

社会理想与个人理想互为影响、互为制约。一方面,正当的个人理想能否在现实生活中实现,除了个人主观努力之外,还取决于现实社会的具体状况。因为人类社会既是具有一定结构、要素的物质体系,即以一定经济结构为基础,以一定政治、法律制度及相应意识形态为上层建筑的客观物质体系,又具有自然世界所没有的价值属性。好的社会环境是人们实现个人理想的条件,在这种条件下,人们现实的生产活动同时也是实现他们自己生活目的的自主活动;坏的社会环境则阻碍人们的自主活动，在这种环境中，人们的生产活动只能是维持他们肉体的手段，即马克思所说，人们是以摧残生命的方式来维护他们的生命。所以人要实现自己的个人理想，就不能不形成相应的社会理想，不能不了解个人理想的实现所需要的社会条件。也正是从这个层面，世世代代的人们才不惜流血牺牲，为建立美好社会而前仆后继。另一方面，人们之所以要为实现某种社会理想而奋斗、牺牲，不仅是为了推动社会发展、历史进步，也是为了使自己和像自己这样的千千万万的人民群众过上幸福的生活，实现自己美好的人生理想。

个人理想与社会理想既有区别又有联系。一方面，个人理想只有植根于现实社会的土壤中，才可能实现；而社会理想只有建立在真正体现绝大多数个人的共同利益、共同目标的基础上才有生命力。另一方面，个人理想与社会理想是相互区别、相互制约的，各有其自身的规定性。一是社会理想决定和制约着个人理想。在理想体系中，社会理想居于高层次，是最根本、起主导作用的。个人理想居于低层次，从属于社会理想。个人理想只有自觉地顺应社会理想并以此为基本方向来进行选择和确立，才有可能实现。如今，建设中国特色社会主义是指导我们的总目标、大方向，个人理想只有与这个方向相一致才可能实现并得到社会认可。二是社会理想又是个人理想的凝聚和升华。社会理想反映着人们的共同愿望，代表着人们的共同利益，它要靠千万人的实践活动来实现。因此，社会理想不仅不排斥个人理想，而且是个人理想的凝聚和升华。我们党提出的现阶段共同理想，就集中反映了我国各族人民的共同利益和愿望。由此可见，社会理想并不是虚幻和空洞的，它体现在千百万人的现实生活中。

处理个人理想与社会理想的关系时应该注意以下几点：一是防止只讲个人理想不讲社会理想。有的人在确立个人理想时脱离客观实际，凭着自己的主观愿望去进行“自我设计”。这种无视客观条件的“个人理想”，其性质是个人主义，其结果是处处碰壁、无法实现理想。因此，人们在处理个人理想与社会理想的关系时，不能只讲个人理想而不讲社会理想，不能背离社会理想的大目标去进行“唯我”设计。只有把自己的主观愿望与客观实际相结合并瞄准社会理想这个大目标，自觉地调整个人理想，使个人理想顺应社会发展的正确潮流，才能在实现个人理想的过程中排除各种不良因素的干扰和腐蚀，在工作学习条件、生活环境等不尽如人意时避免消极埋怨和抵触情绪，真正做到个人理想与社会理想的有机统一。二是防止只讲理想职业不讲社会需要。理想从来不是个人想干什么就干什么。尽管社会主义社会已经为确立和实现个人的职业理想提供了良好的条件,但受社会生产力发展程度等条件的制约,社会分工的需要往往还不能使人人都如愿以偿。因此人们在选择职业时,既要力求符合自己的特定条件和专长,又不能忽视个人对社会应负的责任。当个人的职业理想与社会需要发生矛盾时,应以社会需要为重,及时调整和完善自己的职业理想,以保证职业理想的客观可行性。三是防止只讲社会理想不讲个人理想,或者把个人理想和个人主义混为一谈。从个人理想的层次可以看出,高层次的个人理想与社会理想是一致的,对这种个人理想不仅不应当反对,还要加以提倡。现实生活中也有境界不高的个人理想,诸如过分追求个人利益、不顾社会整体利益等。对此,如果能以实事求是的态度加以正确引导,秉持这种理想的人其觉悟是可以提高的,其理想也是可以不断升华的。反之,只讲社会理想,不讲个人理想,很有可能导致"理想危机"。

二、热点解析

1."佛系青年"的信仰危机

"佛系青年"的概念、特点及其产生原因

何谓"佛系青年"?"佛系青年"来源于 2014 年日本媒体对一类青年的概括:"他们外表看上去和普通人一样,但内心往往具有以下特点:自己的兴趣爱好永远都放在第一位,基本上所有的事情都想按照自己喜欢的方式和节奏去做。总是嫌谈恋爱太麻烦,不想在上面浪费时间,也不想交什么女朋友,就单纯喜欢自己一个人,和女生在一起会感觉很累。"①"佛系"一词真正"走红"于 2017 年 12 月 11 日的一篇文章《第一批"90 后"已经出家》。"佛系青年"的主体为"90 后""00 后"青年,"特指的是一部分青年人的生活方式,主要以行为个体的态度和想法决定其思维和行为方式,表现为与世无争、无欲无求,对于外界不予置评,单纯地活在自己精神世界里的心理状态"②。

"佛系青年"外在表现为"怎么都行、不大走心、看淡一切"。他们的惯用语

---

① 日本杂志介绍最近流行的男性新品种:"佛系男子"[OL].(2014-02-13)[2022-05-20].http://japan.people.com.cn/n/2014/0213/c35467-24344982.html.

② 戴仁卿,杨殿闯."90 后佛系青年"文化现象的反思与解构[J].当代青年研究,2018(3):31-37.

有：可以、都行、没关系、随他去……云淡风轻、遇事淡定，内心无甚波澜。对待学业，他们通常不积极、不上心。对待某项任务，执行力较差，行动迟缓。面对困难和挑战时，他们大多选择退缩或逃避。对待人生规划，他们少作为甚至不作为。“约车，司机到门口也行，自己走两步也行；‘双11’，抢着也行抢不到也行；饿了，有啥吃啥，凑合就行；干活，说我好也行，说不好也行……”[①]然而，在看似云淡风轻的外表之下，却折射出“佛系青年”的复杂心理活动。一是“佛系青年”的一种消极防卫。即一些青年在面对某件事情或者某个问题，经过自己持续努力但却仍然难以达到成功和自己期待的结果时，所表现出来的无所谓的一种消极防卫。这种消极防卫不但可以使这个群体避免走向极端道路，而且可以帮助他刷出存在感，找到归属感，舒缓精神焦虑，缓解个体压力。二是“佛系青年”对主流价值观的一种温和反抗。目前，部分青年大学生，对待主流意识形态表现出一种无所谓的态度，他们通常持有“认可也行，不认可也行，反正和我关系不大”的观点。三是对人生理想的淡化。“佛系青年”往往缺乏对生活、学习和工作的积极性，没有明确的人生方向，一切皆“随缘、随心”，不在乎得失、不在乎输赢、不争不抢。工作上过得去就可以，学习中不挂科就好，或者听从“天意”，生活上怎么都行。四是缺乏使命担当。如果有人问起“佛系青年”是否爱国，他们的答案一般都是肯定的。但是，在行动中，他们往往把自己的想法放在首位，追求个体兴趣爱好的满足，其他事情顺其自然就好，认为国家的发展和民族进步与自己没有多大关系。

“佛系青年”的产生既有社会因素，也有个体原因。从社会层面看，社会财富的增加，市场经济的快速发展，物质的多样选择带来了精神追求的多元化。从个体层面看，不少青年既希望张扬个性，但又因为缺乏信仰而无能为力。他们试图通过努力标新立异，走出一条与父母及同辈不同的路，实现自己的梦想，但是他们既不具备足够的勇气和魄力，也不具备坚定的毅力，亦缺乏坚定的、崇高的马克思主义信仰。这就出现了“理想很丰满，现实很骨感”的现象，他们遂开始为放弃理想而寻找借口。

“佛系青年”信仰危机的消解路径

消解“佛系青年”的信仰危机，引导“佛系青年”朝着主流意识形态发展，关

---

① 刘念：也说“佛系青年”[N/OL]. 人民日报，2012－12－13[2022－05－20]. http://opinion.people.com.cn/n1/2017/1213/c1003－29702541.html.

乎青年的健康成长,关乎“两个一百年”奋斗目标的顺利实现,因此,探寻消解“佛系青年”信仰危机的路径尤为重要。

科学对待“佛系青年”。我们要辩证地看待“佛系青年”。一方面,“佛系青年”事事随大流,处处不坚持,最终只会迷失自我,淹没于人潮之中。另一方面,“佛系青年”也具有积极的一面,他们对生活是中立的,对人是和气的,他们不在乎别人的看法,不过多计较得失。因此,科学辩证地对待“佛系青年”既有利于他们身心的健康发展,也有利于引导他们向马克思主义信仰迈进。

用马克思主义信仰引导“佛系青年”。青年是否能够成为担当民族复兴大任的时代新人,重要的是看他们是否具有崇高的共产主义信仰和中国特色社会主义的共同理想。青年时期是确立世界观、人生观和价值观的关键时期。只有长期用马克思主义信仰武装青年头脑,将马克思主义信仰内化为“佛系青年”的思想,外化为“佛系青年”的行动,他们才会逐渐形成积极向上的世界观、人生观和价值观。

引导“佛系青年”立鸿鹄志。志向高远,便力量无穷。一个人有了崇高坚定的理想信念,才会以惊人的毅力和不懈的努力成就事业。与此相反,一个人如果没有崇高坚定的理想信念,就有可能浑浑噩噩、庸庸碌碌、虚度一生,甚至腐化堕落、走上邪路。“佛系青年”只有走出自我中心的圈子,放眼于国家和民族的长远发展,时常胸怀天下,忧国忧民,才会有披荆斩棘、锲而不舍的动力。“得其大者可以兼其小”,个人只有把人生理想融入国家和民族的事业中,才能最终成就一番事业。

搭建多方合作平台,共同关注“佛系青年”的健康成长。“佛系青年”的出现与多种因素相关,引导“佛系青年”走向积极健康的人生轨道也需要国家、社会、学校、家庭及个人的共同努力。从国家层面看,应该尽最大可能减轻“佛系青年”的各种负担,比如,降低教育成本、医疗成本、住房成本和养老成本,进一步完善养老体制、医疗体制等体制机制。从社会层面看,一方面要理解“佛系青年”存在的合理性,另一方面要尽可能为其提供一些力所能及的帮助。从家庭层面看,父母除了关注青年的学业、就业外,亦应该多加关注青年的心理变化,引导他们从国家发展和社会责任感的角度思考个人的发展。从“佛系青年”自身看,要调整自己的心态,将“小我”充分融入“大我”之中,将青春之我融入实现中华民族伟大复兴的中国梦之中。

2. 世界社会主义500年

高放认为:“社会主义是旨在减免资本主义剥削压迫、争取劳动人民福利权益、实现劳动人民当家作主的社会思潮、社会运动、社会制度和社会形态。”[①]世界社会主义500年,是指“从1516年莫尔发表《乌托邦》这一社会主义思想源头开始,到1848年马克思、恩格斯《共产党宣言》的发表,到俄国十月革命使一个经济文化比较落后的国家率先走上社会主义道路,再到中国特色社会主义道路理论制度的发展过程”[②]。

社会主义的产生和发展历程

空想社会主义思想的诞生和延续。社会主义是时代发展的产物,空想社会主义是适应早期无产阶级渴望改变现状的需要产生的。它大致经历了16世纪和17世纪的早期空想社会主义、18世纪的中期空想社会主义和19世纪初的三大空想社会主义三个发展阶段。

16世纪和17世纪的早期空想社会主义。社会主义思想的诞生标志是1516年莫尔《乌托邦》一书的出现。莫尔的思想建立在16世纪英国残酷的资本原始积累,包括“羊吃人”圈地运动的基础之上。他的理论是不成熟的。他只看见了资本主义的灾难,从道德层面批判资本主义社会是万恶之源,但是没有找到资本主义生产方式的矛盾和私有制这一根本问题。与此同时,德国人托马斯·闵采尔构想的“千载太平天国”以及16、17世纪之交的意大利人托马斯·康帕内拉描绘的“太阳城”都是对资本主义社会的批判和对社会主义社会的向往。

18世纪的中期空想社会主义。其理论方面的代表主要有法国的摩莱里和马布利,他们深受法国启蒙思想的影响,开始初步阐释“社会主义”。实际斗争的代表主要有巴贝夫,他在1796年3月组织了“平等派密谋委员会”,准备发动武装起义。[③]

19世纪初的三大空想社会主义。这一时期的主要代表人物是法国的圣西门、傅立叶和英国的欧文。他们“对资本主义社会给以更辛辣尖锐的嘲讽和批判,对未来社会也提出了更多合理的有价值的思想。三大空想社会主义者总体

---

① 高放,冉昊.铁托[M].北京:中国工人出版社,2014:2.

② 顾海良.历史和人民为什么选择社会主义[J].求是,2014(10):21-25.

③ 闫志民.空想社会主义的产生和发展[J].科学社会主义(双月刊),2013(5):30-32.

来说在社会历史观上还属于唯心主义,他们虽然对未来社会的设想有一些合理的有价值的成分,但却始终找不到实现这一理想的现实途径。他们都有着崇高的理想主义献身精神,也都有着很高的自我期许和评价,可是却不仅始终无法实现其救世济人的愿望,而且连自己的生活也一起陷入困顿之中。无疑,他们在道德上是高尚的,在对资本主义的批判上也是尖锐的,但却并不能揭示资本主义的真正罪恶”[①]。

总之,空想社会主义不成熟的理论,是同不成熟的资本主义生产状况、不成熟的阶级状况相适应的。

社会主义的伟大飞跃:从空想到科学,从理论形态到实践形态。1848 年 2 月 24 日,由马克思和恩格斯共同起草的《共产党宣言》问世,标志着社会主义由空想到科学的伟大飞跃,科学社会主义由此诞生。列宁认为《共产党宣言》是“以天才的透彻而鲜明的语言叙述了新的世界观,即把社会生活领域也包括在内的彻底的唯物主义、作为最全面、最深刻的发展学说的辩证法,以及关于阶级斗争、关于共产主义新社会的创造者无产阶级肩负的世界历史性的革命使命的理论”[②]。《共产党宣言》全面阐述了科学社会主义的基本原理,“它深刻地揭示了资本主义社会的发展规律,论证了实现社会主义的历史必然性;深刻地揭示了无产阶级的伟大历史使命,论证了阶级斗争、无产阶级革命和无产阶级专政的重要作用;深刻地揭示了共产党的性质和特点,论证了党的领导是无产阶级解放事业走向胜利的根本保证;深刻地批判了各种社会主义流派,从而在国际共产主义运动中真正地树立起了科学社会主义的理论旗帜”[③]。

1917 年 11 月 7 日,列宁领导的布尔什维克武装力量向资产阶级临时政府所在地圣彼得堡冬宫发起总攻,推翻了临时政府,建立了苏维埃政权。第一个社会主义国家从此诞生,社会主义实现了理论形态向实践形态的转变。“十月革命”的胜利把马克思主义推向了一个新阶段,开创了人类历史的新纪元,为世界各国无产阶级革命、殖民地和半殖民地的民族解放运动开辟了胜利前进的

---

① 宋新海.“世界社会主义 500 年”对于实现“中国梦”的认识意义[J].当代世界与社会主义(双月刊),2014(6):151-154.

② 教育部社会科学研究与思想政治工作司.《马克思主义经典著作选读》导读[M].北京:人民出版社,2001:74.

③ 教育部社会科学研究与思想政治工作司.《马克思主义经典著作选读》导读[M].北京:人民出版社,2001:79.

道路。

历史和人民选择了社会主义

19世纪前期，英国为了扩大国外市场，推销工业品，掠夺原料，把中国作为主要的侵略目标。1840年6月，英国发动了侵略中国的鸦片战争。自此各国列强涌入中国，将中国一步步推向半殖民地半封建社会的深渊。1901年，腐朽的清政府被迫签订《辛丑条约》，清政府沦为“洋人的朝廷”，中国完全沦为半殖民地半封建社会。

为了救亡图存，几代中国人民上下求索。中国社会各阶层和各种政治力量以及广大爱国官兵怀着强烈的民族危机感，不畏强暴，血战疆场，开始了挽救民族危亡的抗争历程。然而，无论是三元里人民的抗英斗争、义和团运动、洋务运动、太平天国运动还是戊戌变法运动，都以失败而告终。“孙中山领导的辛亥革命虽然推翻了长达2000多年的封建帝制，在中国建立了资产阶级共和国，但并没有改变旧中国的社会性质和人民的悲惨命运。近代中国历史表明，旧式农民革命和软弱的资产阶级革命都不可能完成中华民族救亡图存和反帝反封建的历史任务，更不可能承担起实现民族复兴的历史使命。”①

十月革命一声炮响给中国送来了马克思主义。俄国十月革命的胜利和欧亚革命浪潮的高涨，为新的革命的兴起准备了社会基础、时代条件和国际环境。1919年爆发的五四反帝爱国运动，成为这场新革命的伟大开端。五四时期的中国思想界异常活跃，各种社会思潮澎湃激荡，特别是形形色色的社会主义观点纷然杂陈。中国的先进分子经过对各种思潮的比较鉴别，最终选择了马克思主义。

马克思主义在中国广泛传播并且日益同中国工人运动相结合，在这一结合过程中，中国共产党应运而生。中国共产党一经成立，就将马克思主义作为其指导思想，把实现共产主义作为党的最高理想和最终目标，义无反顾肩负起实现中华民族伟大复兴的历史使命。

社会主义在中国的继承和发展

中国共产党自成立起就以马克思列宁主义为指导，开始了全新的中国革命。以毛泽东为主要代表的中国共产党人，根据马克思列宁主义的基本理论，

---

① 中共中央宣传部.习近平新时代中国特色社会主义思想三十讲[M].北京:学习出版社,2018:34.

把中国革命实践中的一系列独创性经验作了理论概括，形成了适合中国国情的科学的指导思想——毛泽东思想。这一伟大思想是马克思列宁主义的基本理论与中国革命具体实践相结合的产物，是马克思主义中国化的重大理论成果，是被实践证明过的正确的理论思想和经验总结。这一伟大思想指引中华儿女“打败了日本帝国主义，推翻了国民党反动统治，完成了新民主主义革命，建立了中华人民共和国，实现了人民当家作主。完成了社会主义革命，确立了社会主义基本制度，消灭了一切剥削制度，推进了社会主义建设。完成了中华民族有史以来最为广泛而深刻的社会变革，为当代中国一切发展进步奠定了根本政治前提和制度基础，为中国发展富强、中国人民生活富裕奠定了坚实基础”①。

“改革开放以来，以邓小平为代表的中国共产党人在探索中国特色社会主义道路的过程中，围绕‘什么是社会主义、怎样建设社会主义’这一基本问题，创立了邓小平理论。邓小平理论作为马克思主义与当代中国实际和时代特征相结合的重大理论成果，不仅继承和发展了毛泽东思想，也为中国特色社会主义理论体系的创立奠定了重要基础，是马克思主义中国化第二次历史性飞跃的重要标志”②。

20 世纪末 21 世纪初，面对苏联解体、东欧剧变，世界社会主义运动陷入低潮，在宣告世界政治格局的“两极格局”瓦解、多极化格局形成的同时，“马克思主义死亡论”“社会主义失败论”言论甚嚣尘上，新自由主义、民主社会主义等思潮迅速扩张和蔓延，人们思想迷惘、信念动摇，使社会发展面临巨大挑战。与此同时，中国被卷入经济全球化浪潮之中。经济全球化犹如一把“双刃剑”，“既给中国的经济增长提供了有利条件，但也增加了经济风险，使中国在发展中面对更加严峻的竞争、风险和挑战。社会主义向何处去的问题又一次被推到了历史前台，要求中国共产党人作出科学的解答。以江泽民为代表的中国共产党人坚持了毛泽东、邓小平开创的中国特色社会主义事业，经受了国内外政治风波、经济风险的严峻考验，捍卫了中国特色社会主义，推进了马克思主义中国化的发展”③，形成了‘三个代表’重要思想。

---

① 中共中央宣传部. 习近平新时代中国特色社会主义思想三十讲[M]. 北京：学习出版社，2018：35.

② 顾海良，肖贵清. 马克思主义中国化史：第 3 卷[M]. 北京：中国人民大学出版社，2015：496.

③ 顾海良，张雷声，袁银传. 马克思主义中国化史：第 4 卷[M]. 北京：中国人民大学出版社，2015：2.

“进入21世纪以后,随着世界经济政治和文化格局的变化,中国特色社会主义的发展面临着新的机遇和挑战;随着中国经济体制和政治体制改革的深入推进,中国经济、政治、文化各领域出现了许多亟待解决的新问题;随着中国特色社会主义的深入发展,中国共产党自身的建设也进入了一个历史性的关键时刻。以胡锦涛为代表的中国共产党人紧密结合新世纪国际国内形势发展的新变化新要求,高举邓小平理论和‘三个代表’重要思想的伟大旗帜,在全面建设小康社会、推进中国特色社会主义伟大事业的征途中,不失时机地把握了中国发展面临的新课题新矛盾,形成了科学发展观。”①

党的十八大以来,以习近平同志为核心的党中央,立足时代之基、回答时代之问,回答了“新时代坚持和发展什么样的中国特色社会主义,怎样坚持和发展中国特色社会主义”的问题,创立了习近平新时代中国特色社会主义思想。这一思想是在中国特色社会主义进入新时代的历史条件下形成的;是在科学社会主义焕发新生机、两种社会制度的较量呈现新态势的时代背景下形成的;是在百年不遇的世界大变局中形成的;是在十八大以来党所经历的深刻革命性锻造中形成的,是党和人民实践经验和集体智慧的结晶。习近平同志是这一思想的主要创立者。这一伟大思想是马克思主义中国化的最新成果,是党和人民实践经验和集体智慧的结晶,是中国精神的时代精华,是国家政治生活和社会生活的根本指针。

3. 共产主义是可望而不可即的吗?

有人认为“共产主义是虚无缥缈、可望而不可即的”,这种观点是完全错误的。党的十八大以来,习近平总书记多次批评这种观点,指出:“共产主义决不是‘土豆烧牛肉’那么简单,不可能唾手可得、一蹴而就,但我们不能因为实现共产主义理想是一个漫长的过程,就认为那是虚无缥缈的海市蜃楼,就不去做一个忠诚的共产党员。革命理想高于天。实现共产主义是我们共产党人的最高理想,而这个最高理想是需要一代又一代人接力奋斗的。如果大家都觉得这是看不见摸不着的东西,没有必要为之奋斗和牺牲,那共产主义就真的永远实现不了了。我们现在坚持和发展中国特色社会主义,就是向着最高理想所进行的

---

① 顾海良,张雷声,袁银传.马克思主义中国化史:第4卷[M].北京:中国人民大学出版社,2015:5.

实实在在的努力。”[1]那么,如何正确认识和对待共产主义呢?

首先,要厘清马克思主义经典作家对未来共产主义社会的阶段划分。1875年,马克思在其伟大著作《哥达纲领批判》中指出:“在资本主义社会和共产主义社会之间,有一个从前者变为后者的革命转变时期。同这个时期相适应的也有一个政治上的过渡时期,这个时期的国家只能是无产阶级的革命专政。”[2]文中马克思还提出了共产主义社会第一阶段和共产主义社会高级阶段。马克思将无产阶级夺取政权以后的社会发展分为三个阶段,即从资本主义社会到共产主义社会的过渡时期、共产主义社会第一阶段和共产主义社会高级阶段。德国女革命家、国际共产主义运动史上杰出的马克思主义思想家、理论家罗莎·卢森堡,于1903年和1907年先后两次把共产主义社会的第一阶段称为社会主义社会,把共产主义社会的高级阶段称为共产主义社会。列宁在《国家与革命》第五章中,明确讲到马克思称为共产主义社会第一阶段的社会制度“通常叫作社会主义”,这样就把无产阶级夺取政权以后的社会发展分为三个大的阶段:①从资本主义社会到社会主义社会的过渡时期;②社会主义社会;③共产主义社会高级阶段。[3] 十月革命胜利后,列宁把马克思所设想的社会主义社会称为“发达的社会主义社会”,认为在经济文化落后的国家应该首先过渡到“不发达的社会主义社会”,然后再进一步过渡到“发达的社会主义社会”[4]。

其次,要考察中国共产党人对社会主义社会发展阶段的自觉探索。1959年底至1960年初,毛泽东同志在读苏联《政治经济学教科书》时就提出:“社会主义这个阶段,又可能分为两个阶段,第一个阶段是不发达的社会主义,第二个阶段是比较发达的社会主义。后一阶段可能比前一阶段需要更长的时间。经过后一阶段,到了物质产品、精神财富都极为丰富和人们的共产主义觉悟极大提高的时候,就可以进入共产主义社会了。”[5]改革开放后,邓小平结合国内外社会

---

① 习近平.做焦裕禄式的县委书记[M].北京:中央文献出版社,2015:5。

② 马克思.哥达纲领批判[M]//中共中央马克思恩格斯列宁斯大林著作编译局.马克思恩格斯文集:第3卷.北京:人民出版社,2009:445.

③ 转引自赵家祥.正确认识和对待“共产主义渺茫论”[J].贵州师范大学学报(社会科学版),2018(03):1-9.

④ 转引自赵家祥.重学《国家与革命》第五章:解读、释疑、辨误:纪念列宁《国家与革命》写作100周年[J].中国延安干部学院学报,2017(04):48-59.

⑤ 毛泽东文集:第8卷[M].北京:人民出版社,1999:116.

主义实践,进一步丰富和发展了毛泽东的上述思想,他指出:“什么叫社会主义,什么叫马克思主义?我们过去对这个问题的认识不是完全清醒的。马克思主义最注重发展生产力。我们讲社会主义是共产主义的初级阶段,共产主义的高级阶段要实行各尽所能、按需分配,这就要求社会生产力高度发展,社会物质财富极大丰富。所以社会主义阶段的根本任务就是发展生产力,社会主义的优越性归根到底要体现在它的生产力比资本主义发展得更快一些、更高一些,并且在发展生产力的基础上不断改善人民的物质文化生活。”[①]在此基础上,党的十一届六中全会通过的《关于建国以来党的若干历史问题的决议》首次提出:“我们的社会主义制度还是处于初级的阶段”,但是“我们的社会主义制度由比较不完善到比较完善,必然要经历一个长久的过程”[②]。1987年,党的十三大报告系统阐释了社会主义初级阶段的科学含义,指出“这个论断,包含两层含义。第一,我国社会已经是社会主义社会。我们必须坚持而不能离开社会主义。第二,我国的社会主义社会还处在初级阶段。我们必须从这个实际出发,而不能超越这个阶段”[③]。1997年,党的十五大进一步对社会主义初级阶段作了深刻阐述,并强调我国社会主义社会仍然处在初级阶段[④]。

2012年,党的十八大报告指出:“我国仍处于并将长期处于社会主义初级阶段的基本国情没有变,人民日益增长的物质文化需要同落后的社会生产之间的矛盾这一社会主要矛盾没有变,我国是世界最大发展中国家的国际地位没有变。在任何情况下都要牢牢把握社会主义初级阶段这个最大国情,推进任何方面的改革发展都要牢牢立足社会主义初级阶段这个最大实际。”[⑤]2017年,党的十九大报告郑重向世人宣告:“经过长期努力,中国特色社会主义进入了新时代,这是我国发展新的历史方位”“我国社会主要矛盾已经转化为人民日益增长的美好生活需要和不平衡不充分的发展之间的矛盾”,然而,“我国社会主要矛盾的变化,没有改变我们对我国社会主义所处历史阶段的判断,我国仍处于并

---

① 邓小平文选:第3卷[M].北京:人民出版社,1993:63.

② 中共中央文献研究室.三中全会以来重要文献选编:下[M].北京:人民出版社,1982:838.

③ 中共中央文献研究室.十三大以来重要文献选编:上[M].北京:人民出版社,1991:9.

④ 江泽民文选:第2卷[M].北京:人民出版社,2006:14,15.

⑤ 胡锦涛.坚定不移沿着中国特色社会主义道路前进　为全面建成小康社会而奋斗:在中国共产党第十八次全国代表大会上的报告[M].北京:人民出版社,2012:16.

将长期处于社会主义初级阶段的基本国情没有变,我国是世界最大发展中国家的国际地位没有变”①。2020 年,党的十九届五中全会提出了“新发展阶段”的重大命题,指出我国已转向高质量发展阶段,同时重申了我国仍处于并将长期处于社会主义初级阶段。同时指出:“新发展阶段是实现第二个百年奋斗目标、把民族复兴伟业推向新境界的阶段,是社会主义初级阶段中的一个阶段,同时是其中经过几十年积累、站到了新的起点上的一个阶段,是我们党带领人民迎来从站起来、富起来到强起来历史性跨越的新阶段。”②

再次,要厘清共产主义远大理想和中国特色社会主义共同理想的辩证关系。共产主义远大理想与中国特色社会主义共同理想,既有区别也有联系,二者是辩证统一的关系。就奋斗目标的长短而言,远大理想与共同理想的关系是长期的远大理想与近期的具体理想的关系。共产主义远大理想,是人类社会对未来社会的理想状态的科学预测,为中国特色社会主义共同理想指明了方向,它的实现需要一代又一代人不懈奋斗。中国特色社会主义共同理想是近期的具体理想,是实现远大理想的必然阶段和必要基础,只有通过实现一个又一个近期的具体理想,才能最终实现共产主义远大理想。从层次上来讲,远大理想与共同理想的关系是最高纲领与不同历史阶段最低纲领的关系。中国共产党自成立之日起,就将实现共产主义确立为最高纲领。而追求最高纲领必须从中国各个阶段的历史实际出发,从实现最近的目标开始,需要实现每一个阶段性的最低纲领。从受益对象看,远大理想面向全人类,其终极目标是实现全人类的解放。这一远大理想不仅属于中国人民,而且还属于全人类。中国特色社会主义共同理想的受益对象主要是中国人民,它既有远大理想的共性,又带有中国特色,体现了远大理想与共同理想的共性与个性的辩证统一。

最后,要时刻警惕“共产主义是可望而不可即的”错误言论。共产主义是一个“总体性”的范畴,共产主义学说、共产主义理想、共产主义制度、共产主义运动,是理解共产主义的四个维度,不可偏废。马克思的共产主义学说原本是 19 世纪 40 年代众多社会主义和共产主义思潮中的一个流派,但是马克思在亲自参加工人运动的基础上,不仅创立了世界上第一个共产党组织,还与恩格斯一

---

① 习近平.决胜全面建成小康社会 夺取新时代中国特色社会主义伟大胜利:在中国共产党第十九次全国代表大会上的报告[M].北京:人民出版社,2017:10,11,12.

② 《中国共产党简史》编写组.中国共产党简史[M].北京:人民出版社,2021:523.

起创立了无产阶级的行动纲领和奋斗目标——共产主义。这一思想博大精深，既包含人类社会发展的最终理想，又具有不断实践和积淀的现实机制和维度，是在实践基础上理想和现实的完美的统一[①]。共产主义也是马克思对未来社会理想状态的科学预测，指明了人类社会的发展方向。《共产党宣言》中指出，共产主义社会“将是这样一个联合体，在那里，每个人的自由发展是一切人的自由发展的条件”[②]。作为社会制度的共产主义，可以分为“共产主义第一阶段即社会主义社会和共产主义社会高级阶段两个阶段，或分为社会主义初级阶段、发达的社会主义社会、共产主义社会高级阶段三个阶段”[③]。共产主义更是一种“消灭现存状况的现实的运动”，“回顾共产主义运动的历史进程，从1848年《共产党宣言》问世到1917年第一个社会主义国家建立，从第二次世界大战后一大批社会主义国家勃然兴起到20世纪80年代末90年代初东欧剧变、苏联解体，再到新时代中国特色社会主义焕发出前所未有的生机和活力，社会主义和共产主义的理想与实践不仅没有戛然而止，没有像西方某些人所预言的那样进入历史博物馆，反而在长期的艰辛探索中展现出更加光明的前景”[④]。因此，共产主义学说、共产主义理想、共产主义实践、共产主义制度、共产主义运动早已存在于我们的现实生活中。那些认为“共产主义是可望而不可即的”“共产主义是渺茫的幻想”“共产主义没有经过实践检验”的观点，是完全错误的。在马克思、恩格斯看来，共产主义取代资本主义不是一蹴而就的，而是分阶段实现的，是在社会生产力不断发展的基础上由低级向高级不断发展的过程。社会主义是共产主义的第一阶段，中国又处在社会主义的初级阶段。我们坚持和发展中国特色社会主义，不断完善各方面的制度，就是在社会现实中不断增加共产主义的因素，向人类最崇高的社会理想不断靠近。罗马不是一天建成的，共产主义社会不是“飞来峰”，不完成现阶段的历史任务，便不可能向着未来的理想社会挺进。

作为新时代的大学生，只要我们自觉做共产主义远大理想和中国特色社会

---

① 闫方洁.共产主义崇高理想与中国特色社会主义共同理想[J].教学与研究,2020(05):95－103.

② 马克思,恩格斯.共产党宣言[M]//中共中央马克思恩格斯列宁斯大林编译局.马克思恩格斯选集:第4卷.北京:人民出版社,2012:647.

③ 赵家祥.正确认识和对待“共产主义渺茫论”[J].贵州师范大学学报(社会科学版),2018(03):1－9.

④ 《思想道德与法治》编写组.思想道德与法治[M].北京:高等教育出版社,2021:53.

主义共同理想的坚定信仰者和忠实实践者，既不做超越阶段的事，也不做违背社会主义基本原则的事，尽力去做让社会主义初级阶段不断前进的事，那就一定能使社会主义初级阶段在经过新发展阶段和今后其他的发展阶段后，进入社会主义社会的高级阶段，最终实现共产主义。

实践项目

一、课内实践

1. 微视频录制

(1)活动名称："我的青春梦"微视频录制。

(2)活动目的：讲述新时代大学生的青春梦想，阐释理想信念对人生的重要作用。

(3)活动时间：第二章第一节课上课时。

(4)活动地点：授课教室。

(5)活动具体步骤：

第一，在第二章的预习任务中，明确提出要开展"我的青春梦"微视频录制活动，明确微视频录制要求，要求全体同学参与作品制作，准备展示。

第二，按照微视频录制要求，由班委会开展预选，每班推荐 3 名同学参加展示。

第三，教师进行微视频讲评。

(6)活动注意事项：

第一，提出观看要求，全体同学观看微视频。

第二，未展示的同学下课前交回微视频。

2. 故事分享

(1)活动名称：红色故事大比拼。

(2)活动目的：搜集、讲述和聆听红色故事，胸怀中国特色社会主义共同理想和共产主义远大理想。

(3)活动时间：第二章第二节课上课时。

(4)活动地点：授课教室。

(5)活动具体步骤:

第一,在第二章的预习任务中,明确提出要开展“红色故事”演讲比赛,提出演讲要求,要求全体同学做好演讲准备,拟写演讲稿。

第二,按照演讲要求,由班委会开展预选,每班推荐3名选手参加演讲比赛。

第三,在学生中选拔演讲赛主持人2名。

第四,演讲前审查主持人主持词、演讲顺序、选手演讲稿,并进行主持预演。

第五,主持人主持演讲比赛,主任评委宣读评分办法及标准,选手演讲,评委评分。

第六,教师进行演讲讲评。

(6)活动注意事项:

第一,制定比赛规则,提前告诉全体同学。

第二,提出比赛纪律要求,告知全体同学遵守。

第三,选手演讲后交回演讲稿。

第四,未参与演讲比赛的同学下课前交回演讲稿。

3. 问题之旅

(1)活动名称:理想信念相关问题的结构化研讨。

(2)活动目的:培养发散思维和团结协作能力,加深对本章重点、难点问题的理解,进一步深刻理解理想信念对人生的重要意义,树立中国特色社会主义共同理想和共产主义远大理想,在实现中国梦的实践中放飞青春梦想。

(3)活动时间:第二章第三节课上课时。

(4)活动地点:授课教室。

(5)活动具体步骤:

第一,教师讲解结构化研讨操作流程及规则。

第二,学生分组,每组6~10人,并推选本组组长、记录员和讲解员。

第三,教师为每组发3张8开白纸。

第四,在第一轮讨论中,小组成员每人说出一个自己判定的本章非常重要的一个问题,成员间的问题不能重复,记录员将问题一一记录在8开白纸上。完成第一轮讨论。

第五,开始第二轮讨论,基于第一轮讨论的结果,挑选出本组判定的最重要的一个问题,并开始剖析,小组成员每人说出一个对策,不能重复,每个人均须发言,记录员在第二张8开白纸上记录下每位组员的原因剖析。

第六,开始第三轮讨论,针对第二轮剖析出的原因,寻找问题的解决对策,每人一个对策,不能重复,每个人均须发言直到说完为止,记录员在第三张8开白纸上记录每位组员的对策。

第七,教师选出或学生自荐2~3组讨论记录单,每组讲解员讲述本组选择相关问题的原因,以及解决本组问题的策略。

第八,教师进行讲评。

(6)活动注意事项:

第一,上课前,教师要准备好应急预案和对各种问题的解答方法。

第二,充分发挥学生的主观能动性,力争做到人人参与。

第三,多给展示机会少的学生提供展示机会。

第四,对于不重视活动的同学,要加强思想引导。

二、课外实践

1.红歌选唱

(1)活动名称:红歌选唱会。

(2)活动目的:唱响红色歌曲,传承红色文化,努力营造传唱经典红歌的浓厚氛围,激发对理想信念执着追求的精神动力。

(3)活动时间:第二章教学期间的某一双休日。

(4)活动地点:室外。

(5)活动具体步骤:

第一,在第二章的预习任务中,明确提出要开展“红歌选唱会”,提出活动要求,要求全体同学做好活动准备,准备红歌曲目。

第二,以班为单位,按照活动要求,由班委会开展红歌比赛预选,每班推荐3名选手参加红歌比赛。

第三,在学生中选拔红歌比赛主持人2名。

第四,正式比赛前审查主持人主持词、比赛顺序、选手歌曲,并进行主持彩排。

第五,主持人主持红歌比赛,主任评委宣读评分办法及标准,选手演唱,评委评分。

第六,任课教师进行红歌比赛讲评。

(6)活动注意事项:

第一,制定红歌比赛规则,提前告知全体同学。

第二,提出红歌比赛纪律要求,告知全体同学遵守。

第三,学生撰写心得体会。

2. 寻访名人

(1)活动名称:寻访名人(知名校友、当地名人、优秀教工、优秀学长学姐等)。

(2)活动目的:深入理解理想信念对人生的重要作用,辩证地看待理想与现实的关系,正确处理个人理想与社会理想的关系。

(3)活动时间:寒假或暑假。

(4)活动地点:学校所在地周边文明社区。

(5)活动具体步骤:

第一,提前一周与访谈对象取得联系,确定访谈时间和内容。

第二,确定访谈提纲和日程安排。

第三,做好访谈资料收集整理。

第四. 做好访谈记录。

(6)活动注意事项:

第一,注意乘车安全,带好访谈资料。

第二,按时到达访谈地点。

第三,按日程安排开展访谈活动。

第四,经被访谈对象同意后,可以对访谈内容进行全程录像,选择适当时间在教室播放,以扩大本次活动的积极影响。

3. 精彩辩论

(1)活动名称:“个人理想高于社会理想”与“社会理想高于个人理想”。

(2)活动目的:对个人理想和社会理想有更加清醒的认识,更好地将个人青春梦融入中华民族伟大复兴的中国梦之中。

(3)活动时间:课程所在学期。

(4)活动地点:室内。

(5)活动具体步骤:

第一,在第二章课后作业中,明确提出要举行“个人理想高于社会理想”与“社会理想高于个人理想”的辩论赛,提出活动要求,要求全体同学分组,做好辩论赛准备,撰写辩论方案。

第二,按照辩论赛要求,由班委会开展辩论赛预选,每个班级推荐 2 组选手参加辩论。

第三,在学生中选拔辩论赛主席 1 名,负责主持辩论赛。

第四,辩论赛开始前审查辩论赛规则、主席主持词、辩论顺序、辩手手稿,并进行辩论赛预演。

第五,主任评委宣读评分办法及标准,进行辩论赛,评委评分。

第六,教师进行辩论赛讲评。

(6)活动注意事项:

第一,制定辩论赛规则,提前告诉全体同学。

第二,提出辩论赛纪律要求,告知全体同学遵守。

第三,辩手辩论赛结束后交回辩论方案。

第四,未参加辩论赛的同学本次活动结束后交回辩论方案。

三、自主实践

1. 微电影展示

(1)活动名称:发现身边的美。

(2)活动目的:发现身边的美和感动,传播正能量。

(3)活动时间:学习第二章的过程中。

(4)活动地点:学校所在地周边文明社区。

(5)活动具体步骤:

第一,在第二章课后作业中,明确提出要开展“发现身边的美”微电影录制活动,明确活动要求,要求全体同学参与作品制作,准备展示。

第二,按照微电影录制要求,由班委会开展预选,每班推荐 3 组作品参加展示。

第三,教师进行微电影讲评。

(6)活动注意事项:

第一,让全体同学观看微电影,并提出观看要求。

第二，未展示的小组学期结束前交回微电影。

2. 社会调查

(1)活动名称："新时代大学生理想信念"的调查与分析。

(2)活动目的：了解新时代大学生理想信念的树立和实践情况，深入剖析理想信念的树立对大学生的影响，更好地掌握新时代大学生的学习生活状态，结合实际解决在大学中遇到的一些问题。

(3)活动时间：课程所在学期。

(4)活动地点：本校或周围兄弟院校。

(5)活动具体步骤：

第一，提前确定调查内容和访谈对象。

第二，做好调查记录。

(6)活动注意事项：

第一，准备好调查资料。

第二，按时到达调查地点。

第三，按计划开展调查活动。

3. VR(虚拟现实)体验

(1)活动名称：飞夺泸定桥。

(2)活动目的：体验红军冒雨摸黑赶在指定时间前到达泸定桥头，作战时脚下是锁链与滔滔江水，稍有不慎就会遇险落水的战争情景，感受伟大的长征精神，珍惜当下，坚定马克思主义理想信念，走好新时代的长征路。

(3)活动时间：课程开设期间的双休日。

(4)活动地点：VR红色文化体验中心。

(5)活动具体步骤：

第一，提前策划展播活动，告知学生活动目的、安排、注意事项。

第二，联系VR红色文化体验中心，调试好设备。

第三，领队教师和学生负责人明确责任，组织学生前往体验场所。

第四，结束后开展讨论。

(6)活动注意事项：提前周密准备，注意安全，保存好过程材料。

案例学习与评析

案例一　刘少奇与初心使命

1898 年 11 月 24 日,刘少奇出生在湖南宁乡花明楼炭子冲的一户农家。他的一生,是为中国人民谋幸福、为中华民族谋复兴的一生。

在半殖民地半封建社会的近代中国,中华民族和中国人民在内忧外患、战乱频仍、民不聊生的黑暗深渊中苦苦挣扎。刘少奇和同时代的很多青年一样,急切地寻找改变现状的办法,经历了前所未有的曲折。

在思想大潮的激荡中,刘少奇经受了思想的洗礼。对刘少奇触动最大的是俄国十月革命的胜利,俄国十月革命的胜利被当时的他视为“最大的事情”。

苏俄,是那时中国青年寻求救国救民出路的目的地之一。1920 年 10 月,经长沙船山学社社长贺民范介绍,刘少奇加入社会主义青年团,接着想办法凑齐了路费,准备赴苏俄学习。

1921 年春天,刘少奇同任弼时、萧劲光等十几人从上海启程,历时 3 个多月,跋涉 7000 多公里,于 7 月 9 日抵达莫斯科。

这年 7 月 23 日至 8 月初,在上海发生了一件中国历史上开天辟地的大事:中国共产党第一次全国代表大会召开,宣告中国共产党成立。

1921 年冬,中国共产党开始在东方大学发展组织。此前,刘少奇就听说了中国共产党成立的消息,便四处打听怎样加入共产党,怎样做一个共产党员。同时,刘少奇把《共产党宣言》看了又看。

他回忆说:“通过这本书,我了解共产党是干什么的,是怎样的一个党,思考自己准不准备献身于这个党所从事的事业。经过一段时间的深思熟虑,最后决定参加共产党,同时也准备献身于党的事业。人的命都不要了,其他就好说了。”

成为一名中国共产党党员,是刘少奇人生的重大转折点。一旦确立了信仰,他就再也没有动摇过。他回忆说:“当时我们学得不多,倒是我自己的革命人生观开始确定了。懂得组织上的一些东西,讲纪律、分配工作不讲价钱、互相批评、一切服从党,这些东西在我脑子里种得很深。”

“我们党从最初起,就是为了服务于人民而建立的,我们一切党员的一切牺牲、努力和斗争,都是为了人民群众的福利和解放,而不是为了别的。”

在近半个世纪的革命生涯中，刘少奇把全部智慧和精力，毫无保留地投入到为中国人民谋幸福、为中华民族谋复兴的事业中去。

无论在大革命时期的工运大潮、白区斗争的险象环生中，还是在全民族抗战的烽火硝烟、解放战争的胜利进军中，都有他披荆斩棘、勇挑重担、一往无前的身影。

无论新中国的重大决策、对社会主义建设道路的不懈探索，还是具体政策的落地实施，都倾注着他的心血和智慧。

刘少奇一生以人民勤务员自勉，以让人民尽快过上“富裕和有文化的生活”作为自己的奋斗目标。

他说：“一个好党员、一个好领导者的重要标志，在于他熟悉人民的生活状况和劳动状况，关心人民的痛痒，懂得人民的心。”他夙兴夜寐，就是为了让老百姓过上好日子。群众的安危冷暖时常牵挂在心，百姓的日常生活当作头等大事。

刘少奇曾经说：“我们党从最初起，就是为了服务于人民而建立的，我们一切党员的一切牺牲、努力和斗争，都是为了人民群众的福利和解放，而不是为了别的。这就是我们共产党人最大的光荣和最值得骄傲的地方。”

（作者：王玉强；来源：《人民周刊》2018年第14期，节选）

案例评析

本文讲述的是刘少奇为中国人民谋幸福、为中华民族谋复兴的革命人生。他一生都在践行“共产主义事业是我们的终身事业”的誓言，直到生命的最后岁月，依然坚守着初心。不忘初心，方得始终。刘少奇以矢志不渝的坚守和奋斗，诠释了中国共产党人“不忘初心、牢记使命”的真谛。新时代大学生要学习刘少奇为了祖国、为了人民燃烧自己、释放光芒的高尚情怀。青年的命运与国家的命运息息相关。新时代大学生肩负实现中华民族伟大复兴中国梦的历史重任，只有把实现理想的道路与国家的富强紧密结合，才能放飞青春梦想，实现人生理想。

案例二　扎根之处 便是故乡

2019 年 5 月,“80”后的张智涵到潍坊寿光市上口镇程北上口村任驻村“第一书记”,自此,这个从小在城里长大的小伙子便扎根基层,不怕苦不怕累,在精准扶贫中理思路、谋发展。如今,程北上口村旧貌换新颜,件件实事好事暖民心,百姓幸福感不断提升。

近日,来到上口镇程北上口村村委会,一台台扶贫豆芽机摆满房间,“第一书记”张智涵正忙着查看黄豆芽的长势。程北上口村是寿光市 10 个省定重点扶贫工作村之一,帮助村集体增收是张智涵要做的第一件大事。张智涵积极引进扶贫项目,并主动联系销路,凭借零添加、无公害的优势,扶贫豆瓣吸引了多家单位食堂前来预订。如今,豆瓣每次的订单量都在 500 斤(1 斤合 0.5 千克)左右。

集体收入上来了,精神文化生活也得跟上。张智涵还自掏腰包买下了一处闲置房屋,装修成农家书屋,捐赠给村里。同时,积极对接市文旅局,引进图书,自此这里就成了村民们看书休闲的好地方。

为了打通巷子,清除私搭乱建,张智涵与村干部加班加点,一次次走访,一户户做工作,一家家帮着清理,最终,11 条村路全部被打通。

街巷通了,村民的心也通了,程北上口村老少爷们也更加团结了,大家齐心协力,共建美丽乡村。如今的程北上口村,基础设施日趋完善,焕发出勃勃生机。

张智涵说:“下一步,我们首先把美丽乡村提升工作完成,好提升村民的幸福感和满意度,二是帮助村里把扶贫豆芽机项目运行好,通过线上平台把我们的无公害豆芽销售到更多的家庭当中,让他们知道我们的扶贫豆芽,让我们村彻底甩掉贫困的帽子。”

(作者:袁萍;来源:《寿光日报》2020 年 3 月 26 日第 3 版,节选)

案例评析

本文讲述的是城市长大的潍坊寿光市上口镇程北上口村任驻村“第一书记”“80 后”张智涵扎根基层不畏艰辛,一心一意为精准扶贫工作开拓创新的故事。尽管张智涵从小在城里长大,但他扎根基层不怕苦不怕累,为乡村扶贫工作理思路、谋发展、掏腰包，不断锐意进取、开拓创新，为美丽乡村建设作出了巨大的贡献，提升了村民的幸福感和满意度，让潍坊寿光市上口镇程北上口村彻底甩掉贫困的帽子，他的人生理想在帮助乡亲们的过程中得到了实现和升华。当代大学生应学习张智涵践履笃行、乐观向上的思想境界；学习他自强自立、勇立潮头的进取意识；学习他不畏艰难、恪尽职守的高尚情操；学习他们淡泊名利、无私奉献的优秀品格；学习他扎根基层、建功立业，在实现中国梦的伟大实践中彰显青春风采。

案例三 七十二载，军人本色从未改——记抗美援朝老兵孙景坤

孙景坤，辽宁丹东人，1948 年，24 岁的孙景坤告别新婚妻子，毅然参军，一年后他加入中国共产党。1950 年，他随部队跨过鸭绿江，开赴朝鲜战场，征战中落下 20 多处伤疤。一生荣获 8 枚军功章，但他却选择了深藏功名，返回家乡务农。

曾经和孙景坤一起生产劳动、如今 86 岁的老党员刘振发说："只知道孙队长当过兵，去过朝鲜，带领山城村第一生产队过上好日子，但也是刚听说他立过一等功，当过大英雄。"

"只有在睡不着觉的时候，父亲才偶尔会和我谈起抗美援朝的往事。"大女儿孙美丽说。一个夜晚，孙景坤给孙美丽讲：晚秋初冬，孙景坤所在排进入一片高粱地，子弹炮弹如同刮风下雨一般打来，一个排的战士除了孙景坤外全部牺牲。"每当谈起这些，父亲总是眼含热泪。"

丹东抗美援朝纪念馆平移重建征集资料，孙景坤默不作声地将立功证书、立功喜报和部分珍贵老照片捐出来。纪念上甘岭战役 60 周年时，相关部门邀请他去北京参加活动，需要穿军装拍照，他才从箱子底下找出军功章挂在胸前。

1955 年，孙景坤复员。丹东市安排他到工厂当车间主任，但他却申请回故乡山城村，并担任第一生产队的队长。当时，没有机械化设备，独轮车都罕见，孙景坤就带头用筐挑、用肩扛，运送土石。经过几年的努力，大坝越建越高，越建越厚实，两岸土地得到保护，村民的生命财产有了保障。

"他深爱家乡每一寸土地，那时候没有吃不了的苦！"刘振发曾是第二生产队队长，"村里种植蔬菜，要挑粪施肥，一个担子挑两个木桶，装满了有 100 多斤（1 个约合 0.5 千克），还要走 8 公里的盘山土路，孙景坤每天都带头干"。

回乡务农数十载,孙景坤吃苦在前、不求享受。“躺着享受,对得起牺牲的战友吗?”

在生产队当了20多年队长,每每有单位招工,孙景坤都毫不犹豫地把机会让给别人。家里儿女7人,除了两个儿子正常招工外,其余都是农民。孙美丽16岁时,电话局选电话员,但当她报上名时,父亲却把名额给了别人。“父亲说,你文化低,别耽误了事儿。”

年轻时,孙美丽对父亲有一些抱怨,不理解父亲为何这样“苛刻”。但随着年岁渐长,孙美丽终于渐渐明白,父亲总想更多地回馈社会。

“老人从来没向组织提过任何要求。他身上那朴实纯粹的闪光点让人感动!”山城村党支部书记邱大鹏说。

近些年来,老人的生活来源主要靠低保金,随着上级部门发放的伤残金等待遇有所提高,老人的生活得到改善。一些爱心人士多次提出要帮助他,但都被老人拒绝:“不是我应得的,坚决不能拿。”

只懂吃苦,不知享受,孙景坤一家在山城村日子过得清贫。就像战争年代深藏军功一样,孙景坤各种奖状一大摞,却从不拿出来。

(作者:王金海、辛阳;来源:《人民日报》2020年10月26日第4版,节选)

案例评析

本文讲述的是抗美援朝老兵孙景坤深埋功名、默默奉献的故事。孙景坤1950年参加抗美援朝出国作战。在战争年代,他冲锋陷阵、英勇顽强、舍生忘死、立下赫赫战功,用热血青春诠释了革命战士的赤胆忠心。在和平年代,他深藏功名、淡泊名利、甘于清贫,几十年如一日扎根乡村,用执着坚守彰显了党员的初心使命。新时代大学生要学习孙景坤,淡泊名利,坚守马克思主义信仰,立志奉献祖国、服务人民,甘于坚守平凡的岗位,要坚信,不管是多么平凡的工作,只要是与新时代中国特色社会主义伟大事业相联系、服务于祖国和人民的,就值得我们去做。新时代的大学生应该把个人的命运与国家和人民的命运联系在一起,立为国奉献之志,立为民服务之志,为祖国和人民的利益而奋斗,在为实现社会理想奋斗的过程中实现个人理想。

案例四　爱党信党跟党走，是我一生中最正确最坚定的选择——钱七虎

“爱党信党跟党走，是我一生中最正确、最坚定的选择。”钱七虎在很多场合说过这句话。他用毕生精力投入国防事业，建立并不断推动我国现代防护工程事业，知道自己往哪里去；他一生坚守保卫国家的梦想，不忘共产党员的使命，知道自己从哪里来。

从哪里来？从国家危难的环境中成长而来。“国歌里有‘中华民族到了最危险的时候’，我就是在那个时候出生的。”1937年8月，淞沪会战爆发，钱七虎的家乡江苏昆山陷入战乱。

那一年，母亲在逃难途中的小船上生下他。“在那条小船上，母亲怕我的啼哭引来日本兵，不得不把我的嘴捂住，心疼得流下泪水。”钱七虎忘不了在日军铁蹄下生活的8年童年时光，“我们小时候常常看见日本的‘啪啪船’去农村抢军粮”。

“为什么老百姓叫它‘啪啪船’？”钱七虎解释道，“因为日本的兵船有柴油发动机，发动机工作时会啪啪作响。”这是留在童年的钱七虎心中“落后就要挨打”的深刻印记。

高中毕业那年，上海中学团委书记找到钱七虎问：“哈军工（中国人民解放军军事工程学院）需要人，你想不想去？”他毫不犹豫选择去哈军工，他要建造有力的武器保家卫国，不管犯我中华者是哪里来的“啪啪船”。在这里，他与防护工程专业结缘，致力于国防事业，用一生的时间做一件事——为国家铸就“地下钢铁长城”。

（作者：彭景晖；来源：《光明日报》2020年8月13日第1版。原题目：《钱七虎：人生的“工程图”上，坚守爱与奉献的坐标》，节选）

案例评析

本文讲述的是中国工程院院士钱七虎一生爱党信党跟党走的感人故事。钱七虎耗尽毕生心血，为我国各个时期的防护工程建设作出了突出贡献。他的一生是敬业奉献的一生。他始终坚持把个人理想与国家的需要、民族的前途紧密联系在一起，他一生从未动摇的目标就是，为祖国铸就一座打不烂、炸不毁的“地下钢铁长城”。这是一名共产党员的志气，一位科学家的豪气，更是一个国家的底气。

延伸阅读

1.中共中央关于党的百年奋斗重大成就和历史经验的决议(摘选)

一百年来,党领导人民进行伟大奋斗,在进取中突破,于挫折中奋起,从总结中提高,积累了宝贵的历史经验。

第一,坚持党的领导。中国共产党是领导我们事业的核心力量。中国人民和中华民族之所以能够扭转近代以后的历史命运、取得今天的伟大成就,最根本的是有中国共产党的坚强领导。历史和现实都证明,没有中国共产党,就没有新中国,就没有中华民族伟大复兴。治理好我们这个世界上最大的政党和人口最多的国家,必须坚持党的全面领导特别是党中央集中统一领导,坚持民主集中制,确保党始终总揽全局、协调各方。只要我们坚持党的全面领导不动摇,坚决维护党的核心和党中央权威,充分发挥党的领导政治优势,把党的领导落实到党和国家事业各领域各方面各环节,就一定能够确保全党全军全国各族人民团结一致向前进。

第二,坚持人民至上。党的根基在人民、血脉在人民、力量在人民,人民是党执政兴国的最大底气。民心是最大的政治,正义是最强的力量。党的最大政治优势是密切联系群众,党执政后的最大危险是脱离群众。党代表中国最广大人民根本利益,没有任何自己特殊的利益,从来不代表任何利益集团、任何权势团体、任何特权阶层的利益,这是党立于不败之地的根本所在。只要我们始终坚持全心全意为人民服务的根本宗旨,坚持党的群众路线,始终牢记江山就是人民、人民就是江山,坚持一切为了人民、一切依靠人民,坚持为人民执政、靠人民执政,坚持发展为了人民、发展依靠人民、发展成果由人民共享,坚定不移走全体人民共同富裕道路,就一定能够领导人民夺取中国特色社会主义新的更大胜利,任何想把中国共产党同中国人民分割开来、对立起来的企图就永远不会得逞。

第三,坚持理论创新。马克思主义是我们立党立国、兴党强国的根本指导思想。马克思主义理论不是教条而是行动指南,必须随着实践发展而发展,必须中国化才能落地生根、本土化才能深入人心。党之所以能够领导人民在一次次求索、一次次挫折、一次次开拓中完成中国其他各种政治力量不可能完成的艰巨任务,根本在于坚持解放思想、实事求是、与时俱进、求真务实,坚持把马克思主义基本原理同中国具体实际相结合、同中华优秀传统文化相结合，坚持实践是检验真理的唯一标准，坚持一切从实际出发，及时回答时代之问、人民之问，不断推进马克思主义中国化时代化。习近平同志指出，当代中国的伟大社会变革，不是简单延续我国历史文化的母版，不是简单套用马克思主义经典作家设想的模板，不是其他国家社会主义实践的再版，也不是国外现代化发展的翻版。只要我们勇于结合新的实践不断推进理论创新、善于用新的理论指导新的实践，就一定能够让马克思主义在中国大地上展现出更强大、更有说服力的真理力量。

第四，坚持独立自主。独立自主是中华民族精神之魂，是我们立党立国的重要原则。走自己的路，是党百年奋斗得出的历史结论。党历来坚持独立自主开拓前进道路，坚持把国家和民族发展放在自己力量的基点上，坚持中国的事情必须由中国人民自己作主张、自己来处理。人类历史上没有一个民族、一个国家可以通过依赖外部力量、照搬外国模式、跟在他人后面亦步亦趋实现强大和振兴。那样做的结果，不是必然遭遇失败，就是必然成为他人的附庸。只要我们坚持独立自主、自力更生，既虚心学习借鉴国外的有益经验，又坚定民族自尊心和自信心，不信邪、不怕压，就一定能够把中国发展进步的命运始终牢牢掌握在自己手中。

第五，坚持中国道路。方向决定道路，道路决定命运。党在百年奋斗中始终坚持从我国国情出发，探索并形成符合中国实际的正确道路。中国特色社会主义道路是创造人民美好生活、实现中华民族伟大复兴的康庄大道。脚踏中华大地，传承中华文明，走符合中国国情的正确道路，党和人民就具有无比广阔的舞台，具有无比深厚的历史底蕴，具有无比强大的前进定力。只要我们既不走封闭僵化的老路，也不走改旗易帜的邪路，坚定不移走中国特色社会主义道路，就一定能够把我国建设成为富强民主文明和谐美丽的社会主义现代化强国。

第六，坚持胸怀天下。大道之行，天下为公。党始终以世界眼光关注人类前途命运，从人类发展大潮流、世界变化大格局、中国发展大历史正确认识和处理同外部世界的关系，坚持开放、不搞封闭，坚持互利共赢、不搞零和博弈，坚持主持公道、伸张正义，站在历史正确的一边，站在人类进步的一边。只要我们坚持和平发展道路，既通过维护世界和平发展自己，又通过自身发展维护世界和平，同世界上一切进步力量携手前进，不依附别人，不掠夺别人，永远不称霸，就一定能够不断为人类文明进步贡献智慧和力量,同世界各国人民一道,推动历史车轮向着光明的前途前进。

第七,坚持开拓创新。创新是一个国家、一个民族发展进步的不竭动力。越是伟大的事业,越充满艰难险阻,越需要艰苦奋斗,越需要开拓创新。党领导人民披荆斩棘、上下求索、奋力开拓、锐意进取,不断推进理论创新、实践创新、制度创新、文化创新以及其他各方面创新,敢为天下先,走出了前人没有走出的路,任何艰难险阻都没能阻挡住党和人民前进的步伐。只要我们顺应时代潮流,回应人民要求,勇于推进改革,准确识变、科学应变、主动求变,永不僵化、永不停滞,就一定能够创造出更多令人刮目相看的人间奇迹。

第八,坚持敢于斗争。敢于斗争、敢于胜利,是党和人民不可战胜的强大精神力量。党和人民取得的一切成就,不是天上掉下来的,不是别人恩赐的,而是通过不断斗争取得的。党在内忧外患中诞生、在历经磨难中成长、在攻坚克难中壮大,为了人民、国家、民族,为了理想信念,无论敌人如何强大、道路如何艰险、挑战如何严峻,党总是绝不畏惧、绝不退缩,不怕牺牲、百折不挠。只要我们把握新的伟大斗争的历史特点,抓住和用好历史机遇,下好先手棋、打好主动仗,发扬斗争精神,增强斗争本领,凝聚起全党全国人民的意志和力量,就一定能够战胜一切可以预见和难以预见的风险挑战。

第九,坚持统一战线。团结就是力量。建立最广泛的统一战线,是党克敌制胜的重要法宝,也是党执政兴国的重要法宝。党始终坚持大团结大联合,团结一切可以团结的力量,调动一切可以调动的积极因素,促进政党关系、民族关系、宗教关系、阶层关系、海内外同胞关系和谐,最大限度凝聚起共同奋斗的力量。只要我们不断巩固和发展各民族大团结、全国人民大团结、全体中华儿女大团结,铸牢中华民族共同体意识,形成海内外全体中华儿女心往一处想、劲往一处使的生动局面,就一定能够汇聚起实现中华民族伟大复兴的磅礴伟力。

第十,坚持自我革命。勇于自我革命是中国共产党区别于其他政党的显著标志。自我革命精神是党永葆青春活力的强大支撑。先进的马克思主义政党不是天生的,而是在不断自我革命中淬炼而成的。党历经百年沧桑更加充满活力,其奥秘就在于始终坚持真理、修正错误。党的伟大不在于不犯错误,而在于从不讳疾忌医,积极开展批评和自我批评,敢于直面问题,勇于自我革命。只要我们不断清除一切损害党的先进性和纯洁性的因素,不断清除一切侵蚀党的健康肌体的病毒，就一定能够确保党不变质、不变色、不变味，确保党在新时代坚持和发展中国特色社会主义的历史进程中始终成为坚强领导核心。

以上十个方面，是经过长期实践积累的宝贵经验，是党和人民共同创造的精神财富，必须倍加珍惜、长期坚持，并在新时代实践中不断丰富和发展。

（来源：新华社2021年11月16日）

2. 习近平：坚定理想信念 补足精神之钙

（1）信仰信念任何时候都至关重要。对共产主义的信仰，对中国特色社会主义的信念，是共产党人的政治灵魂，是共产党人经受住任何考验的精神支柱。在新时代，坚定信仰信念，最重要的就是要坚定中国特色社会主义道路自信、理论自信、制度自信、文化自信。党的百年奋斗历程和伟大成就是我们增强“四个自信”最坚实的基础。

（2021年2月20日在党史学习教育动员大会上的讲话）

（2）“人生天地间，长路有险夷。”世界上没有哪个党像我们这样，遭遇过如此多的艰难险阻，经历过如此多的生死考验，付出过如此多的惨烈牺牲。一百年来，在应对各种困难挑战中，我们党锤炼了不畏强敌、不惧风险、敢于斗争、勇于胜利的风骨和品质。这是我们党最鲜明的特质和特点。在一百年的非凡奋斗历程中，一代又一代中国共产党人顽强拼搏、不懈奋斗，涌现了一大批视死如归的革命烈士、一大批顽强奋斗的英雄人物、一大批忘我奉献的先进模范，形成了井冈山精神、长征精神、遵义会议精神、延安精神、西柏坡精神、红岩精神、抗美援朝精神、“两弹一星”精神、特区精神、抗洪精神、抗震救灾精神、抗疫精神等伟大精神，构筑起了中国共产党人的精神谱系。我们党之所以历经百年而风华正茂、饱经磨难而生生不息，就是凭着那么一股革命加拼命的强大精神。

这些宝贵精神财富跨越时空、历久弥新，集中体现了党的坚定信念、根本宗旨、优良作风，凝聚着中国共产党人艰苦奋斗、牺牲奉献、开拓进取的伟大品格，深深融入我们党、国家、民族、人民的血脉之中，为我们立党兴党强党提供了丰厚滋养。

（2021年2月20日在党史学习教育动员大会上的讲话）

（3）学史增信，就是要增强信仰、信念、信心，这是我们战胜一切强敌、克服一切困难、夺取一切胜利的强大精神力量。要增强对马克思主义、共产主义的信仰，教育引导广大党员、干部从党百年奋斗中感悟信仰的力量，始终保持顽强意志，勇敢战胜各种重大困难和严峻挑战。要增强对中国特色社会主义的信念，教育引导广大党员、干部深刻认识到，中国特色社会主义是历史发展的必然结果，是发展中国的必由之路，是经过实践检验的科学真理，始终坚定道路自信、理论自信、制度自信、文化自信。要增强对实现中华民族伟大复兴的信心，教育引导广大党员、干部牢记初心使命、增强必胜信心，坚信我们党一定能够团结带领人民在中国特色社会主义道路上实现中华民族伟大复兴，努力创造属于我们这一代人、无愧新时代的历史功绩。

（2021 年 4 月 25 日至 27 日在广西考察时的讲话）

（4）我多次引用“革命理想高于天”来说明理想信念的重要性。我们党取名为“共产党”，就是认定了共产主义这个远大理想。回望百年党史，千千万万共产党人为了理想信念不惜抛头颅、洒鲜血。走向绞刑架的李大钊，发出了“共产主义在中国必然得到光辉的胜利”的坚贞誓言。面对敌人屠刀的夏明翰，写下“砍头不要紧，只要主义真。杀了夏明翰，还有后来人”的雄壮诗篇。面对敌人 6 天内 9 次劝降，瞿秋白作出了“人爱自己的历史，比鸟爱自己的翅膀更厉害，请勿撕破我的历史”的铿锵回答。邓小平同志说：“在我们最困难的时期，共产主义的理想是我们的精神支柱，多少人牺牲就是为了实现这个理想。”

今天，我们早已远离战火纷飞的险境，长期过着和平生活，最容易患上理想信念缺失的“软骨病”。共产主义是我们党的远大理想，为了实现这个远大理想，就必须坚定中国特色社会主义信念。全党同志要增强“四个意识”、坚定“四个自信”，在全面建设社会主义现代化国家新征程上披荆斩棘、奋力前行，不断夺取新时代中国特色社会主义新胜利。

（2021 年 6 月 25 日在十九届中央政治局第三十一次集体学习时的讲话）

（5）坚定信念，就是坚持不忘初心、不移其志，以坚忍执着的理想信念，以对党和人民的赤胆忠心，把对党和人民的忠诚和热爱牢记在心目中、落实在行动上，为党和人民事业奉献自己的一切乃至宝贵生命，为党的理想信念顽强奋斗、不懈奋斗。

心中有信仰，脚下有力量。全党同志都要把对马克思主义的信仰、对中国特色社会主义的信念作为毕生追求，永远信党爱党为党，在各自岗位上顽强拼搏，不断把为崇高理想奋斗的实践推向前进。

（2021 年 6 月 29 日在“七一勋章”颁授仪式上的讲话）

一百年前，中国共产党的先驱们创建了中国共产党，形成了坚持真理、坚守理想，践行初心、担当使命，不怕牺牲、英勇斗争，对党忠诚、不负人民的伟大建党精神，这是中国共产党的精神之源。

一百年来，中国共产党弘扬伟大建党精神，在长期奋斗中构建起中国共产党人的精神谱系，锤炼出鲜明的政治品格。历史川流不息，精神代代相传。我们要继续弘扬光荣传统、赓续红色血脉，永远把伟大建党精神继承下去、发扬光大！

（2021年7月1日在庆祝中国共产党成立100周年大会上的讲话）

（6）中国共产党成立一百年来，始终是有崇高理想和坚定信念的党。这个理想信念，就是马克思主义信仰、共产主义远大理想、中国特色社会主义共同理想。理想信念是中国共产党人的精神支柱和政治灵魂，也是保持党的团结统一的思想基础。党员干部有了坚定理想信念，才能经得住各种考验，走得稳、走得远；没有理想信念，或者理想信念不坚定，就经不起风吹浪打，关键时刻就会私心杂念丛生，甚至临阵脱逃。形成坚定理想信念，既不是一蹴而就的，也不是一劳永逸的，而是要在斗争实践中不断砥砺、经受考验。年轻干部要牢记，坚定理想信念是终身课题，需要常修常炼，要信一辈子、守一辈子。

［2021年9月1日在2021年秋季学期中央党校（国家行政学院）中青年干部培训班开班式上的讲话］

（作者：习近平，来源：《求是》2021年第21期，选编）

3. 陈望道：从“真理的味道”中汲取信仰的力量

100年前，陈望道在家乡义乌的小柴屋，以蘸着墨汁吃粽子还说“可甜了，可甜了”的忠贞信仰，“花费平时五倍的精力”，翻译了《共产党宣言》，为中国革命开启了理论和思想先声。为什么喝着墨汁照样甜？因为它体现了真理的感召，饱含着信仰的味道，展现出思想的力量。

为探索富国强民的济世之道，陈望道曾希望走一条实业救国道路，但他逐渐认识到救国不单是兴办实业，还必须进行社会革命，因而确立了以中国语文为中心的社会科学为自己的专业。面对五四运动后轰轰烈烈的革命形势，他毅然结束在日本留学，回国任教浙江一师，与夏丏尊、刘大白、李次九一起，投入到新文化运动中，并在“一师风潮”的洗礼中进一步认清，社会改良是无济于事的，要有更高的辨别的准绳——马克思主义，对旧制度进行根本的革命。正是基于对马克思主义的科学认识，他甘愿花费平时五倍的精力，首译《共产党宣言》全文，勇当播撒真理的“盗火者”；他与陈独秀等人组织了马克思主义研究会、组建上海共产主义小组，把《新青年》改组成为党的公开机关理论刊物，并作为上海地区选举出来的一大代表，参与了开天辟地之伟业。一大后，他当选为中国共产党上海地方委员会书记，成为上海地方党务工作的开拓者和奠基者。

因《新青年》办刊经费等问题，陈望道对陈独秀的责难和家长制作风非常失望，性格刚直、人称“红头火柴”的他，提出辞呈并退党，组织上派沈雁冰去劝说也无效，但这并没有动摇他对理想信念的追求。陈望道明确表示：“我信仰共产主义终身不变，愿为共产主义贡献我的力量。我在党外为党效劳也许比党内更方便。”他是这么说的，也是这么做的。1923 年，陈望道接到了一张署名为“知名”的条子：“上大请你组织，你要什么同志请开出来，请你负责。”上海大学是我党培养干部的一所学校，一看笔迹陈望道就知道是陈独秀写的，虽然对陈有看法，但他马上执行任务，先后担任上海大学中文系主任、教务长、代理校务主任。1925 年 12 月，我党领导创立中华艺术大学，陈望道担任校长，使该校成为左翼文艺运动的中心。“九一八”事变后，他与鲁迅、叶圣陶发起组织中国著作家抗日会；上海沦为“孤岛”后，又参与组建上海文化界抗日联谊会，站在抗日救亡的前列。由他担任系主任的复旦大学新闻系，被誉为是复旦的“延安”，是“全校进步力量最强的地方”。1973 年 9 月，已是 83 岁高龄的他接受中国新闻社采访时依然表示：“活着一天，就要为党工作一天。”他以一生的实际行为，践行了“身在党外，心在党内”“不是党员，胜似党员”和“我始终信仰马克思主义”的不懈追求。也正是出于对他的为人和历史的充分认识，1956 年他提出重回党组织的要求时，毛泽东明确表态：“陈望道想什么时候回到党内，就什么时候回来。不必写自传，不必讨论，可不公开身份。”

纵观陈望道的一生，他以“天下兴亡、匹夫有责”的自觉担当，始终与国家命运紧密相连。作为一个年轻人，他主动弃法从文，而不仅是求一技之长，因为他深切地体会到语言文字的使用，对于启蒙运动和思想解放是极端重要的。他把名字从“明融”改为“望道”，意即追望大道，这个“道”就是马克思主义。作为一个学者，他既求学术之新，更谋思想之新，他与鲁迅一道创办《太白》月刊，抵制文言文复辟，以迂回战术抗击国民党的文化围剿；编写《修辞学发凡》，开拓了我国修辞学研究的新境界；他坚持学术研究的中国化，提出“不唯洋、不唯上、不唯古”，可以借鉴国外，但绝不照搬照抄。作为一个教育家，他坚持“唯教育事业是万古长青的”，自浙江一师任教起便为培育栋梁之材倾尽心血，担任复旦大学校长25年，他坚持兼容并蓄，开放民主，依靠专家办学治校，把党的知识分子政策落实落细，使复旦快速崛起成为一流高等学府，为发展新中国高教事业、培养社会主义建设人才呕心沥血，倾尽所有，把个人完全融入国家富强、民族振兴、人民幸福的伟业之中。

（作者：杨立新；来源：《学习时报》2020年8月24日）

4. 从湘江战役中汲取再长征的力量

1934年，在广西桂北一带发生的湘江战役，是红军长征的壮烈一战，是决定中国革命生死存亡的重要历史事件。在这场气壮山河、惊天动地的战役中，数万红军将士奋不顾身、前仆后继，视死如归、浴血奋战，以损失过半的沉重代价，掩护党中央和中央红军主力渡过湘江，为红军保存了骨干力量和珍贵火种，在中国共产党和中国革命史上写下了浓墨重彩而又极其悲壮的一笔。2021年4月，习近平总书记考察广西第一站，就来到红军长征湘江战役纪念园。总书记满怀深情地说：“到广西，来全州看一看湘江战役，这是我的一个心愿。这一战，在我脑海里印象是最深刻的，我也讲得最多。”

湘江战役深刻启示我们：核心是胜利之魂，必须坚持“两个确立”、做到“两个维护”

一个国家、一个政党，领导核心至关重要。百年党史反复证明，什么时候党有了领导核心、全党维护核心，党的事业就会兴旺发达、无往不胜；反之，党的事业就可能遭受挫折、迟滞不前。

我们党成立之初，由于没有形成成熟的中央领导集体，没有形成一个强有力的领导核心，党的事业屡遭挫折、屡陷被动，甚至面临失败的危险。大革命失败后，我们党总结大革命以及武装起义失败的经验教训，建立了中央革命根据地和中华苏维埃共和国，在全国建立了一支支红军和一块块革命根据地，粉碎了国民党多次军事“围剿”，革命烈火重新在广大地区燃烧起来。然而，由于“左”倾教条主义在党内的错误领导，中央革命根据地第五次反“围剿”失败，红军不得不进行战略转移，进行艰苦卓绝的长征。

长征途中，红军将士同敌人进行了600余次战役战斗，湘江战役是其中最惨烈、最悲壮、最关键的之一。经此一战，红军付出了惨重代价，中央红军从长征出发时的8.6万余人锐减至3万余人。惨痛教训也彻底暴露了“左”倾路线的错误,促使红军战略的转变和遵义会议的召开。1935年1月举行的遵义会议,事实上确立了毛泽东同志在党中央和红军的领导地位,开始确立以毛泽东同志为主要代表的马克思主义正确路线在党中央的领导地位,开始形成以毛泽东同志为核心的党的第一代中央领导集体,在最危急关头挽救了党、挽救了红军、挽救了中国革命。

回首党的百年征程,中国共产党团结带领全党全军全国各族人民为争取民族独立、人民解放和实现国家富强、人民幸福进行了艰苦卓绝的奋斗,中华民族迎来了从站起来、富起来到强起来的伟大飞跃,书写了中华民族几千年历史上最恢宏的史诗。特别是党的十八大以来,以习近平同志为核心的党中央,以伟大的历史主动精神、巨大的政治勇气、强烈的责任担当,统揽伟大斗争、伟大工程、伟大事业、伟大梦想,出台一系列重大方针政策,推出一系列重大举措,推进一系列重大工作,战胜一系列重大风险挑战,解决了许多长期想解决而没有解决的难题,办成了许多过去想办而没有办成的大事,推动党和国家事业取得历史性成就、发生历史性变革。

党的十九届六中全会深刻指出,党确立习近平同志党中央的核心、全党的核心地位,确立习近平新时代中国特色社会主义思想的指导地位,反映了全党全军全国各族人民共同心愿,对新时代党和国家事业发展、对推进中华民族伟大复兴历史进程具有决定性意义。现在,党团结带领中国人民踏上了实现第二个百年奋斗目标新的赶考之路,开启了全面建设社会主义现代化国家的新征程,中华民族伟大复兴展现出前所未有的光明前景。但正如习近平总书记反复强调的那样,中华民族伟大复兴绝不是轻轻松松、敲锣打鼓就能实现的,我们面临着许多可以预料和难以预料的风险挑战。在新时代的长征路上,只有始终不渝坚持“两个确立”、做到“两个维护”,才能把全党意志牢固凝聚起来,才能把全国各族人民紧密团结起来,形成万众一心、一往无前、无坚不摧的磅礴力量。要深刻理解“两个确立”的决定性意义,坚决把“两个维护”作为最高政治准则和根本政治规矩,切实提高政治判断力、政治领悟力、政治执行力,任何时候任何情况下都始终做到思想上充分信赖核心、政治上坚决维护核心、组织上自觉服从核心、情感上深刻认同核心、行动上始终跟随核心,始终在政治立场、政治方向、政治原则、政治道路上同以习近平同志为核心的党中央保持高度一致。

湘江战役深刻启示我们：革命理想高于天，必须切实增强信仰、信念、信心

“革命理想高于天。正是因为红军是一支有理想信念的革命军队，才能视死如归、向死而生、一往无前、绝境重生，迸发出不被一切敌人压倒而是压倒一切敌人的英雄气概。为什么中国革命在别人看来是不可能成功的情况下居然成功了？成功的奥秘就在这里。”在参观红军长征湘江战役纪念馆时，习近平总书记深刻阐释了湘江战役的重大意义。总书记还谆谆教导我们：困难再大，想想红军长征，想想湘江血战。要在党史学习教育中做到学史增信，就是要增强信仰、信念、信心，这是我们战胜一切强敌、克服一切困难、夺取一切胜利的强大精神力量。在空前惨烈的湘江战役中，无数红军将士怀着对马克思主义、共产主义的坚定信念和执着追求，用血肉之躯顽强阻挡在兵力、火力上占有绝对优势的国民党军队。

习近平总书记强调，心中有信仰，脚下有力量。无论过去、现在还是将来，对马克思主义、共产主义的信仰，对中国特色社会主义的信念，对实现中华民族伟大复兴的信心，都是指引和支撑中国人民站起来、富起来、强起来的强大精神力量。党的十九届六中全会指出，理想信念是共产党人精神上的“钙”，共产党人如果没有理想信念，精神上就会“缺钙”，就会得“软骨病”，必然导致政治上变质、经济上贪婪、道德上堕落、生活上腐化。回首百年辉煌党史，中国共产党因为坚持真理、坚守理想而星火燎原、不断壮大，因为坚持真理、坚守理想而历久弥坚、愈挫愈勇，因为坚持真理、坚守理想而赢得人民、赢得胜利。在实现第二个百年奋斗目标新的赶考之路上，只有始终把坚持真理、坚守理想作为共产党人安身立命的根本，才能继续考出好成绩，才能在新时代新征程上展现新气象新作为。

在与全国一道向着第二个百年奋斗目标进军、凝心聚力建设新时代中国特色社会主义壮美广西的伟大征程上，我们仍将遇到很多“娄山关、腊子口、湘江渡”，仍将面临各种困难问题和严峻挑战。必须把百年党史、湘江战役历史作为坚定理想信念的生动教材，更加深刻认识红色政权来之不易、新中国来之不易、中国特色社会主义来之不易，更加深刻认识马克思主义的科学性和真理性、人民性和实践性、开放性和时代性，更加深刻认识中国特色社会主义是历史发展的必然结果，是发展中国的必由之路，是经过实践检验的科学真理，不断增强对马克思主义、共产主义的信仰，增强对中国特色社会主义的信念，增强对实现中华民族伟大复兴的信心，自觉做共产主义远大理想和中国特色社会主义共同理想的坚定信仰者、忠实实践者，努力创造属于我们这一代人、无愧新时代的历史功绩。

（作者：刘 宁；来源：《求是》2022年第1期，节选）

5. 坚定理想信念要信一辈子守一辈子

习近平主席在2021年秋季学期中央党校（国家行政学院）中青年干部培训班开班式上强调指出，坚定理想信念是终身课题，需要常修常炼，要信一辈子、守一辈子。这一重要论述，深刻阐明了坚定理想信念对于中青年干部成长进步的极端重要性。军队党员干部肩负着强军兴军的时代重任，必须把坚定理想信念作为终身课题，信守一辈子，始终践行之。

坚守初心使命。共产党员、革命军人英雄本色的基因密码永远根植于我们党的初心使命之中。为了坚守为中国人民谋幸福、为中华民族谋复兴的初心使命，无数革命先烈不为钱、不为官，不怕苦、不怕死，吃尽常人难以想象的苦，明知前方有危险，越是危险越向前，他们的青春和生命像熊熊烈火一样燃烧。“命都是国家给的，还给国家是应该的”，这是革命老前辈没经过任何修饰的肺腑之言。这种用革命者以身许党许国践行的崇高理想，用革命者前赴后继、慷慨捐躯证明的铁一般信念，是党的初心使命的充分彰显，也是人民军队夺取一个又一个胜利的力量源泉。

对党绝对忠诚。忠诚是人民军队与生俱来的政治品质，是革命军人不可动摇的政治信念。人民军队的辉煌历史，就是一部用忠诚绘就的壮丽画卷。土地革命战争中，广大官兵“左手拿宣传单、右手拿枪弹”，从地上爬起来揩干身上的血迹、掩埋好同伴继续战斗；抗日战争时期，他们用“小米加步枪”打败了穷凶极恶的日本侵略者，以巨大牺牲支撑起全民族救亡图存的希望；在解放战争中，他们又继续用前赴后继的牺牲和坚持，将革命进行到底，推翻国民党反动统治，建立新中国。新时代，面对意识形态领域日益尖锐复杂的斗争形势，我们必须更加坚定自觉地锻造忠诚品格，始终对党绝对忠诚，真正做到“枪听我的话，我听党的话”。对党绝对忠诚要害在“绝对”两个字，就是唯一的、彻底的、无条件的、不掺任何杂质的、没有任何水分的忠诚。我们只有用这样的标准要求自己，坚决做到党叫干什么就坚决干，党不允许干什么就坚决不干，才能确保对党忠诚的绝对性。

确保能打胜仗。战场打不赢,一切等于零。对革命军人来说,将坚定理想信念化作实际行动的集中体现,就是不断提升能打仗、打胜仗的素质本领。我军早期发展党员,入党积极分子必须是“骁勇善战,不怕牺牲”,关键时刻敢扛炸药包是共产党员的特权。“师出之日,有死之荣,无生之辱。”面对百年未有之大变局加速演进的国际形势和复杂严峻的我国安全和发展环境,军队党员干部必须时刻牢记“胜战之问”“价值叩问”“本领拷问”,坚决破除“打不起来”“轮不上我”等和平麻痹思想,切实增强使命感责任感紧迫感,把全部心思和精力投入到备战打仗主责主业上,心无旁骛研究军事、研究战争、研究打仗,着眼强敌全面加强练兵备战工作,枕戈待旦谋打赢、只争朝夕强本领。只有这样,才能在党和人民需要的时候,坚决做到召之即来、来之能战、战之必胜,真正肩负起新时代使命任务。

敢于善于斗争。斗争是共产党人的鲜明政治品格,是其信仰、信念与风骨、气节的突出体现。正是有了斗争精神的支撑,我们党才能从大革命失败的血泊中走向井冈山的新生,从长征的艰险走向全中国的解放。和平年代,衡量军队党员干部是不是敢于斗争,很重要的方面就是看他敢不敢与出现理想滑坡、信念动摇之人作坚决斗争,能不能以顽强意志把自己锻造成铁一般的革命军人,是不是始终以担当精神为敢于担当者担当。新时代军队党员干部要坚定理想信念,必须坚持敢于斗争、敢于胜利,始终保持共产党人敢于斗争的风骨、气节和胆魄,主动投身到各种斗争中去,面对大是大非敢于亮剑,面对矛盾问题敢于迎难而上,面对危机困难敢于挺身而出,面对歪风邪气敢于坚决斗争,面对挫折失误敢于承担责任。这既是政治品格,也是党性要求。只有丢掉幻想、勇于斗争,在原则问题上寸步不让,在搏击风浪中增长胆识才干,在斗争实践中磨炼政治能力,在应对挑战中提升素质本领,才能使理想信念在斗争实践中得到真正的坚守。

(作者:崔西强;来源:《解放军报》2022年1月7日第2版)

精选习题

一、单选题

1. 理想信念是一个思想认识问题,更是一个(　　)问题。

A. 意识　　B. 实践　　C. 态度　　D. 意志

2. 关于个人理想与社会理想的关系，说法正确的是(　　)。

A. 社会理想是对个人理想的扼杀与限制

B. 个人理想的确立要以社会理想为引导

C. 个人理想和社会理想相互冲突

D. 必须使社会理想服从个人理想

3. 在伦敦海格特公墓的马克思墓碑上，镌刻着马克思的一句名言："哲学家们只是用不同的方式解释世界，而问题在于改变世界。"这句话集中体现了(　　)。

A. 马克思主义是科学又崇高的

B. 马克思主义是一个开放的理论体系

C. 马克思主义具有持久的生命力

D. 马克思主义重视实践，以改造世界为己任

4. 在通向理想的道路上，在实现理想的过程中，没有艰苦奋斗的精神，理想是不会自动转化为现实的。艰苦奋斗的主旨在于(　　)。

A. 艰苦　　B. 立志　　C. 奋斗　　D. 幻想

5. 下列属于科学信仰的是(　　)。

A. 生死有命，富贵在天

B. 金钱万能，有钱就是一切

C. 社会只是达到个人目的的一种手段

D. 社会主义必然代替资本主义，全世界最终必然实现共产主义

6. 建设中国特色社会主义，实现中华民族的伟大复兴，是现阶段我国各族人民的(　　)。

A. 生活理想　　B. 职业理想

C. 道德理想　　D. 社会理想

7. 习近平同志在《在同各界优秀青年代表座谈时的讲话》中引用古语："学如弓弩，才如箭镞。"强调的是广大青年一定要(　　)。

A. 坚定理想信念　　B. 练就过硬本领

C. 勇于创新创造　　D. 矢志艰苦奋斗

8. "失去信念的理想是虚幻的，失去理想的信念是空泛的。"这句话说明，在确定理想信念时应该(　　)。

A. 超越人的生活经验和实际行动

B. 把崇高的理想和坚定的信念结合起来

C. 学会对不同的理想信念进行辨别和选择

D. 把个人的理想信念和社会的理想信念结合起来

9. 信念同理想一样,也是人类特有的一种(　　)。

A. 精神现象　　B. 物质现象

C. 现实现象　　D. 综合现象

10. 陈毅元帅曾经指出:“我们是世界上最大的理想主义者!我们是世界上最大的行动主义者!我们是世界上最大的理想和行动的综合者。”他的意思是说(　　)。

A. 理想是对未来的向往和追求

B. 崇高的理想必须落实在行动上

C. 确立理想信念离不开读书学习

D. 追求和实现理想是一个坐享其成的过程

二、多选题

1. 诸葛亮说“志当存高远”,对志存高远理解正确的是(　　)。

A. 要立志做大官　　B. 立志首先要关注个人长远利益

C. 确立目标时要放开眼界　　D. 不屈服于一时一地的困难

2. 把理想与现实对立起来,容易陷入这些误区:(　　)。

A. 以理想来否定现实　　B. 把现实等同于理想

C. 以现实来否定理想　　D. 把理想等同于现实

3. 下列关于中国特色社会主义说法正确的是(　　)。

A. 中国特色社会主义根植于中国大地,反映中国人民的意愿

B. 中国特色社会主义适应中国时代发展进步的要求

C. 中国特色社会主义的本质特征是中国共产党的领导

D. 中国特色社会主义的共同理想是实现中华民族的伟大复兴

4. 我们提倡的立志做大事中的“大事”是指(　　)。

A. 投身于新时代中国特色社会主义伟大事业

B. 做为国奉献、为民服务之事

C. 做伟大事业的积极参与者和贡献者

D. 在为实现社会理想而奋斗的过程中实现个人理想

5. 对理想和现实的关系理解正确的是(　　)。

A. 理想源于现实,受现实的规定和制约

B. 理想超越现实,是有实现可能性的未来的现实

C. 理想是与奋斗目标相联系的现实

D. 理想是不可实现的现实

6. 对个人理想和社会理想关系的理解正确的是(　　)。

A. 当二者发生矛盾时,社会理想服从于个人理想

B. 社会理想是对个人理想的凝练和升华

C. 个人理想要符合社会理想

D. 社会理想排斥个人理想

7. 在社会理想层面,儒家把(　　)视为最高的道德理想。

A. 仁爱　　B. 谋利

C. 无为　　D. 和谐

8. 大学生坚定马克思主义信仰,最重要的是学习和掌握马克思主义的(　　),确立正确的世界观和历史观,准确把握时代发展潮流,以科学的理想信念指引人生前进的道路和方向。

A. 立场　　B. 观点

C. 全部论述　　D. 方法

9. 青年大学生怎样才能做到“有担当”(　　)。

A. 要有天下兴亡、匹夫有责的担当精神,讲求奉献,实干进取。

B. 自觉树立国家意识、民族意识、责任意识,把个人前途命运与国家、民族的前途命运紧紧地联系在一起。

C. 应始终保持昂扬向上的精神状态,富有求新求变的朝气锐气,敢于站在变革前沿,引领潮流之先,以新的实践创造更大成就。

D. 应坚持实践第一、知行合一,求真务实、有为善为,勇于面对实际生活中的各种挫折考验,勤奋刻苦、磨砺意志、脚踏实地。

10. 做有理想有本领有担当的时代新人需要做到(　　)。

A. 要有崇高的理想与信念,牢记使命,自信自励

B. 要有高强的本领才干,勤奋学习,全面发展

C. 要有天下兴亡、匹夫有责的责任担当

D. 要讲求奉献、实干进取

三、材料分析题

2019 年 9 月 29 日，中华人民共和国国家勋章和国家荣誉称号颁授仪式在人民大会堂隆重举行。95 岁的老英雄张富清是受表彰者之一。

张富清是原西北野战军战士，在解放战争的枪林弹雨中，九死一生，先后荣立特等功一次、一等功三次、二等功一次，"战斗英雄"称号两次。1955 年，他退役转业，主动选择到湖北省最偏远的来凤县工作，先后任城关粮油所主任，三湖区副区长、区长，建行来凤支行副行长等职务，直至在此岗位上离休。

对工作，他脚踏实地，担当奉献，想群众之所想，急群众之所急，他推动水电站建设，让山村进入电力时代；他牵头办起桐油和茶叶基地、牧场，群众生活明显改善；他与群众一起找水源修道路，解决群众出行难、吃水难的问题……

对待战功荣誉，他刻意隐瞒，连自己的儿女都不知情。如果不是 2018 年一次退役军人的信息采集，他的事迹可能依旧无人知晓。

很多人不禁好奇，张富清为何一辈子深藏功名？为何在平凡岗位上如此低调奉献却甘之如饴？他在回答记者提问时说："和我并肩作战的战友，献出了自己宝贵的生命，和牺牲的战友相比，我有什么资格张扬呢？我和战友们跟着党奋斗的目标是为了建立新中国，就是为了人民能走上幸福美满的道路，这一切都是我应该做的。"

正是有这样的信念。他在每一次的战斗中都要担任"突击队员"；正是有这样的信念，他放弃留在大城市。他的岗位、身份一再改变。始终不变的，是他的赤子之心。

新中国成立以来的岁月中，闪耀着一个个光辉的名字，一段段感人的故事。他们不懈奋斗的精神和忠诚、执着、朴实的鲜明品格，是亿万中华儿女的榜样，激励我们在追梦之路上砥砺前行。

结合材料回答问题：

1. 结合张富清高尚的追求，说明理想信念的力量。

2. 国家颁发国家勋章和国家荣誉称号，对引导大学生确立科学高尚的理想信念有何重要意义？

推荐阅读书目

1. 习近平:《在庆祝中国共产党成立100周年大会上的讲话》(2021年7月1日),人民出版社2021年版。

2. 中共中央宣传部:《〈中共中央关于党的百年奋斗重大成就和历史经验的决议〉辅导读本》,人民出版社2021年版。

3. 中共中央宣传部理论局:《世界社会主义五百年》,学习出版社2014年版。

4. 刘建军等:《信仰书简:与当代大学生谈理想信念》,中国青年出版社2012年版。

5. 孙正聿:《理想信念的理论支撑》,吉林人民出版社2014年版。

6. 谢春涛:《历史的轨迹:中国共产党为什么能》,新世界出版社2012年版。

第三章　传承优良传统　弘扬中国精神

教学目标

1. 知识目标:进一步把握中国精神的科学内涵,认识到中国精神是兴国强国之魂,新时代的爱国主义就是在实践中履行爱国主义的基本要求,做忠诚的爱国者;加深对时代精神内涵的认知,明确改革创新的时代要求和重要意义,坚定做改革创新生力军的信心和决心。

2. 能力目标:正确看待民族精神和时代精神的辩证关系,从历史与现实的结合中深刻理解中国精神的历史底蕴和丰富内涵;自觉培育以改革创新为核心的时代精神,提升改革创新的实践能力,实现从理论到现实的升华,体现知识到能力的实践转化。

3. 情感价值目标:把青春梦与实现中华民族伟大复兴的中国梦结合起来,从而形成民族认同、国家认同,树立牢固的家国情怀,实现精神层面的自我提升。

理论热点

一、知识要点

1. 中国精神的历史传承

(1)中华民族崇尚精神的优秀传统,首先表现在对物质生活与精神生活相互关系的独到理解上。重视并崇尚精神生活,是中国古代思想家的主流观点。

(2)中华民族崇尚精神的优秀传统,也表现在中国人民对理想的不懈追求上。理想是激励个体的精神内驱力,是凝聚社会整体的精神力量。矢志不渝地坚守理想,是中国人民崇尚精神的典型体现。

(3)中华民族崇尚精神的优秀传统,亦表现在对道德修养和道德教化的重视上。古代思想家不仅对道德修养和道德教化理论进行了系统论述，而且提出了修身养性的具体方法以及家箴家训、乡规民约等教化方式。表明中华民族自古以来对人的精神世界的高度关注。

(4)中华民族崇尚精神的优秀传统，还表现为对理想人格的推崇。出现在中国历史上的诸种理想人格，虽时代不同、类型有别，但其共同点是关注人的精神品格。

(5)中国共产党是中华民族重精神优秀传统的忠实继承者和坚定弘扬者。在革命、建设、改革各个历史时期，中国共产党都强调要处理好物质和精神的关系，重视发挥人的精神的能动作用，中华民族重精神的优秀传统得到进一步发扬光大。

民族复兴不仅表现为经济腾飞，更要有中国精神的振奋和彰显。只有物质文明建设和精神文明建设都搞好，国家物质力量和精神力量都增强，全国各族人民物质生活和精神生活都改善，中国特色社会主义事业才能顺利向前推进。

2. 中国精神的内容构成及其内在辩证关系

习近平同志指出："实现中国梦必须弘扬中国精神。这就是以爱国主义为核心的民族精神，以改革创新为核心的时代精神。这种精神是凝心聚力的兴国之魂、强国之魂。"[①]这一重要论述深刻揭示了中国精神的基本内容，阐明了中国精神与中国梦之间的内在联系。正确理解中国精神的基本内涵，对于贯彻落实中央提出的实现中华民族伟大复兴中国梦的一系列战略部署，具有重要的理论和实践意义。中国精神，既包括民族国家在长期历史发展中所凝结而成的民族精神，也包括民族国家基于不同时代境遇和发展状况所形成的时代精神。前者是绵延不绝的文化血脉，后者是发展创新的时代反映，二者相互联系、相互作用，共同构成了中国精神的核心内容。中华民族在五千多年的历史发展中形成了具有中国风格、中国气派的中国精神，就是以爱国主义为核心的民族精神和以改革创新为核心的时代精神，这是中国人民在长期的社会实践中形成的，能够发出正能量的各种优秀品德、价值的总和。中国精神是中华民族优秀传统与时代精神的有机结合，代表着中国各民族的形象，彰显着中国人的精神风貌。认定中国精神，就有了超越自我、走向辉煌的强大精神力量。

(1)以爱国主义为核心的民族精神。民族精神，是指一个民族在长期的共同生活和社会实践中形成的，为本民族大多数成员所认同的价值取向、思维方

---

① 习近平谈治国理政[M]. 外文出版社,2014:40.

式、道德规范和精神气质的总和,是一个民族赖以生存和发展的精神支撑。一般地说,一个民族的历史越悠久、文明越发展,民族精神就越深厚;一个国家的实力越强大、国际地位越提升,民族精神就越巩固。一个民族,没有振奋的精神和高尚的品格,不可能自立于世界民族之林。

我国是一个统一的多民族国家,民族精神是由各个民族文化交流融合而成的。它深深植根于绵延数千年的优秀文化传统,始终是维系中华各民族人民共同生活的精神纽带,支撑中华民族生存、发展的精神支柱,推动中华民族走向繁荣、强大的精神动力,是中华民族之魂。爱国主义是民族精神的核心,中国人民在长期奋斗中培育、继承、发展起来的伟大民族精神,为中国发展和人类文明进步提供了强大精神动力。

(2)以改革创新为核心的时代精神。时代精神是一个国家和民族在新的历史条件下形成和发展的,是体现民族特质并顺应时代潮流的思想观念、价值取向、精神风貌和社会风尚的总和,是一种对社会发展具有积极影响和推动作用的集体意识。时代精神反映社会进步的发展方向,引领时代的进步潮流,是社会的主旋律和时代的最强音。

改革开放以来,我国丰富和发展了以改革创新为核心的解放思想、开拓进取、攻坚克难、与时俱进的时代精神。解放思想是时代精神的基石。"一个党,一个国家,一个民族,如果一切从本本出发,思想僵化,迷信盛行,那它就不能前进,它的生机就停止了,就要亡党亡国"[①],邓小平同志振聋发聩的声音奏响了解放思想的时代精神。开拓进取是时代精神的特征。改革开放是前所未有的社会变革,只有开拓进取才能走出新路。深圳的"拓荒牛"雕塑正是改革开放、开拓进取精神的生动写照。习近平总书记强调的"改革开放只有进行时没有完成时"[②],表明的就是敢于啃硬骨头、敢于涉险滩的开拓进取精神。攻坚克难是时代精神的品格。开拓进取就必须敢冒风险、应对风险、攻坚克难,追求成功又不怕失败,在失败的可能中谋求成功。与时俱进是时代精神的本性。时代快速发展、急剧变化,必须与时俱进。与时俱进就是勇于变革、勇于创新,永不僵化、永不停滞。

改革创新是时代精神的核心。改革创新是一种突破常规、大胆探索、勇于创造的思想观念,也是一种不甘落后、奋勇争先、追求进步的责任感、使命感,更

---

① 邓小平文选:第1卷[M].人民出版社,1994:143.

② 习近平谈治国理政[M].北京:外文出版社,2014:67.

是一种坚忍不拔、自强不息、锐意进取的精神状态。它继承了中华民族革故鼎新的传统,体现了当代中国发展进步的要求,明确了当今中国社会发展的方向,贯穿于改革开放的全部实践,体现在时代精神的各个方面,代表着时代的最强音和社会发展的潮流。只有改革开放才能发展中国、发展社会主义、发展马克思主义。创新是一个民族进步的灵魂,是一个国家兴旺发达的不竭动力,也是一个政党永葆生机的源泉。解放思想、开拓进取、攻坚克难、与时俱进,都是改革创新精神的应有之义。

(3)民族精神与时代精神的辩证统一关系。在实现中国梦的历史征程中,民族精神是绵延不绝的文化血脉,时代精神是发展创新的时代反映。民族精神与时代精神紧密关联,它们都是一个民族赖以生存和发展的精神支撑。一切民族精神都曾经是一定历史阶段中带动潮流、引领风尚、推动社会发展的时代精神。同时,一切时代精神都将随着历史的变迁逐步融入民族精神的长河之中,不断丰富和发展民族精神的时代内涵。弘扬和培育民族精神,必须自觉回应时代的要求,推动民族精神的不断革新,推动民族精神的创新性发展和创造性转化,从而为当下的实践提供精神力量;弘扬和培育时代精神,必须立足民族精神的根基,接续民族精神的血脉、承接民族精神的基因,使得时代精神既面向未来,又不忘本来,始终具有引领民族前行的强大吸引力和感召力。

总之,时代精神和民族精神都是代表历史发展、引领社会前进的强大的精神力量,民族精神决定了一个民族的精神厚度,时代精神决定了一个民族的精神高度。一个民族要屹立于世界民族之林,就必须在全民族大力弘扬民族精神和时代精神。当今中国的民族精神和时代精神相辅相成,统一于改革开放和社会主义现代化建设的伟大实践中,凝聚在建设中国特色社会主义的共同理想中。弘扬时代精神,大力倡导一切有利于改革开放和现代化建设的思想和精神,大力倡导一切有利于民族团结、社会进步和人民幸福的思想和精神,把源远流长的民族精神与时代要求相结合,才能为中国特色社会主义向前发展提供精神动力。

3. 实现中国梦必须弘扬中国精神

一个人不能没有精神,一个国家不能没有梦想。实现中华民族伟大复兴,是中华民族近代以来最伟大的梦想。实现中国梦必须走中国道路,必须弘扬中国精神,必须凝聚中国力量。爱国主义始终是把中华民族坚强团结在一起的精神力量,改革创新始终是鞭策我们在改革开放中与时俱进的精神力量。全国各族人民一定要弘扬伟大的民族精神和时代精神，不断增强团结一心的精神纽带、自强不息的精神动力，永远朝气蓬勃迈向未来。

(1)凝聚中国力量的精神纽带。推进民族复兴的时代伟业，我们必须有万众一心、众志成城的强大精神凝聚力。人民群众是历史发展和社会进步的主体力量。坚持和发展中国特色社会主义、实现中华民族伟大复兴，最根本的力量在人民，最强大的力量在团结凝聚起来的人民。弘扬中国精神，对于维系中华民族的生存与发展、维护国家统一和民族团结发挥着重要的凝聚作用。

(2)激发创新创造的精神动力。当前，我们正在从事的中国特色社会主义事业是一项前无古人的创造性事业，中国精神作为兴国强国之魂的价值和意义更为凸显。推进新时代的伟大事业，必须有创新创造、向上向前的强大精神奋发力，勇于变革、勇于创新，永不僵化、永不停滞，使全体人民始终保持昂扬向上的精神状态，为实现中国梦注入强大的精神力量。

(3)推进复兴伟业的精神定力。只有自觉弘扬中国精神，增强民族自尊心和自信心，坚定不移走自己的路，才能使全体人民在实现复兴伟业的征途中拥有坚如磐石的精神和信仰力量，不为困难吓倒，不为诱惑所动，不为干扰迷惑，坚定不移地把我们的事业不断推向前进，直至光辉的彼岸。

鲁迅说过："唯有民魂是值得宝贵的，唯有他发扬起来，中国才有真进步。"[①]在实现中国梦的新征程中，大力弘扬伟大的民族精神和时代精神，让凝心聚力的兴国之魂、强国之魂融入现代化进程，我们就一定能朝气蓬勃地迈向未来，不断开创中国特色社会主义新局面。

4. 爱国主义的基本内涵

任何民族的繁荣、任何国家的富强，都离不开爱国主义的巨大力量。爱国主义是一个民族、一个国家凝聚人民的重要精神纽带和鼓舞人们团结奋斗的光辉旗帜。爱国主义体现了人们对自己祖国的深厚感情，是人们对自己家园以及民族和文化的归属感、认同感、尊严感与荣誉感的统一。它是调节个人与祖国之间关系的道德要求、政治原则和法律规范，也是中华民族精神的核心。

(1)爱祖国的大好河山。领土完整涉及国家的重大核心利益，每一个爱国

---

① "青少年成长必读经典书系"编委会. 鲁迅杂文精选[M]. 郑州：河南科学技术出版社，2013：42.

者都会把“保我国土”“爱我家乡”,维护祖国领土的完整和统一,作为自己的神圣使命和义不容辞的责任。

(2)爱自己的骨肉同胞。爱自己的骨肉同胞就是爱人民群众。对人民群众感情的深浅程度,是检验一个人对祖国忠诚程度的试金石。爱自己的骨肉同胞,最主要的是培养对人民群众的深厚感情,坚持以人民为中心的立场,始终紧紧地同人民群众站在一起。

(3)爱祖国的灿烂文化。爱祖国的灿烂文化,就是要认真学习和真正了解祖国的历史,在充分理解和尊重的基础上,积极推动祖国优良历史文化传统的传承和发展。

(4)爱自己的国家。爱自己的国家,拥护国家的基本制度,遵守国家的宪法法律,维护国家安全和统一,捍卫国家的利益,为国家繁荣发展贡献自己的力量,是爱国主义的基本要求。

5. 新时代的爱国主义的基本要求

新时代的爱国主义,既承接了中华民族的爱国主义优良传统,又体现了鲜明的时代特征,内涵更加丰富。

(1)坚持爱国主义和社会主义相统一。这是中国历史发展的必然结果。社会主义制度的建立,为中国的繁荣发展提供了可靠的保障。中国的历史和现实充分证明,中国共产党是高举爱国主义旗帜并躬身实践的光辉典范,是中国特色社会主义事业的坚强领导核心。坚定拥护中国共产党的领导,是中华民族走向复兴、中国特色社会主义事业走向成功的必然要求,也是新时代爱国主义的必然要求。

(2)维护祖国统一和民族团结。在新的时代条件下,弘扬爱国主义精神,必须把维护祖国统一和民族团结作为重要着力点和落脚点。维护和推进祖国统一,是中华民族走向伟大复兴的题中之义。要从中华民族整体利益的高度把握两岸关系大局,增进对两岸命运共同体的认知,不断拓宽两岸关系和平发展的道路;要自觉维护全国各族人民大团结的政治局面,筑牢国家统一、民族团结、社会稳定的铜墙铁壁。

(3)尊重和传承中华民族历史和文化。对祖国悠久历史、深厚文化的理解和接受,是人们爱国主义情感培育和发展的重要条件。中华优秀传统文化是中华民族的精神命脉,其中蕴含着中华民族世世代代形成和积累的思想营养和实践智慧,是中华民族得以延续的文化基因,也是我们在世界文化激荡中站稳脚跟的根基。我们必须尊重和传承中华民族历史和文化,以时代精神激活中华优秀传统文化的生命力,推进中华优秀传统文化创造性转化和创新性发展,在传承与创新中树立和坚持正确的历史观、民族观、国家观、文化观,增强做中国人的骨气和底气。

(4)坚持立足民族又面向世界。坚持新时代的爱国主义,要求我们正确处理好立足民族与面向世界的辩证统一关系,把弘扬爱国主义精神与扩大对外开放结合起来。弘扬新时代的爱国主义,必须坚持立足民族,维护国家发展主体性。弘扬新时代的爱国主义,必须面向世界,构建人类命运共同体。

6. 当代大学生做忠诚的爱国者的途径

(1)维护和推进祖国统一。第一,坚持一个中国原则。一个中国原则是两岸关系的政治基础。体现一个中国原则的"九二共识"明确界定了两岸关系的根本性质,是确保两岸关系和平发展的关键。第二,推进两岸交流合作。在两岸关系大局稳定的基础上,两岸各领域交流合作有着广阔空间。第三,促进两岸同胞团结奋斗。两岸双方应秉持"两岸一家亲"的理念,顺势而为、齐心协力,心心相印、守望相助,巩固和扩大两岸关系发展成果。第四,反对"台独"分裂图谋。"台独"分裂势力及其分裂活动仍然是对台海和平的现实威胁,必须继续反对和遏制任何形式的"台独"分裂主张和活动,不能有任何妥协。

(2)促进民族团结。处理好民族问题、促进民族团结,是关系祖国统一和边疆巩固的大事,是关系民族团结和社会稳定的大事,是关系国家长治久安和中华民族繁荣昌盛的大事。青年大学生应当深化对党的民族理论和民族政策的认识,筑牢各族人民共同维护祖国统一、维护民族团结、维护社会稳定的钢铁长城。

(3)增强国家安全意识。首先,确立总体国家安全观。国家安全是指一个国家不受内部和外部的威胁、破坏而保持稳定有序的状态。确立总体国家安全观,必须既重视外部安全,又重视内部安全;既重视国土安全,又重视国民安全;既重视传统安全,又重视非传统安全;既重视发展问题,又重视安全问题。其次,增强国防意识。强大的国防是国家生存与发展的安全保障。大学生必须具有很强的国防观念和忧患意识,自觉接受国防和军事方面的教育训练,关心国防、了解国防、热爱国防、投身国防,积极履行国防义务,成为既能建设祖国、又能保卫祖国的优秀人才。最后,履行维护国家安全的义务。大学生应自觉遵守国家安全法律,履行维护国家安全的法律义务:依照法律服兵役和参加民兵组织的义务,保守国家秘密的义务,为国防建设和国家安全工作提供便利条件或其他协助的义务,在国家安全机关调查了解有关危害国家安全的情况下如实提供有关证据、情况的义务,及时报告危害国家安全行为的义务,不得非法持有、使用专用间谍器材的义务,不得非法持有国家秘密文件、资料和其他物品的义务等。对每一项责任和义务,每个大学生都应当勇于担当,尽职尽责。

7. 改革创新是时代要求

在当代中国,社会发展离不开改革创新,改革创新是社会发展的重要动力,坚持改革创新是新时代的迫切要求。

(1)创新始终是推动人类社会发展的第一动力。从某种意义上说,创新决定着世界政治经济力量对比的变化,也决定着各国各民族的前途命运。

(2)创新能力是当今国际竞争新优势的集中体现。面对科技创新和产业革命新趋势,世界主要国家都在积极调整应对,努力寻找创新的突破口,抢占发展先机,纷纷出台新的创新战略,加大投入,加强人才、专利、标准等战略性创新资源的争夺,创新战略竞争在综合国力竞争中的地位日益重要。

(3)改革创新是我国赢得未来的必然要求。必须把创新作为引领发展的第一动力,把人才作为支撑发展的第一资源,把创新摆在国家发展全局的核心位置,把创新驱动发展战略作为国家重大战略,不断推进理论创新、制度创新、科技创新、文化创新等各方面创新。通过全面深化改革,加快转变经济发展方式,推进经济结构战略性调整,为我国经济社会发展提供前所未有的强劲动力。

8. 当代大学生做改革创新生力军的途径

(1)树立改革创新的自觉意识。第一,增强改革创新的责任感。大学生要不断增强以改革创新推动社会进步,在改革创新中奉献服务社会、实现人生价值的崇高责任感和使命感,以时不我待、只争朝夕的紧迫感投身改革创新的实践中。第二,树立敢于突破陈规的意识。敢于大胆突破陈规甚至常规,敢于大胆探索尝试,善于观察发现、思考批判,不唯书、不唯上,只唯实,这是大学生在学习与实践中创新创造的重要前提。第三,树立大胆探索未知领域的信心。青年应是常为新、敢创造的,理当锐意创新创造,不等待、不观望、不懈怠,勇做改革创新的生力军。

(2)增强改革创新的能力本领。第一,夯实创新基础。大学生作为改革创新的生力军,应从扎实系统的专业知识学习起步和入手,而不能好高骛远,空谈改革,坐论创新。第二,培养创新思维。大学生在专业学习与社会实践中应自觉培养创新型思维,勤于思考,善于发现,勇于创新。第三,投身创新实践。当代大学生既置身于全球新一轮科技革命和产业变革兴起的历史机遇期,又置身于我国迈向现代化强国的历史新征程,应当在全面深化改革的伟大实践中深深体悟改革创新精神,增强改革创新的意识,锤炼改革创新的意志,增强改革创新的能力本领,勇做改革创新的实践者和生力军。

二、热点解析

1.爱国主义是一个历史范畴

爱国主义是一个历史范畴,处于不同历史时期的不同民族、不同阶级对爱国主义的理解,有着不同之处。

首先,爱国主义具有具体性。爱国主义在不同的历史时代和文化背景下有不同的内涵,人们的爱国思想和行为也往往有很大差别。人们通过把握爱国主义在内涵和表现形式上呈现的具体特征,能够比较清晰地勾画出一个国家和民族的历史发展脉络,从而能比较准确地理解不同民族的精神气质和价值取向。在古代中国,爱国主义主要表现为开发祖国的山山水水,创造灿烂的中华文明,反对民族分裂、维护祖国统一;在近代中国,爱国主义以争取民族解放、国家独立为主要内容;在当代中国,爱国主义则以振兴中华、建设中国特色社会主义为突出内容。今天,对于每一个平凡的公民来说,躬身劳作于自己的岗位,脚踏实地做好本职工作,是爱国最直接的体现。

其次,爱国主义具有阶级性。国家是人类进入阶级社会之后的必然产物,国家的演变也就是阶级社会演变的一个缩影。处于不同历史时期的不同阶级对爱国主义的理解包含不同的内容:如地主阶级“爱国”是为了维护等级森严的君主专制;资产阶级“爱国”是为了建立资本主义国家;无产阶级的“爱国”继承了历史上爱国主义的优良传统,并把它同无产阶级的解放事业结合起来;当代中国人民的“爱国”则是同热爱社会主义祖国和拥护祖国统一完全一致的。

最后,爱国主义具有民族性。这种民族性一方面表现为不同民族对爱国主义有不同的认识和理解,另一方面表现为中华民族大家庭具有整体性和统一性。多民族是我国的一大特色，各民族共同开拓了祖国的锦绣河山、广袤疆域，共同创造了悠久的中国历史、灿烂的中华文化，中华民族和各民族的关系，是一个大家族和家族成员的关系。新时代大学生要像爱护自己的眼睛一样维护民族团结，像爱护自己的生命一样维护社会稳定，自觉做民族团结进步事业的建设者、维护者、促进者，要深化对党的民族理论和民族政策的认识，认真学习国家关于民族事务的法律法规，深入了解中华民族“多元一体”的发展历史，坚定“汉族离不开少数民族、少数民族离不开汉族、各少数民族之间也相互离不开”①的思想观念。要牢固树立正确的祖国观、民族观、文化观、历史观，增强对伟大祖国的认同、对中华民族的认同、对中华文化的认同、对中国共产党的认同、对中国特色社会主义道路的认同，构建各民族共有精神家园。在危急关头、关键时刻，要立场坚定、挺身而出，敢于同各种分裂活动作斗争，坚决捍卫民族团结进步、共同繁荣发展的大好局面，筑牢各族人民共同维护祖国统一、维护民族团结、维护社会稳定的钢铁长城。

科学把握“爱国主义是一个历史范畴”对于我们理性、正确地评价和对待历史上的爱国主义者具有重要意义。中华民族在历史发展的过程中涌现出许多杰出的爱国志士，人们对于近现代史上反对外国殖民侵略的爱国主义容易理解，没有不同看法，而对古代的爱国主义却有一种糊涂的观念，甚至带有虚无主义倾向，如有人试图否定古代史上的民族英雄和爱国主义者，对此我们要有正确的认识。有人认为，诗人屈原所爱的国是楚国，其疆域在今天的长江中游及其附近，他在政治上主张联齐抗秦；越王勾践所爱的国是越国，其疆域在今天的浙江一带，他英勇抗击吴国侵略。如果抛弃历史上的国家观念，那么古代的秦、楚、吴、越在今天都是一家，不管侵略或被侵略，都可一笔勾销，那么反侵略的光辉历史和民族精神也就不值一提了！而事实上，每当中华民族遭逢深重国难之时，屈原投江而死、勾践卧薪尝胆的故事总能鼓舞和激励人们热爱祖国、矢志不渝，克服困难、争取胜利，它已成为全民族宝贵的精神文化遗产。因此，对于这些历史人物的爱国思想和行为，我们要以历史唯物主义的态度，依据当时的具体条件去考量和评价，既充分肯定他们高尚的爱国情操，又看到历史的局限性。既尊重历史，又不苛求古人，才能正确处理阶级性与民族性的关系、民族间的冲

---

① 中共中央文献研究室．习近平关于社会主义政治建设论述摘编[M]．北京：中央文献出版社，2017：152.

突与融合的关系。

2. 科学没有国界,但科学家有祖国

习近平总书记在2020年9月全国科学家座谈会上讲道:“科学成就离不开精神支撑。科学家精神是科技工作者在长期科学实践中积累的宝贵精神财富。”[①]当今世界正经历百年未有之大变局,我国发展面临的国内外环境发生深刻复杂变化,我国“十四五”时期以及更长时期的发展对加快科技创新提出了更为迫切的要求。

开放合作是科技进步和生产力发展的必然逻辑。面对世界多极化、经济全球化、文化多样化、社会信息化的时代潮流,任何国家都不能关起门来搞建设。

科学无国界,科学家有祖国。我国科技事业取得的历史性成就,是一代又一代矢志报国的科学家前赴后继、接续奋斗的结果。从李四光、钱学森、钱三强、邓稼先等一大批老一辈科学家,到陈景润、黄大年、南仁东等一大批新中国成立后成长起来的杰出科学家,都是爱国科学家的典范。

在激烈的国际竞争面前,在单边主义、保护主义上升的大背景下,我们必须走出适合国情的创新路子,特别是要把原始创新能力提升摆在更加突出的位置,努力实现更多“从0到1”的突破。广大大学生是国家科学事业的后备军,应当肩负起历史责任,牢记报国初心,坚持面向世界科技前沿、面向经济主战场、面向国家重大需求、面向人民生命健康,不断推进科学技术的进步。

3. 中国共产党人精神谱系

中国共产党经过近百年的不懈奋斗,终于引领中华民族迎来了从站起来、富起来到强起来的历史性飞跃。回望来路,这个百年大党何以会成为引领中华民族伟大复兴的中流砥柱?其中的奥秘就是中国共产党人独特的精神密码——百年大党的精神引领力。

中国共产党人一路走来创造的精神,可以从两个方面来认识和概括。一是理论上的认识和概括。人们经常谈到对马克思主义、社会主义、共产主义的坚定信仰;实事求是,独立自主,自力更生;理论联系实际,密切联系群众,批评与自我批评;为人民服务,一切为了群众,一切依靠群众;大公无私、遵守纪律、奋斗奉献、开拓创新等。二是从历史和实践的角度来认识和概括。中国共产党在

---

① 习近平.习近平在全国科学家座谈会上的讲话[N].人民日报,2020-09-12(02).

领导人民探索、形成和发展中国道路过程中积累的精神，是由一个个鲜明具体的历史和实践“坐标”组成的，进而形成了一个可以长久涵养后人的精神谱系。

这个精神谱系炫目多彩，前后相接，多以地点、事件或代表人物命名。诸如，在革命时期，有红船精神、井冈山精神、苏区精神、长征精神、延安精神、抗战精神、沂蒙精神、红岩精神、西柏坡精神等；在建设时期，有抗美援朝精神、好八连精神、大庆精神、铁人精神、红旗渠精神、雷锋精神、焦裕禄精神、“两弹一星”精神等；在改革时期，有女排精神、孔繁森精神、抗洪精神、抗击非典精神、抗震救灾精神、北京奥运精神、载人航天精神、劳模精神、抗疫精神、伟大建党精神等。

这个精神谱系，犹如鲜活生动的历史链条，把中国共产党创造的一系列精神，把探索、形成和发展中国道路的一系列精神，串接起来，展示出来。它是中国共产党领导人民在实践中集体奋斗和创造的产物，是在不同历史时期波澜壮阔的行程中积累和发展起来的。列入这个精神谱系中的每个具体精神，犹如精神链条中的每个环节、精神长河中的每个坐标。它们的价值和作用跨越时空，相互之间有共性，也有个性。

了解中国共产党的精神谱系，很容易感受到先辈和英烈们前仆后继的崇高人格境界和道德力量，体会到党的优良传统和精神作风，理解党领导人民探索、形成和发展中国道路的过程中，为什么有那样大的前进动力和感召力。可以说，这个精神谱系是近代以来中华民族精神主航道里跳动得很激昂美丽的浪花，是先进人群的世界观、人生观、价值观的生动展示，是当代中国精神的红色基因和红色文化的源与流，是实现中国梦必须弘扬的中国精神的先进内核和精华部分。归根结底，它是中国道路的精神谱系。

实践项目

一、课内实践

1. 诗词诵读

(1)活动名称：朗诵与中国精神相关的诗词。

(2)活动目的：培育对祖国大好河山、人民群众和灿烂文化的热爱，抒发对祖国、民族和家乡的无限热爱，树立起为把祖国建设成为富强、民主、文明、和谐、美丽的社会主义现代化强国而奋发学习的理想和抱负。

(3)活动时间:第三章第一节课授课结束后。

(4)活动地点:授课教室。

(5)活动步骤:

第一,任课教师在前一次课程结束后布置任务,安排分组,由各小组收集有关中国精神的诗词,可以配背景音乐。

第二,课堂上,各小组分别开展朗诵活动,每组最多四位同学朗读。

第三,授课教师对各小组朗诵情况进行点评。

第四,授课教师安排每个学生完成一篇关于朗诵活动的心得体会,作为课程作业之一。

(6)活动注意事项:

第一,活动之前一定要做好分组,组长要对组员课前收集的资料严格把关。

第二,每个学生的朗诵时间要安排合理,避免严重超时影响课程进度。

第三,各小组需要提前进行练习,熟悉自己朗诵的诗词的内容,掌握诗词朗诵的节奏和技巧。

2. 网议时评

(1)活动名称:大学生不当网络言论评析。

(2)活动目的:培育爱国情怀,让学生把自己的思想和行动都统一到中华民族伟大复兴的中国梦之中。

(3)活动时间:第三章第二节课授课结束后。

(4)活动地点:授课教室。

(5)活动步骤:

第一,任课教师在前一次课程结束后布置任务,安排分组,由各小组收集大学生的不当网络言论。

第二,课堂上,各小组分别安排同学陈述不当网络言论的具体情况并进行评析。

第三,授课教师对各小组评析情况进行点评并进行总结性评析。

(6)活动注意事项:

第一,活动之前一定要做好分组,组长要对组员课前收集的资料严格把关。

第二,每个学生的评析时间要安排合理,避免严重超时影响课程进度。

第三,各小组需要课前进行相关不当言论的探讨,依据所学理论进行有理有据的评析。

3. 思想引领

(1)活动名称:讲反映时代精神的小故事。

(2)活动目的:以时代楷模为榜样,激发改革创新的动能,自力更生,艰苦奋斗,永立时代浪头,把自己的青春梦与实现中华民族伟大复兴的中国梦紧密结合起来,用实际行动来展现当代青年应有的精神风貌。

(3)活动时间:第三章第三节课授课结束后。

(4)活动地点:授课教室。

(5)活动步骤:

第一,任课教师在前一次课程结束后布置任务,安排分组,由各小组收集有关时代精神的小故事,可以配背景音乐。

第二,课堂上,各小组讲述小故事,每个小组最多讲述四个小故事。

第三,授课教师对故事讲解情况进行点评。

第四,授课教师安排每位同学搜集一个时代精神小故事,作为课程作业之一,学期结束可以将所有小故事整理成册。

(6)活动注意事项:

第一,活动之前一定要做好分组,组长要对组员课前收集的资料严格把关。

第二,每位同学的故事讲解时间要安排合理,尤其避免严重超时影响课程进度。

第三,各小组需要提前进行练习,熟悉小故事的内容,避免拿稿件进行机械诵读。

二、课外实践

1. 基地参观

(1)活动名称:爱国主义教育基地参观学习。

(2)活动目的:追忆革命历史事迹,传承高尚革命精神,增强对中国革命历史的认同感,激发爱国主义精神,树立正确的世界观、人生观、价值观。

(3)活动时间:双休日或法定节假日。

(4)活动地点:爱国主义教育基地。

(5)活动步骤:

第一,任课教师在课程结束后布置任务,安排分组,各小组指定小组联系人,班级建立实践教学参观学习微信群、QQ 群,便于联系全体同学。

第二,发布具体参观时间,队伍集合地点及乘车要求。

第三,到达参观地点后整理队伍,清点学生人数,聘请专业导游进行革命文化讲解。

第四,参观学习结束后继续清点人数,保证全部人员到齐后乘车返回学校。

第五,每位同学完成一篇考察学习体会。

(6)活动注意事项:

第一,活动之前一定要做好分组,并确定小组联系人。

第二,禁止同学私自乘车或出现脱离参观队伍的情况。

第三,乘车前告知全体同学安全规范。

第四,告知同学遵守纪念馆的各种规章制度。

2. 企业研学

(1)活动名称:知名科技企业参观研学。

(2)活动目的:认识到改革创新是企业、国家、民族发展的不竭动力,激励自己立志高远,成为担当民族复兴大任的时代新人。

(3)活动时间:双休日或法定节假日。

(4)活动地点:选定科技企业。

(5)活动步骤:

第一,任课教师在课程结束后布置任务,安排分组,各小组指定小组联系人,班级建立实践教学参观学习微信群、QQ 群,便于联系全体同学。

第二,发布具体参观时间,队伍集合地点及乘车要求。

第三,到达参观地点后整理队伍,清点学生人数,聘请企业工作人员讲述企业发展历程。

第四,参观学习结束后继续清点人数,保证全部人员到齐后乘车返回学校。

第五,每个学生完成一篇考察学习体会。

(6)活动注意事项:

第一,活动之前一定要做好分组,并确定小组联系人。

第二,禁止私自乘车或出现脱离参观队伍的情况。

第三，注意安全规范。

第四，遵守企业各种规章制度，尤其是禁止拍照的规定。

3. 名师探访

(1)活动名称：教学名师访谈活动 。

(2)活动目的：快速适应新的生活，明确自己的学习目标，充分适应大学生活，克服迷茫、彷徨的心理，进而明确自己的人生目标，更好地规划自己的职业生涯。

(3)活动时间：双休日或法定节假日。

(4)活动地点：校内或者校外。

(5)活动步骤：

第一，授课教师应提前预约校内或校外的优秀教师，获得允许后说明访谈活动的目的。

第二，授课教师与班委应商讨确定参与访谈的人员。

第三，授课教师邀请校内或校外的优秀教师举办一场面向全校大学生的讲座，扩大名师访谈活动对大学生的正面引导。

(6)活动注意事项：

第一，明确活动目的。

第二，名师访谈活动结束后应该分别组织教师座谈会与学生座谈会，交流访谈活动的成效，便于进一步规范和科学设计访谈活动。

三、自主实践

1. 品牌追寻

(1)活动名称：了解中国制造品牌。

(2)活动目的：了解我国在自主创新方面取得的显著成绩，增强民族自豪感，同时体会我国在制造业自主创新方面的不足之处，增强振兴中华的紧迫感。

(3)活动时间：可由学生自由安排。

(4)活动地点：目标品牌所在地。

(5)活动具体步骤：

第一，通过资料查询确定需要追踪的目标品牌。

第二，学生自行讨论、设计活动方案。

第三，每个小组依据具体的活动方案开展相应的活动。

(6)活动注意事项:

第一,将学生分成若干小组,每组3~5人,利用课余时间到商场、企业寻访制造业“中国品牌”,了解每个品牌的自主创新之路,并与国外同类品牌比较(领先之处和不足之处)。

第二,每组由一名学生用多媒体演示2~3个“中国品牌”,并简要介绍相关情况。

第三,由全体同学评选出发展之路最鼓舞人心的“中国品牌”3~5个。

第四,就评选出的某个“中国品牌”发表自己的看法,写出心得体会。

2. 基地调研

(1)活动名称:爱国主义教育基地作用发挥调查。

(2)活动目的:加强对红色资源的认知学习,找到教育基地作用发挥不足之处,并提出建设性的意见或建议。

(3)活动时间:双休日或法定节假日。

(4)活动地点:爱国主义教育基地。

(5)活动步骤:

第一,学生自行组合,形成小组,同时确定各自的调查对象。

第二,各调研小组确定相应的调查方案。

第三,设计调查问卷,进行相应调查工作的前期准备。

第四,调查小组前往基地,实地调研。

(6)活动注意事项:

第一,调研基地须各小组自行联系。

第二,需要注意涉及的各种安全问题。

第三,提交调研报告(附调研活动的部分照片)。

3. VR(虚拟现实)体验

(1)活动名称:抗美援朝战事体验。

(2)活动目的:了解中国人民志愿军抗美援朝中的感人故事,体验志愿军不畏险阻、不怕牺牲、坚韧不拔、百折不挠的伟大抗美援朝精神,在新时代为实现中华民族伟大复兴的中国梦扬帆起航。

(3)活动时间:双休日或法定节假日。

(4)活动地点:VR红色文化体验中心。

(5)活动步骤:

第一,活动前教师检查VR程序及设备是否运行正常。

第二,每位学生打开VR设备,自行选择抗美援朝的经典战役,体验时间约30分钟。

第三,体验结束后开展抗美援朝精神交流讨论。

第四,撰写体验心得。

(6)活动注意事项:

第一,上课前,应做好充分的准备工作。

第二,各小组要严格遵守红色体验中心的各种规定。

第三,注意做好相应心理准备,以免意外发生。

案例学习与评析

案例一 周恩来的初心:为中华之崛起而读书

“为中华之崛起而读书”这一激励中华儿女的励志名言,是1911年14岁的周恩来在回答老师提问时说出的。1898年3月5日,周恩来出生在江苏淮安。1910年来到东北,先在铁岭上小学,后又转到沈阳东关模范小学。1911年的一天,正在上课的魏校长问同学们:你们为什么要读书?同学们纷纷回答:为父母报仇,为做大学问家,为知书明礼,为让妈妈妹妹过上好日子,为光宗耀祖,为挣钱发财……等到周恩来发言时,他说:“为中华之崛起而读书!”魏校长听到后一惊,又问一次,周恩来又加重语气说:“为中华之崛起而读书!”周恩来的回答让魏校长大为赞赏。周恩来是如何确立这一初心的呢?

幼年童年时期的家庭变故使周恩来比同龄人更早成熟。周恩来出生的第二天,他的外祖父万青选就去世了。不到半岁,又因小叔父周贻淦生病没有子女,按照淮安的风俗,周恩来被过继给小叔父做嗣子,大人们一是希望能解决小叔父的传代问题,二是希望用过继这种当地认为是“冲喜”的方法治好小叔父的痨病。可是不久他的小叔父就去世了。到1907年春天,周恩来的生母万氏因操劳过度在35岁时便因病去世。不久养母陈氏也因病去世,10岁的周恩来作为长子就操办起养母的丧事,并用船把养母陈氏的遗体从清江浦运回淮城和小叔父合葬。家庭的变故让幼年童年时期的周恩来比同龄人更早地体会到失去亲人的痛苦、生活的艰辛和人情的冷暖,10 岁时的周恩来已经“佐理家务,井然有序”。

童年生活的艰辛促使他要改变现状。周恩来的祖籍是浙江绍兴,外祖父的祖籍是江西南昌,到祖辈时两家到淮阴、淮安当县官,并相识结为姻亲。祖父 50 多岁时就去世了,生前不事生产,不买地,只有房产。到了父辈,家庭开始中衰,叔父当师爷,父亲做文书常年在外,且收入微薄,家里经常入不敷出。周恩来从小就懂得生活艰难,特别是为了给生母养母治病,常常把家里值钱的物件拿去典当换钱买药。童年生活的艰辛较早地让周恩来体谅到父辈的不易,没钱维持正常生活的艰辛也让他较早地懂得了家里的柴米油盐来之不易,过上好日子的朴素想法在少年周恩来的心里扎下了根。

四位女性的早期教育让他知书明礼。在周恩来的幼年童年生活中,有四位女性对他的成长产生了重要的影响。生母万氏,生于官宦之家(其父是淮阴县令),为人善良,性格爽朗,美丽端庄,具有良好的素养。她生前处事精明干练,排难解纷的能力强,出面调解家族内纠纷时经常带周恩来同去,对幼年周恩来产生了重要影响。嗣母陈氏,受过教育,知书达礼,喜好安静,较早地对周恩来进行文化启蒙教育,经常给他讲故事,如《天雨花》《再生缘》里面的故事,教他认字学文化,还送他到私塾读书,所以从 8 岁开始周恩来就可以读《西游记》《水浒传》《红楼梦》等。周恩来从生母身上学到了爽朗,从养母身上学到了好静。乳母蒋氏,是贫苦农民,周恩来出生后她到周家做周恩来的乳母,一直到周恩来离开淮安去东北都在周家劳作。小时候的周恩来经常跟着蒋妈,看她劳动,蒋妈也教他学习各种农活和植物常识,还带他到老家和自己的孩子一起玩耍,让年幼的周恩来知道了农事和农民的艰苦生活。还有一位八婶母杨氏,在周恩来生母养母去世之后成了周恩来的实际抚养人,对周恩来的影响也很大,周恩来对八婶母的感情也很深。四位女性对周恩来的影响是多方面的,从性格的养成到人生观的形成都有很大帮助。

参观关公祠和日俄战争遗址让他认识到落后就要挨打的惨痛教训。清末抗英名将关天培是淮安人,淮安城内建有关忠节公祠,周恩来年幼时经常随养母陈氏到公祠里参观,养母给他讲解关天培抗英为国捐躯的故事,让少年周恩来对民族英雄产生崇敬之情。到东北上学期间,随同学到奉天南郊魏家楼小住,参观日俄战争遗址,听当地老人讲述日俄战争的经过和中国人民饱受的苦难，让他知道了落后就要挨打被侵略、国破家亡的道理，在他幼小的心灵里萌生了为中华崛起、解救人民于水火之中的豪情壮志。

到东北上学接受西学教育，思想受到启蒙。周恩来小时候在淮安，除了得到养母陈氏的文化教育外，还在私塾读书学文化，到东北求学开始接触西学。周恩来1946年9月在接受美国记者李勃曼采访时说："十二岁那年，我离家去东北，这是我生活和思想转变的关键，没有这一次的离家，我的一生一定也是无所成就，和留在家里的弟兄辈一样，走向悲剧的下场。""从受封建教育转到受西方教育，从封建家庭转到学校环境。"到东北上学，周恩来开阔了眼界，知道了外国的一些情况，也初步看到了国弱民穷受欺凌的国内现状，当听到辛亥革命爆发，推翻清朝统治的消息后，在学校率先剪去象征清朝臣民的辫子。于是在魏校长问同学们为何读书的时候，他能自然而然地说出"为中华之崛起而读书"的励志名言。

周恩来从小学时立志"为中华之崛起而读书"，到南开学校毕业时与同学们互赠"愿相会于中华腾飞世界时"的留言，到日本留学又回国参加五四运动，再到欧洲勤工俭学又回国投身革命……就一直为中华之崛起而奋斗。少年定下初心，之后为之奋斗终身，周恩来这种坚定的理想信念和执着的人生追求永远是我们共产党人学习的典范。

（作者：石平洋；来源：《学习时报》2019年1月11日）

案例评析

"为中华之崛起而读书"表现了少年周恩来的博大胸襟和远大志向。"为中华之崛起而读书"是周恩来总理在少年时代立下的宏伟志向，表现了为国家和民族而奋斗终身的责任感和使命感。"为中华之崛起而读书"就是要博览群书，全面发展，求真务实，勇于创新，做一个有理想有道德有文化有纪律的高素质人才，努力增强自身的文化修养，为富国强民而不懈努力。"为中华之崛起而读书"不仅是对以爱国主义为核心的民族精神的传承和升华，也是对以共产主义为核心的时代精神的体现和拓展，是激励人们奋发努力、不断进取的强大动力。

案例二 钱学森的感人故事

一份96分的水力学考卷

钱学森在交通大学就读时,品学兼优,各门学科都得90多分。在一次水力学考试中,钱学森答对了全部题目,他的任课老师金老师很高兴,给了钱学森100分的满分成绩。但钱学森却发现自己答题时把一处符号"Ns"误写成"N"了。钱学森主动把这个小错误告诉了老师,老师也把100分改为96分。任课老师金老师一直保存着他的爱徒的试卷,即使在战乱的迁徙中也一直保存在行李箱中。在20世纪80年代钱学森再次回到母校时,金老师拿出了这份珍贵的试卷,捐赠给了母校。这份小小的试卷也反映了一位世界著名科学家对自己的严格要求,对学习、科研的一丝不苟、虚心诚实。

克服重重阻碍艰难回国

20世纪40年代,钱学森就已经成为力学界、核物理学界的权威和现代航空与火箭技术的先驱。在美国,钱学森可以过上富裕的中产阶级的生活,然而,他却一直牵挂着大洋彼岸的祖国。得知新中国成立的消息,钱学森兴奋不已,觉得现在正是回到祖国的时候。美当局知道钱学森要回国的消息后,自然不想放他走。在克服百般阻挠之后,钱学森终于回到了百废待兴的新中国。

回到祖国的他迅速投入到工作中,从成功地指导设计了我国第一枚液体探空导弹的发射,到我国第一颗人造地球卫星的研制成功;从组织领导了运载火箭和洲际导弹研制工作,到我国第一艘动力核潜艇的设计制造,以及我国第一颗返回式卫星的成功发射,他始终站在新中国科技事业的最前沿,突破无数科研难题,为新中国的航天事业作出了许多具有里程碑意义的贡献。

钱学森的金钱观、权利观、名利观

早在20世纪50年代,他就慷慨献出《工程控制论》一书的万元稿酬,资助贫困学生;80年代,他又将《论系统工程》中自己的那份稿酬捐出,用作研究经费。晚年,他先后获得两笔100万港元的科学奖金,也悉数捐出,用于祖国西部的沙漠治理。美国曾多次邀请钱学森访美,授予他美国科学院院士、美国工程院院士称号,但被他拒绝。他说:"如果中国人民说我钱学森为国家、民族做了点事,那就是最高的奖赏。我不稀罕外国荣誉。"

他曾说:"我姓钱,但我不爱钱。"他曾说:"我是一名科技人员,不管是什么大官,那些大官的待遇我一样不要。"他曾为自己定下了"不题词,不给人写字,不上名人录,不出席应景活动,不参加成果鉴定,不接受媒体采访”的原则。

（选自《钱永刚讲父亲的故事》,来源:《解放日报》2020年2月28日第6版）

案例评析

钱学森,一个深入人心的一个名字,一个被中国人民所记住的名字,一个让中国自豪的名字,这已经不仅仅是一个名字,更是爱国主义的象征。感动中国推选委员阎肃,对钱学森老人这样评价:大千宇宙,浩瀚长空,全纳入赤子心胸。惊世两弹,冲霄一星,尽凝铸中华豪情,霜鬓不坠青云志。寿至期颐,回首望去,只付默默一笑中。感动中国推选委员陈章良,在推荐钱学森老人的时候这样写:他不仅以自己严谨和勤奋的科学态度在航天领域为人类的进步作出卓越的贡献,更以淡泊名利和率真的人生态度诠释了一个科学家的人格本质。钱学森这一生,是为祖国付出的一生,学习钱老就是把我们的青春梦与中国梦结合起来,积极投身中华民族伟大复兴的征程。

案例三　时代精神的旗帜——沈浩

1978年以来,在人们的记忆中,没有哪个村庄能像小岗村那样,用草草写下的一纸约定改写历史;也没有哪个农民群体,能像当年的18位好汉一样,用鲜红的手印掀起改革的大幕。

2004年,39岁的安徽省财政厅干部沈浩来到小岗时,那些当年“大包干”的带头人成了他了解小岗、改变小岗、发展小岗的“高参”,也成为沈浩生命中最后6年的见证者。

信赖——“沈浩是农民的孩子,知道农民需要什么”

当年按下红手印的18位带头人,如今健在的还有12位。风霜染白了黑发,岁月写满了沧桑,经过了“生死契约”的洗礼,亲历了小岗的浮浮沉沉、起起落落,如今的他们从容、淡定,以犀利、冷峻的目光审视下派到小岗的干部。

在小岗村,要让这些“大包干”带头人信赖,仅靠说两句漂亮话是不管用的。

关友江是村委会副主任,也是目前唯一在村“两委”班子任职的当年的“大包干”带头人。来小岗的各类干部他大都打过交道,可和沈浩共事的几年却让他终生难忘。他记得沈浩刚来时那次村“两委”会议上，干部介绍村民生活状况时含糊不清，有人“拍脑门”按估计报告。沈浩急了，当时就让会计把小岗村100多户人家的统计资料都拿来，他一家一家仔细核对。

“这干部真是来干实事的！”关友江感叹。那次会后，沈浩决定带着村干部挨家挨户走访，一定要摸清小岗的家底。在每位“大包干”带头人的家中，他更要多坐坐、多问问。

严俊昌曾担任村干部多年。沈浩到他家请教小岗该如何发展，严俊昌当时说到了路：“路没有，谈什么发展？”这句话沈浩记住了，在小岗他干的第一件大事就是带着大家修路。随后的6年，沈浩为小岗修路的努力从未停止，不仅是实实在在的路，更要铺一条走向小康、走向富裕的路。

当看到沈浩手捧水泥浆带头修路的场面，看到沈浩解决了多年来无人敢过问的少数人强占村财产的问题时，“大包干”带头人不由得为沈浩竖起大拇指。

“说话算数，言而有信。”在严立华眼中，这就是沈浩。

严俊昌说：“沈浩是农民的孩子，知道农民需要什么。”

期盼——“当年坐牢杀头都不怕，可沈浩要走我们怕了”

20多年没有迈进富裕门，小岗的矛盾、积怨、问题不少。而在沈浩看来，让有些停滞的小岗村再次焕发生机，就得靠发展。

从2004年开始，沈浩开始带着大伙去华西村、大寨等名村“取经”，“大包干”带头人每次都参加。严宏昌说：“沈浩带我们去其他名村参观，就是要让大家解放思想，和人家对比看看我们是否落后了，变变我们的思想观念。”

作为当年“大包干”协议的起草者，严宏昌是小岗的“文化人”，几十年走南闯北，他当过村委会主任，带着大家办过企业、搞过合作，一心想让小岗富起来。在沈浩身上，他似乎看到了当年自己的影子，对沈浩充满了期盼。

沈浩没让他们失望。严学昌忘不了，为了让小岗的交通更方便，带动旅游的发展，沈浩几年中多次到省里各个部门争取，终于开创了全安徽由一个村往省城发班车的先例。这3年，村里建起了“大包干”纪念馆、卫生院，住房困难的村民搬进了新居，人心开始聚拢了，小岗真的开始有了起色……

3年时间转瞬即逝，眼见沈浩归期将至，村里的致富能人严金昌说：“当年我们这些男人坐牢杀头都不怕，可想到沈浩要走了，我们真的怕了。”

当年的老哥儿几个一合计，为了小岗的明天，要留沈浩，还是用当年成就小岗的“红手印”。于是一封联名信送到了省委组织部，语言一如当年的实在，列举了沈浩在小岗干的十件实事，后边紧跟着98个鲜红的手印，带头签字按手印的还是当年的带头人。

沈浩用行动，回应着那些苍老、凝重、满含期盼的眼神。“看到村里的新房子，我总想起沈浩。”严立华看着房子睹物思人。当年那张“生死契约”就是在严立华家的茅草屋里诞生的。搞“大包干”，解决了温饱，严立华家的茅草屋变成了大瓦房。“沈浩跟我说，瓦房破了该淘汰了，现在咱们要起楼房。”这事严立华当时想都不敢想，可沈浩却真的带着大家做到了。关友申说：“看看这村里的规划，看看咱们的农贸市场，这都是沈书记带着小岗人实实在在干出来的。”

为了小岗的发展，大家也有意见不一的时候，也有争吵的时候，难能可贵的是，吵过之后，大家还是念着沈浩的好。严美昌说：“沈浩跟我们拉呱，真能说掏心窝的话。为土地的事情，我们争论过，但每次都是笑着结束的，不是抬杠，因为沈浩是在为老百姓考虑，大家最满意的就是这一点。”

怀念——“让沈书记永远留在小岗村，让子子孙孙都不要忘了他”

2009年11月6日清晨，噩耗传来。这一天距离沈浩第二个任期结束只有一个月，而就在一个多月前，小岗人又按下了手印，盼着他们的沈浩书记能再留下来。

严俊昌听人说沈浩去世了，当时就生气地呵斥对方，无论如何不相信这是真的；严宏昌不思茶饭，心里仿佛堵了个疙瘩，几天都解不开；严国品难以接受这个现实，他不久前还打电话问沈浩是不是要走，他说不走了，可……

“积劳成疾，因心脏病突发引发猝死”，医学术语在老人们听来有些拗口，但他们心里明白，沈浩的病就是为小岗累出来的。“沈浩几次跟我说，太累了，身体有点吃不消，整夜整夜睡不着觉。当时我还说他，才多大年纪，怎么就睡不着觉，可没想到……”严立华低声念叨着。

“沈浩，是我们小岗人太自私了吗？是我们当初留你留错了吗？”沈浩走后的这些天，严金昌一直沉浸在悲伤与焦灼之中。

严立学说：“我们小岗人当年按手印是为了温饱，后来两次按手印挽留沈书记，是因为我们看到了富裕的希望。如今他走了，我们又按了手印，要让沈书记永远留在小岗村，让我们的子子孙孙都不要忘了他。”

（作者：杨维汉、周立民、王圣志；来源：新华社2010年1月7日）

案例评析

沈浩是时代精神的旗帜，先进典型的标杆，是当代共产党人精神风貌的优秀代表，是真心诚意为人民谋利益的基层干部的杰出楷模。中央要求各级党组织把学习沈浩事迹与正在开展的创先争优活动结合起来，教育引导广大党员干部做沈浩同志这样的好党员、好干部，学习沈浩为党为民、守誓践诺的至诚精神，牢记宗旨、服务群众的公仆精神，扎根基层、忘我工作的奉献精神，锐意改革、勇于开拓的创新精神，艰苦创业、勤政廉政的奋斗精神。学习和弘扬沈浩精神，对于构建社会主义和谐社会、建设社会主义新农村、建设社会主义核心价值体系和推进党的建设新的伟大工程，都具有重大意义。

案例四　有一种精神叫女排不言败，有一种自豪叫祖国在心中

国庆前夕，习近平总书记亲切会见载誉归来的中国女排队员和教练员代表。在国庆群众游行中，中国女排压轴出场，“祖国万岁”成为以女排为代表的亿万中华儿女最深情的告白。

恰在国庆之前，中国女排以全胜战绩卫冕世界杯，第十次荣膺世界“三大赛”冠军，为新中国70华诞献上最恰逢其时的贺礼，也让女排精神再次随共和国的旗帜高高飘扬。

十一连胜庆十一！酣畅淋漓的胜利，让人重温了老女排开创“五连冠”伟业时的风采。

与改革开放同时唱响的女排精神，是国民的集体记忆。20世纪80年代，在中国刚向世界敞开大门、奋力追赶的关键时刻，女排“五连冠”像一面旗帜，激发了一代中国人投身改革大潮的豪情壮志。

岁月流变，中国已成为世界第二大经济体，扬我国威和提振信心的方式和渠道日趋多元。但时至今日，女排夺冠依然令举国上下心潮澎湃、激情迸发。不仅仅在于金牌，更重要的在于几十年传承的女排精神。是祖国至上、团结协作、顽强拼搏、永不言败的精神面貌，还在奏响着时代最强音，仍在激励着当代中国人。

始终有一种感动，叫女排精神。始终有一种骄傲，叫五星红旗。始终有一种告白，叫祖国万岁！

老女排“五连冠”团体刚当选新中国“最美奋斗者”，新女排就用第十个冠军再铸辉煌,为共和国生日献礼。而率领她们登顶的,正是"五连冠"的功臣之一、当年的"铁榔头"郎平。

相比改革开放初期、物资相对匮乏年代的前辈,如今的女排姑娘们,是肤白貌美大长腿的时尚女青年,也是比你好看、比你有天分还比你努力的"别人家的孩子"。从朱婷的"王之蔑视"到张常宁的"炸裂发球",得益于社交媒体的传播,女排姑娘的面孔更加鲜活生动,真实感人。

时代变了,生活变好了,姑娘变美了。但从过去的民族英雄到现在的国民偶像,女排的精神内核一以贯之:是奋勇争先的拼搏精神、永不言败的顽强斗志、团结协作的集体主义、求真务实的科学态度,更是为国争光的爱国主义。

无论何时何地,人民需要英雄,生活需要榜样。对今天的年轻人来说,女排精神,就是日常里的英雄梦,迷惘时的一道光。虽万死仍不辞,濒绝境而重生,这就是精神的伟大之处——在艰难时期唤醒力量,在幸福年代则更需珍惜。

从个人角度,谁都向往诗和远方,但如果没有一点精神支撑,恐怕就会被眼前的苟且磨灭梦想。从国家层面,作为中国人民砥砺奋进的象征,女排精神具有凝心聚力的强大感召力,这正是同心共筑中国梦的精神力量。

我们都在努力奔跑,我们都是追梦人。个人如是,民族亦然。

在实现"两个一百年"奋斗目标的历史交汇期,在实现中华民族伟大复兴的征程上,精神是最宝贵的财富。女排精神,历久弥新,永不过时!

(作者:李丽、谭畅;来源:新华社 2019 年 10 月 2 日)

案例评析

女排精神是中国女子排球队顽强战斗、勇敢拼搏精神的总概括。其具体表现为:扎扎实实、勤学苦练、无所畏惧、顽强拼搏、同甘共苦、团结战斗、刻苦钻研、勇攀高峰。她们在世界排球赛中,凭着顽强战斗、勇敢拼搏的精神,五次蝉联世界冠军,为国争光,为人民建功。她们的这种精神,给予全国人民巨大的鼓舞。国务院以及国家体委、共青团中央、全国青联、全国学联和全国妇联号召全国人民向女排学习。从此,女排精神广为传颂,家喻户晓,各行各业的人们在女排精神的激励下,为中华民族的腾飞顽强拼搏。

延伸阅读

1.学习精神的经典,坚守经典的精神

一座丰碑矗立起来的是历史、是伟业、是英雄,同时也是精神,可以称其为精神的丰碑;一部经典所蕴含的是思想、是理论、是科学,同时也是精神,可以称其为精神的经典。经典是多重性的存在,精神贯通经典,浸透于文本之中,也是一种存在的方式。马克思主义经典著作作为认识世界、改造世界的锐利思想武器,成为理论的经典、理论的财富;作为文明精神的传承、时代精神的凝结、科学精神的产物、人民精神的反映、人格精神的文化,又聚合成不朽的精神经典,留下了精神的财富。今天我们研读马克思主义经典,要在学习掌握科学理论、观点、方法的基础上,注重将其作为精神的经典予以吸收,加深感悟,使经典成其为经典的精神。理论为本,精神为魂。这样就能使我们的理论思维与精神世界共同提升。

古希腊的经典产生于人类的童年,是人类精神处于日出阶段的景象,充满着对世界的好奇和探索精神。文艺复兴的经典产生于伟大的、进步的变革,是充满激情、勇于冒险、才气盎然、人格丰富的巨人精神的写照。马克思主义经典产生于世界历史的变革与转折时代,人类力量的空前展示与社会状态的惊人衰颓并存,物质财富的爆炸与精神世界的迷失并存。这个时代不仅诞生了以《资本论》为标志的经典,而且孕育了以马克思主义为灯塔的精神。马克思、恩格斯、列宁等,是“我著故我在”的理论家,也是投身于“现实世界革命化”、将其理想信念付诸行动的实践家;是创立了唯物史观、剩余价值论,研究了资本主义发展至帝国主义阶段内在规律的作者,也是虔诚信仰、知行合一、高尚美好的真人。青年马克思写道:如果我们选择了最能为人类而工作的职业,我们所享受的就不是可怜的、有限的、自私的乐趣,我们的幸福将属于千百万人,面对我们的骨灰,高尚的人们将洒下热泪。马克思精神的可贵在于用一生的钻研来证明、来坚守年轻时树立的献身精神。普罗米修斯是个神话,马克思则是活的普罗米修斯。

精神的经典是就经典的价值而言,经典的精神是就经典的内涵而言,经典的精神支撑起精神的经典。这种精神不少是由经典作家自己说出来的,如恩格斯关于必须重新研究全部历史,必须详细研究各种社会形态的存在条件,下一

番功夫去钻研经济学、经济学史、商业史、工业史、农业史和社会形态发展史的论述,表明了经典的科学精神。但更多是潜藏在经典文本之中,需要读者去感受和挖掘。这种精神说到底是人的精神,人将自己的精神对象化于经典之中,人的精神品位决定了经典的精神品位,但我们是通过阅读来解读人的精神。这种精神具有丰富多样性,与丰厚的著作成正比。

马克思主义经典著作具有探索社会发展规律、代言工人阶级利益的理论境界。经典成其为经典,是由于它有着"究天人之际"的大境界,有着为先进阶级代言的大胸襟。马克思发现了人类社会的规律,拨去了历史领域的迷雾。经典著作蕴含着"太平世界,环球同此凉热"的磅礴气势,而不是"小桥流水人家"的低吟浅唱。

马克思主义经典著作具有坚持长年诚实研究、经受实践历史检验的科学态度。经典成其为经典,是由于其中凝结着超常的心血、时间和精力投入,是由于大浪淘沙、岁月磨砺终现真金。40 年磨一剑,没有电脑、网络,没有搜索、复印、打印工具,却创造了经典。经典不因时光的流逝而失色,反而历久弥新、愈益醇厚。今天,我们捧读 100 多年前写作的经典著作,仍然为其折服,这就是经典的质量。

马克思主义经典著作具有批判改造现存世界、抓住根本力求彻底的思维品格。经典成其为经典,是由于其对现实世界的超越而表现出的自由和独立精神,是由于其穿透现象直指本质的彻底性。马克思主义经典著作产生于资本主义社会,但这些著作对资本主义是持批判态度的,着力分析的是从现存社会形态向新的社会形态转变的内在规律与实践途径。解释世界的目的是提供改造世界的理论根据,并不因为"凡是现实的都是合乎理性的,凡是合乎理性的都是现实的",就放弃怀疑和批判,而是坚持肯定与否定的辩证法。作为理论经典,不是塑造经典人物,而是提出经典理论,经典理论的一个基本特征是彻底性,服从真理、尊重科学。正因为彻底,才具有穿透事物本质的力量,正因为抓住根本,才能经得起考量。

马克思主义经典著作具有不计得失顶住压力、矢志不渝追求理想的人格力量。经典成其为经典,是由于其是坚定不移、坚持不懈的产物,是由于其中饱含着作者的理想信念、道德情操。

马克思主义经典精神产生于 19 世纪中叶至 20 世纪初,100 多年过去了,世界发生了巨大变化，产生经典精神的时代条件不同了，经典精神与时代精神交汇，但我们仍然需要学习精神的经典、坚守经典的精神，这是坚持和发展马克思主义的内在要求。坚持中国特色社会主义文化，弘扬民族精神和时代精神，让精神境界更加纯真、精神世界更加美好、精神品格更加高尚，都应当而且可以从马克思主义经典著作中感受精神的魅力、汲取精神的动力、寻求精神的定力。

（作者：颜晓峰；来源：《解放军报》2017年1月16日，节选）

2. 伟大抗美援朝精神历久弥新——观电影《长津湖》

习近平总书记在纪念中国人民志愿军抗美援朝出国作战70周年大会上的讲话中指出："在波澜壮阔的抗美援朝战争中，英雄的中国人民志愿军始终发扬祖国和人民利益高于一切、为了祖国和民族的尊严而奋不顾身的爱国主义精神，英勇顽强、舍生忘死的革命英雄主义精神，不畏艰难困苦、始终保持高昂士气的革命乐观主义精神，为完成祖国和人民赋予的使命、慷慨奉献自己一切的革命忠诚精神，为了人类和平与正义事业而奋斗的国际主义精神，锻造了伟大抗美援朝精神。"

电影《长津湖》以抗美援朝战争中长津湖战役为背景，以英雄团队"穿插连"战斗行动为主线，选取战争中的重大事件、典型场景、主要行动和代表性人物，将抗美援朝精神生动形象地呈现在观众面前，深刻诠释了爱国主义精神、革命英雄主义精神、革命乐观主义精神、革命忠诚精神和国际主义精神。影片场面气势恢宏，情节感人至深，人物鲜活生动，效果震撼人心，是近年战争题材创作的又一部标杆之作、里程碑之作。

影片中的"穿插连"是中国人民志愿军的一个缩影，更是中华民族精神风骨的集中体现。新中国成立伊始，国家百废待兴，从平民百姓到部队官兵都憧憬着建设家园的新生活。连长伍千里准备给住在破船上的父母盖几间房子，指导员梅生想多陪陪久别的女儿、教女儿学文化，老排长"雷公"想找个安身之处、种好几亩地。当帝国主义将战争强加于我们、国家安全面临严重威胁之时，我们看到，党中央一声令下，所有官兵义无反顾，从四面八方迅速归队集结，已经复员回到上海的梅生也主动归队，体现出严格的组织性纪律性和召之即来、来之能战的过硬作风；我们还看到，毛泽东之子毛岸英主动要求上前线、普通民众积极参军、全国人民全力支前，反映了党与人民休戚与共、生死相依的血肉联系，展现出面对侵略者万众一心、勠力同心的民族力量。

在敌军拥有全套机械化装备、掌握绝对制空权的情况下，志愿军武器装备落后，保障生存的生活物资也极度缺乏，在零下 40 摄氏度极端恶劣的战场环境中，只能身着薄棉衣，吃炒面、啃土豆、喝冰水。但他们忍饥受冻决不退缩，即使冻成“冰雕”也要保持严整的战斗队形和冲锋姿态，展现出中国人民志愿军人在阵地在、誓与阵地共存亡的坚定决心和不畏艰难困苦、坚韧不拔的风骨。

面对强敌飞机狂轰滥炸、坦克横冲直撞、大炮肆虐狂吼，志愿军战士视死如归、前赴后继、愈战愈勇。特级战斗英雄、连长杨根思抱起炸药包冲入敌群与敌同归于尽，老排长“雷公”为引开敌机驾驶载有标识弹的汽车、不惜自己粉身碎骨，体现出舍生忘死、向死而生的民族血性，谱写出惊天地、泣鬼神的雄壮诗篇。正是依靠这种精神，在武器装备、保障条件悬殊的情况下，志愿军第 9 兵团打败了武器装备世界一流、战功显赫的美军第 10 军，创造了抗美援朝战争中全歼美军一个整团的纪录，致使美军王牌部队经历了一次惨重的失败。

影片中，志愿军官兵面对祖国的大好河山肃然起敬、眼中充满对祖国的爱；分到土地的父母叮嘱儿子“来之不易的胜利果实不能被敌人抢走”；梅生怀中揣着女儿的照片、希望后代生长在一个没有战争的年代。这一切，体现出“抗美援朝、保家卫国”的正义性，体现出志愿军官兵的家国情怀和铁骨柔情，揭示出他们抛头颅、洒热血的内在动力。祖国和人民利益高于一切、为了祖国和民族的尊严奋不顾身，这是志愿军的本色。正是他们以“钢少气多”战胜了“钢多气少”，粉碎了侵略者陈兵国门、将新中国扼杀在摇篮之中的图谋，拼来了山河无恙、国泰民安。

伟大抗美援朝精神跨越时空、历久弥新，需要我们永续传承、世代发扬。在中国共产党的坚强领导下，我国综合国力大幅提升，军队现代化水平步入世界前列，国家蒙辱、人民蒙难、文明蒙尘的时代一去不复返。电影《长津湖》以开创性的战争题材电影样式，引领观众走近父辈、走近英雄，深刻展现抗美援朝精神精髓，并赋予其新的时代光彩，砥砺我们的奋斗意志。传承发扬抗美援朝精神，就没有克服不了的困难，就没有应对不了的挑战，就没有战胜不了的敌人。

《长津湖》是近年来中国电影增强文化自信、高扬中国精神、讲好中国故事创作实践的又一部力作，对于展示中国人民的钢铁意志，砥砺不畏强暴、反抗强权的民族风骨，汇聚万众一心、勠力同心的民族力量，激发守正创新、奋勇向前的民族智慧，具有重要意义。

《长津湖》上映以来，受到广大观众的高度赞誉，票房一路走高飘红。影片的热映，反映出蕴藏于全国人民内心的爱国主义情怀、民族自豪感和英雄情结，反映出中华儿女对祖国强大的渴望、对美好生活的向往，这是我们克服一切困难、战胜一切敌人的力量根基，是实现中华民族伟大复兴的中国梦的动力源泉。

（作者：邵杰；来源：《人民日报》2021 年 10 月 6 日）

3. 脱贫攻坚精神——习近平主席在全国脱贫攻坚总结表彰大会上的讲话（部分）

同志们，朋友们：

今天，我们隆重召开大会，庄严宣告，经过全党全国各族人民共同努力，在迎来中国共产党成立一百周年的重要时刻，我国脱贫攻坚战取得了全面胜利，现行标准下 9899 万农村贫困人口全部脱贫，832 个贫困县全部摘帽，12.8 万个贫困村全部出列，区域性整体贫困得到解决，完成了消除绝对贫困的艰巨任务，创造了又一个彪炳史册的人间奇迹！这是中国人民的伟大光荣，是中国共产党的伟大光荣，是中华民族的伟大光荣！

在这里，我代表党中央，向受到表彰的先进个人和先进集体，表示热烈的祝贺！向为脱贫攻坚作出贡献的各级党政军机关和企事业单位，农村广大基层组织和党员、干部、群众，驻村第一书记和工作队员、志愿者，各民主党派、工商联和无党派人士，人民团体以及社会各界，致以崇高的敬意！向积极参与和支持脱贫攻坚的香港特别行政区同胞、澳门特别行政区同胞、台湾同胞以及海外侨胞，向关心和帮助中国减贫事业的各国政府、国际组织、外国友人，表示衷心的感谢！

同志们、朋友们！

贫困是人类社会的顽疾。反贫困始终是古今中外治国安邦的一件大事。一部中国史，就是一部中华民族同贫困作斗争的历史。从屈原“长太息以掩涕兮，哀民生之多艰”的感慨，到杜甫“安得广厦千万间，大庇天下寒士俱欢颜”的憧憬，再到孙中山“家给人足，四海之内无一夫不获其所”的夙愿，都反映了中华民族对摆脱贫困、丰衣足食的深深渴望。近代以后，由于封建统治的腐朽和西方列强的入侵，中国政局动荡、战乱不已、民不聊生，贫困的梦魇更为严重地困扰着中国人民。摆脱贫困，成了中国人民孜孜以求的梦想，也是实现中华民族伟大复兴中国梦的重要内容。

中国共产党从成立之日起，就坚持把为中国人民谋幸福、为中华民族谋复兴作为初心使命，团结带领中国人民为创造自己的美好生活进行了长期艰辛奋斗。新民主主义革命时期，党团结带领广大农民“打土豪、分田地”，实行“耕者有其田”，帮助穷苦人翻身得解放，赢得了最广大人民广泛支持和拥护，夺取了中国革命胜利，建立了新中国，为摆脱贫困创造了根本政治条件。新中国成立后，党团结带领人民完成社会主义革命，确立社会主义基本制度，推进社会主义建设，组织人民自力更生、发愤图强、重整山河，为摆脱贫困、改善人民生活打下了坚实基础。改革开放以来，党团结带领人民实施了大规模、有计划、有组织的扶贫开发，着力解放和发展社会生产力，着力保障和改善民生，取得了前所未有的伟大成就。

8 年来，党中央把脱贫攻坚摆在治国理政的突出位置，把脱贫攻坚作为全面建成小康社会的底线任务，组织开展了声势浩大的脱贫攻坚人民战争。党和人民披荆斩棘、栉风沐雨，发扬钉钉子精神，敢于啃硬骨头，攻克了一个又一个贫中之贫、坚中之坚，脱贫攻坚取得了重大历史性成就。

同志们、朋友们！

伟大事业孕育伟大精神，伟大精神引领伟大事业。脱贫攻坚伟大斗争，锻造形成了“上下同心、尽锐出战、精准务实、开拓创新、攻坚克难、不负人民”的脱贫攻坚精神。脱贫攻坚精神，是中国共产党性质宗旨、中国人民意志品质、中华民族精神的生动写照，是爱国主义、集体主义、社会主义思想的集中体现，是中国精神、中国价值、中国力量的充分彰显，赓续传承了伟大民族精神和时代精神。全党全国全社会都要大力弘扬脱贫攻坚精神，团结一心，英勇奋斗，坚决战胜前进道路上的一切困难和风险，不断夺取坚持和发展中国特色社会主义新的更大的胜利！

在全面建设社会主义现代化国家新征程中，我们必须把促进全体人民共同富裕摆在更加重要的位置，脚踏实地、久久为功，向着这个目标更加积极有为地进行努力，促进人的全面发展和社会全面进步，让广大人民群众获得感、幸福感、安全感更加充实、更有保障、更可持续。

同志们、朋友们！

回首过去，我们在解决困扰中华民族几千年的绝对贫困问题上取得了伟大历史性成就，创造了人类减贫史上的奇迹。展望未来，我们正在为全面建设社会主义现代化国家的历史宏愿而奋斗。征途漫漫,唯有奋斗。全党全国各族人民要更加紧密地团结在党中央周围,坚定信心决心,以永不懈怠的精神状态、一往无前的奋斗姿态,真抓实干、埋头苦干,向着实现第二个百年奋斗目标奋勇前进!

(来源:《人民日报》2021 年 2 月 25 日第 2 版)

4. 大力弘扬劳模精神劳动精神工匠精神

人民创造历史,劳动成就梦想。党的十八大以来,习近平总书记站在实现中华民族伟大复兴中国梦的全局高度,对大力弘扬劳模精神、劳动精神、工匠精神作出一系列重要论述,强调劳模精神、劳动精神、工匠精神是“鼓舞全党全国各族人民风雨无阻、勇敢前进的强大精神动力”。中国特色社会主义进入新时代,我国工人阶级和广大劳动群众拼搏奋斗、争创一流、勇攀高峰,为决胜全面建成小康社会、决战脱贫攻坚发挥了主力军作用,谱写了“中国梦·劳动美”的新篇章。目前,全面建设社会主义现代化国家新征程已经开启,我们要继续大力弘扬劳模精神、劳动精神、工匠精神,提振精气神、奋进新征程,续写“中国梦·劳动美”的壮丽篇章。

习近平总书记精辟概括了劳模精神、劳动精神、工匠精神的科学内涵:“在长期实践中,我们培育形成了爱岗敬业、争创一流、艰苦奋斗、勇于创新、淡泊名利、甘于奉献的劳模精神,崇尚劳动、热爱劳动、辛勤劳动、诚实劳动的劳动精神,执着专注、精益求精、一丝不苟、追求卓越的工匠精神。”劳模精神生动诠释了中国人民具有的伟大创造精神、伟大奋斗精神、伟大团结精神、伟大梦想精神。大力弘扬劳模精神,需要广大劳动模范和先进工作者保持本色,继续拼搏,发挥示范带头作用,用干劲、闯劲、钻劲鼓舞更多的人,激励广大劳动群众争做新时代的奋斗者。劳动精神是劳动者为创造美好幸福生活而在奋斗过程中秉持的基本态度、价值理念及其展现出来的精神风貌。大力弘扬劳动精神,需要激励广大劳动者在追梦圆梦的征途上努力奔跑,以辛勤劳动、诚实劳动、创造性劳动托举梦想、成就梦想。工匠精神是千百年来工匠在劳动实践中展现出来的风采和神韵,体现了技术尖兵的优秀品质。大力弘扬工匠精神,需要褒奖工匠情怀、传承工匠文化,引领高技能人才和大国工匠在本行业和本领域担大任、干大事、成大器、立大功。

一个国家的繁荣,离不开人民的奋斗;一个民族的强盛,离不开精神的支撑。习近平总书记指出:“劳模精神、劳动精神、工匠精神是以爱国主义为核心的民族精神和以改革创新为核心的时代精神的生动体现。”大力弘扬劳模精神、劳动精神、工匠精神,既是新中国成立以来我们党领导人民不断创造辉煌成就的重要原因,也是在新征程上迎难而上、开创新局的必要条件。当前,我们所处的是一个船到中流浪更急、人到半山路更陡的时候,是一个愈进愈难、愈进愈险而又不进则退、非进不可的时候,摆在全党全国各族人民面前的使命更光荣、任务更艰巨、挑战更严峻、工作更伟大。

担当起这些使命任务、应对好这些风险挑战,需要大力弘扬劳模精神、劳动精神、工匠精神。比如,核心技术是我们最大的“命门”,核心技术受制于人是我们最大的隐患。攻克关键核心技术,靠化缘是行不通的,靠花钱买也是解决不了的,只能立足自身实现科技自立自强,大力弘扬劳模精神、劳动精神、工匠精神,从根本上破解难题。同时要看到,我国经济发展已由高速增长阶段转向高质量发展阶段。适应新形势新任务,推动高质量发展,在质量、品牌、创新等方面实现新的突破,促进我国产业迈向全球价值链中高端,必须在更高层次上大力弘扬劳模精神、劳动精神、工匠精神。

党的十九届五中全会站在实现“两个一百年”奋斗目标的历史交汇点上,擘画了我国未来发展的宏伟蓝图。实现这一宏伟蓝图,需要我们付出更加艰辛的努力,大力弘扬劳模精神、劳动精神、工匠精神。要厚植先进文化,深入开展中国特色社会主义理想信念教育,培育和践行社会主义核心价值观,营造劳动光荣、争当先进的文化氛围,引领广大劳动群众学先进赶先进,用劳动模范和先进工作者的崇高精神和高尚品格鞭策自己,焕发劳动热情、争做劳动模范,将辛勤劳动、诚实劳动、创造性劳动的理念化为自觉行为,不断谱写新时代的劳动者之歌。坚持以人为本,贯彻好尊重劳动、尊重知识、尊重人才、尊重创造方针,完善劳模政策,提升劳模地位,落实劳模待遇,推动更多劳动模范和先进工作者竞相涌现。实施积极的就业政策,创造更多就业岗位,改善就业环境,提高就业质量,破除阻碍劳动者参与发展、分享发展成果的障碍,努力让劳动者实现体面劳动、全面发展。弘扬良好风尚,在全社会大力宣传劳动模范和先进工作者的典型事迹,讲好劳模故事、讲好劳动故事、讲好工匠故事,让劳动最光荣、劳动最崇高、劳动最伟大、劳动最美丽蔚然成风。教育引导青少年树立以辛勤劳动为荣、以好逸恶劳为耻的劳动观,培养一代又一代热爱劳动、勤于劳动、善于劳动的高素质劳动者,为全面建设社会主义现代化国家提供有力人才保障。

（作者:陈嘉康、刘光明;来源:《人民日报》2021年5月6日第13版）

5. 弘扬伟大建党精神

中国共产党成立已经整整100年了。100年对于不同政党具有不同的意义。对于伟大的中国共产党来讲,百年只是宏伟事业的开始,只是威武雄壮活剧的序幕。中国共产党立志于中华民族千秋伟业,百年恰是风华正茂。那么,中国共产党永葆青春活力的秘诀是什么?习近平总书记在庆祝中国共产党成立100周年大会上的重要讲话中,总结、概括、提炼了我们党在百年奋斗历程中形成的伟大建党精神,这就是“坚持真理、坚守理想,践行初心、担当使命,不怕牺牲、英勇斗争,对党忠诚、不负人民”。

伟大建党精神,思想精辟、内涵丰富,意义重大、意境深远,深刻揭示了中国共产党的特质,是我们全面认识和准确把握中国共产党为什么能的一把金钥匙。深入学习贯彻习近平总书记重要讲话精神,对于我们弘扬伟大建党精神、推进党的建设新的伟大工程、把新时代中国特色社会主义伟大事业推向前进,具有重大现实意义和深远历史意义。

中国共产党百年光辉历史的全面总结

伟大建党精神充分体现了中国共产党历史发展的主题和主线。中国共产党历史发展的主题和主线是什么?就是争取民族独立、人民解放和实现国家富强、人民幸福。伟大建党精神,一直激励全党为完成这两大历史任务而奋斗。这两大历史任务,是自1840年鸦片战争开始中国逐步成为半殖民地半封建社会后提出来的。为了实现民族复兴,挽救中国于危难之中,无数仁人志士不屈不挠、前仆后继,进行了可歌可泣的斗争。太平天国运动、戊戌变法、义和团运动、辛亥革命接连而起,各种救国方案轮番出台,但都以失败而告终。在中国人民和中华民族的伟大觉醒中,在马克思列宁主义同中国工人运动的紧密结合中,中国共产党应运而生。中国共产党成立后,毅然肩负起近代以来中国其他阶级及其政治力量不能肩负的这两大历史任务。我们党团结带领人民经过28年浴血奋战,打败日本帝国主义,推翻国民党反动统治,取得新民主主义革命胜利,建立中华人民共和国,实现了民族独立、人民解放,完成了反帝反封建的历史任务。之后,我们党团结带领人民为实现国家富强、人民幸福而继续奋斗。经过新中国成立后70多年特别是改革开放以来40多年的持续奋斗,实现中华民族伟大复兴进入了不可逆转的历史进程!

伟大建党精神充分展示了中国共产党历史的主流和本质。中国共产党历史的主流和本质是什么?就是不懈奋斗史、不怕牺牲史、理论探索史、为民造福史、自身建设史。不懈奋斗史,就是100年来我们党团结带领人民为完成民族独立、人民解放和实现国家富强、人民幸福而不懈奋斗的历史;不怕牺牲史,就是100年来我们党为了国家富强、民族振兴、人民幸福而不怕牺牲的历史;理论探索史,就是100年来我们党把马克思主义基本原理同中国具体实际相结合、同中华优秀传统文化相结合,不断推进马克思主义中国化,进行理论探索的历史;为民造福史,就是100年来我们党坚持全心全意为人民服务的根本宗旨,始终不渝为民造福的历史;自身建设史,就是100年来我们党为了保持先进性和纯洁性,勇于推进自我革命,不断加强自身建设的历史。伟大建党精神,在党的百年奋斗史中得以铸造和不断弘扬。不懈奋斗史,始终激励全党矢志践行初心使命;不怕牺牲史,始终激励全党坚持理想信念;理论探索史,始终激励全党不断推进理论创新、进行理论创造;为民造福史,始终激励全党坚持光荣革命传统;自身建设史,始终激励全党坚持推进自我革命。

伟大建党精神充分彰显了中国共产党的伟大历史性贡献。100年来,中国共产党作出的伟大历史性贡献,主要体现在对国家、对中国人民、对中华民族、对世界和平和人类发展进步事业等方面。我们党对国家的伟大历史性贡献,就是深刻改变了近代以后中国积贫积弱、落后挨打的悲惨命运,使国家日益走向繁荣富强;我们党对中国人民的伟大历史性贡献,就是深刻改变了中国人民被压迫、被奴役、被剥削的悲惨境地,使人民翻身解放、当家作主,成为国家、社会和自己命运的主人;我们党对中华民族的伟大历史性贡献,就是深刻改变了近代以后中华民族任人宰割、任人欺凌的历史,中华民族迎来了从站起来、富起来到强起来的伟大飞跃,迎来了实现伟大复兴的光明前景;我们党对世界和平和人类发展进步事业的伟大历史性贡献,就是深刻改变了世界的发展趋势和格局,使中国特色社会主义成为振兴世界社会主义的中流砥柱,为解决人类面临的共同问题、为建设美好世界贡献了中国智慧、中国方案、中国力量。中国共产党的伟大历史性贡献,是伟大建党精神发挥作用的必然结果。

中国共产党特质的生动写照

中国共产党是近代中国历史发展的必然产物。中国共产党成立伊始,就坚持以马克思列宁主义为行动指南，以全心全意为人民服务为根本宗旨，把为中国人民谋幸福、为中华民族谋复兴作为初心和使命，把实现共产主义作为最高理想和最终目标。100年来，我们党就是按照这样的性质宗旨、初心使命、最高理想和最终目标来建设党的。因此，伟大建党精神是中国共产党特质的生动写照。

坚持真理、坚守理想，体现的是我们党思想先进、信仰坚定的特质，展现的是党的强大思想优势。我们党之所以把马克思主义作为立党立国的根本指导思想，就是认定马克思主义揭示了人类社会发展的客观规律，是放之四海而皆准的普遍真理。100年来，我们党坚持把马克思主义基本原理同中国具体实际相结合、同中华优秀传统文化相结合，推进马克思主义中国化，创立了毛泽东思想、邓小平理论，形成了“三个代表”重要思想、科学发展观，创立了习近平新时代中国特色社会主义思想，为我们不断从胜利走向胜利确立了思想旗帜和行动指南。我们党的有效做法和成功经验是：党的事业每发展一步，党的理论创新就前进一步；党的理论创新每前进一步，党的理论武装就跟进一步。真理是我们党在领导人民群众进行的伟大实践中获得并坚持的，理想是我们党在进行理论武装中确立并坚守的。

践行初心、担当使命，体现的是我们党初衷不改、本色依旧的特质，展现的是党的强大政治优势。中国共产党人的初心和使命，就是为中国人民谋幸福，为中华民族谋复兴。这个初心和使命是激励中国共产党人不断前进的根本动力。100年来，我们党始终坚持不忘初心、牢记使命，坚持最低纲领与最高纲领相统一，坚持共产主义远大理想与中国特色社会主义共同理想相统一。党团结带领人民，进行新民主主义革命，推翻三座大山，建立新中国，进行社会主义革命，确立社会主义基本制度，推进社会主义建设，为的是践行初心、担当使命。党团结带领人民，坚定不移推进改革开放，推进社会主义现代化建设，开创中国特色社会主义新时代，全面建成小康社会，开启全面建设社会主义现代化国家新征程，为实现中华民族伟大复兴的中国梦而努力奋斗，同样为的是践行初心、担当使命。

不怕牺牲、英勇斗争，体现的是我们党意志顽强、作风优良的特质，展现的是党的强大精神优势。由于中国的特殊国情，由于纷繁复杂的国内外环境，我国革命、建设、改革事业异常艰巨。要奋斗就会有牺牲，要进步就必须付出。世界上没有哪个党像我们这样，遭遇过如此多的艰难险阻，经历过如此多的生死考验，付出过如此多的惨烈牺牲。据不完全统计，从1921年至1949年，全国牺牲的有名可查的革命烈士就达370多万人。在脱贫攻坚斗争中，1800多名同志将生命定格在了脱贫攻坚征程上。100年来，我们党团结带领人民以“为有牺牲多壮志，敢教日月换新天”的大无畏气概，不怕牺牲、英勇斗争，才取得抗日战争、解放战争、抗美援朝战争等一系列胜利，抵御和打破了以美国为首的西方国家对我国进行的政治孤立、经济封锁、军事威胁，我们才在应对政治的、经济的、军事的、科技的、意识形态的、文化的、社会的、自然界的、国内的、国外的各种风险挑战中赢得了优势、赢得了主动、赢得了未来。

对党忠诚、不负人民，体现的是我们党品德高尚、情系人民的特质，展现的是党的强大道德优势。中国共产党聚集了中华民族众多最优秀的儿女，他们确立了马克思主义的世界观、人生观、价值观，继承了中华民族的传统美德，对党无限忠诚，对人民无限热爱。忠诚是共产党人崇高的政治品质，人民在共产党的心目中具有至高无上的地位。道德靠忠诚滋养，靠奋斗培育；忠诚靠道德支撑，靠实践锤炼。我们党来自于人民，党的根基和血脉在人民，为人民而生，因人民而兴，始终同人民在一起，为人民利益而奋斗。100年来，一代又一代中国共产党人顽强拼搏、不懈奋斗，涌现了一大批视死如归的革命烈士、一大批顽强奋斗的英雄人物、一大批忘我奉献的先进模范，他们以实际行动诠释了共产党人的忠诚内涵，展现了共产党人的人民情怀。

（作者：曲青山；来源：《人民日报》2021年7月6日第9版，节选）

精选习题

一、单选题

1.“实现中国梦必须弘扬中国精神。”这里的“中国精神”是指（　　）。

A. 以爱国主义为核心的民族精神，以改革创新为核心的时代精神

B. 艰苦奋斗的创业精神，自力更生的自强精神

C. 追求卓越的进取精神，勇攀高峰的奋斗精神

D. 无私忘我的奉献精神，乐观豁达的包容精神

2.（　　）是调节个人与祖国之间关系的道德要求、政治原则和法律规范。

A. 爱国思想　　B. 爱国行为　　C. 爱国主义　　D. 爱国情感

3. 爱国主义的基本要求包括:爱祖国的大好河山、爱自己的骨肉同胞、(　　)和爱自己的国家。

A. 爱人民　　B. 爱劳动

C. 爱祖国的灿烂文化　　D. 爱科学

4. 爱国主义是人们对故土家园、种族和文化的归属感、(　　)、尊严感与荣誉感的统一。

A. 自豪感　　B. 认同感　　C. 自信心　　D. 自尊心

5. 时代精神的核心在于(　　)。

A. 实事求是　　B. 与时俱进　　C. 改革创新　　D. 艰苦奋斗

二、多选题

1. 爱国主义是调节个人与祖国之间关系的(　　)

A. 道德要求　　B. 政治原则　　C. 法律规范　　D. 价值取向

2. 下列语句和典故体现了民族精神的有(　　)

A. 大禹治水　　B. 亲仁善邻　　C. 愚公移山　　D. 夸父追日

3. 时代精神包括(　　)

A. 解放思想、实事求是　　B. 与时俱进、勇于创新

C. 知难而进、一往无前　　D. 艰苦奋斗、务求实效

4. 全球化与弘扬爱国主义的关系是(　　)。

A. 全球化条件下必须弘扬爱国主义,民族国家时代并未过时

B. 全球化条件下必须高举爱国大旗,弘扬民族精神

C. 全球化条件下意味着消除国界,不必谈爱国主义

D. 全球化条件下要承担国际义务

5. 改革创新是时代精神的内涵,是因为 (　　)。

A. 改革创新是进一步解放和发展生产力的必然要求

B. 改革创新是落实科学发展观、构建社会主义和谐社会的重要条件

C. 改革创新符合历史发展规律

D. 改革创新是建设社会主义创新型国家的迫切需要

三、材料分析题

材料 1:

1955 年,钱学森冲破重重阻力,回到魂牵梦绕的祖国。当有人问他为什么

回国时,他说:“我为什么要走回归祖国这条道路?我认为道理很简单。——鸦片战争近百年来,国人强国梦不息,抗争不断。革命先烈为兴邦,为了炎黄子孙的强国梦,献出了宝贵的生命,血沃中华热土。我个人作为炎黄子孙的一员,只能追随先烈的足迹。在千万般艰险中,探索追求,不顾及其他,再看看共和国的缔造者和建设者们,在百废待兴的贫瘠土地上,盯住国内的贫穷,国外的封锁,经过多少个风风雨雨的春秋,让一个社会主义新中国屹立于世界东方。想到这些,还有什么个人利益不能丢弃呢?”

材料2:

2016年10月17日,这是每一个中国人都应该铭记的日子。这一天,神舟十一号载人飞船上天,到达距离地面393公里轨道的新高度,我国开始实施航天员中期驻留试验。24年前的1992年,当中国启动载人航天工程,开始着手研制神舟飞船时,世界航天强国在载人航天领域的工作已经开展了30余年。如今,中国人的神舟飞船在构建自己空间站的征途上勾勒出了震撼世界的弧线。24年艰苦创业路,每一次都实现了技术上的巨大跨越。神舟飞船不仅收获了成绩,更收获了宝贵的经验、闯出了一条具有中国特色的载人航天工程发展道路,培育形成了具有独特内涵的载人航天精神。

结合材料回答问题:

1. 结合材料1,谈一谈当代大学生在经济全球化条件下应该树立怎样的爱国主义观念?

2. 结合材料2,谈一谈载人航天精神的内涵。

3. 谈谈上述两则材料对自己的启示。

推荐阅读书目

1. 中共中央文献研究室编:《毛泽东邓小平江泽民论世界观人生观价值观》,人民出版社1997年版。

2. 邢云文:《时代精神:历史解读与当代阐释》,中央编译出版社2011年版。

3. 王蒙:《中国精神读本》,浙江文艺出版社2019年版。

4. 辜鸿铭:《中国人的精神》,译林出版社2012年版。

第四章　明确价值要求　践行价值准则

教学目标

1. 知识目标:加深对社会主义核心价值观的重大意义、丰富内涵及其历史底蕴、现实基础和道义力量的正确认识、理解和把握;按照践行和弘扬社会主义核心价值观的具体要求和努力方向,把社会主义核心价值观外化为自己的精神需求,外化为自觉的实际行动,从一开始就把人生的扣子扣好;更多接触社会,体验新中国成立70多年来给广大人民生活带来的巨大变化,加深对国情、民情的了解,加深对党的路线、方针、政策的认识,从而坚定对社会主义的信念。

2. 能力目标:提升认识、组织、表达、观察、协调、沟通、实践等综合能力,按照社会主义核心价值观的要求,提升做人、做事、求知、创新等素质,为成为合格的中国特色社会主义事业的建设者和接班人奠定基础。

3. 情感价值目标:激发对社会主义核心价值观的理论认同、政治认同、情感认同,引导树立坚定的理想信念和追求真善美的品格,在树立科学的世界观的基础上形成正确的价值观,培养科学的态度与精神,铸造优良思想品德和树立坚定的理想信念,成为政治立场坚定、实践能力强、具有科学精神和创新精神的高素质的栋梁之材。

理论热点

一、知识要点

1. 社会主义核心价值观的内涵及基本内容

核心价值观是一定社会形态社会性质的集中体现,在一个社会的思想观念体系中处于主导地位,体现着社会制度、社会运行的基本原则和社会发展的基本方向。

社会主义核心价值观把涉及国家、社会、公民的价值要求融为一体,体现了社会主义的本质要求,继承了中华优秀传统文化,吸收了世界文明有益成果,体现了时代精神,是对我们要建设什么样的国家、建设什么样的社会、培育什么样的公民等重大问题的深刻解答。

国家层面:富强、民主、文明、和谐。

坚持和发展中国特色社会主义,实现中华民族伟大复兴的中国梦,凝结着中华民族和中国人民对富强、民主、文明、和谐的价值追求。这一价值追求回答了我们要建设什么样的国家的重大问题,揭示了当代中国在经济发展、政治文明、文化繁荣、社会进步等方面的价值目标,从国家层面标注了社会主义核心价值观的时代刻度。

社会层面:自由、平等、公正、法治。

自由、平等、公正、法治,反映了人们对美好社会的期望和憧憬,是衡量现代社会是否充满活力又和谐有序的重要标志。这一价值追求回答了我们要建设什么样的社会的重大问题,与实现国家治理体系和治理能力现代化的要求相契合,揭示了社会主义社会发展的价值取向。

公民层面:爱国、敬业、诚信、友善。

爱国才能承担时代赋予的使命,敬业才能创造更大的人生价值,诚信才能赢得良好的发展环境,友善才能形成和谐的人际关系。爱国、敬业、诚信、友善,这一价值追求回答了我们要培育什么样的公民的重大问题,涵盖了社会公德、职业道德、家庭美德、个人品德等各个方面,是每一个公民都应当遵守的道德规范。有了这样的价值追求,人们才能更好地处理个人与国家、社会、他人的关系,不断提升自己的人生境界。

2. 培育和践行社会主义核心价值观的重大意义

培育和践行社会主义核心价值观,是有效整合我国社会意识、凝聚社会价值共识、解决和化解社会矛盾、聚合磅礴之力的重大举措,是保证我国经济社会沿着正确的方向发展、实现中华民族伟大复兴的价值支撑,意义重大而深远。

(1)坚持和发展中国特色社会主义的价值遵循。

中国特色社会主义是全面发展、全面进步的社会主义。它既需要不断完善经济、政治、文化、社会和生态文明等各方面的制度,也需要不断探索社会主义在精神和价值层面的本质规定性；既需要为人们描绘未来社会物质生活方面的目标，也需要为人们指出未来社会精神价值的归宿。在全社会大力弘扬社会主义核心价值观，明确中国特色社会主义事业到底追求什么、反对什么，要朝着什么方向走、不能朝什么方向走，坚守我们的价值观立场，坚定中国特色社会主义的道路自信、理论自信、制度自信和文化自信，为社会的有序运行、良性发展提供明确价值准则，保证中国特色社会主义事业始终沿着正确方向前进，是中国特色社会主义的铸魂工程。

(2)提高国家文化软实力的迫切要求。

当今世界，文化越来越成为综合国力竞争的重要因素，成为经济社会发展的重要支撑，文化软实力越来越成为争夺发展制高点、道义制高点的关键所在。文化的力量，归根到底来自凝结其中的核心价值观的影响力和感召力；文化软实力的竞争，本质上是不同文化所代表的核心价值观的竞争。现在，越来越多的国家把提升文化软实力确立为国家战略，价值观之争日趋激烈。培育和践行社会主义核心价值观，用最简洁的语言介绍和说明中国，有利于增进国际社会对中国的理解，扩大中华文化影响力，展示社会主义中国的良好形象；有利于增强社会主义意识形态的竞争力，掌握话语权，赢得主动权，逐步打破西方的话语垄断、舆论垄断，维护国家文化利益和意识形态安全，不断提高我们国家的文化软实力。

(3)推进社会团结奋进的最大公约数。

历史和现实一再表明，只有建立共同的价值目标，一个国家和民族才会有赖以维系的精神纽带，才会有统一的意志和行动，才会有强大的凝聚力、向心力。当前，我国正处在经济转轨和社会转型的加速期，各种思潮此起彼伏，各种观念交相杂陈，不同价值取向并存，所有这些表现出来的是具体利益、观念观点之争，但折射出来的是价值观的分歧。培育和践行社会主义核心价值观，能够在具体利益矛盾、各种思想差异之上最广泛地形成价值共识，有效引领整合纷繁复杂的社会思想意识，有效避免利益格局调整可能带来的思想对立和混乱，形成团结奋斗的强大精神力量。

3. 彰显人民至上的价值立场

社会主义核心价值观坚持人民历史主体地位，代表最广大人民的根本利益，反映最广大人民的价值诉求，引导最广大人民为实现美好社会理想而奋斗，集中彰显人民至上的价值立场。因此人民性是社会主义核心价值观的根本特性,人民立场是社会主义核心价值观的根本立场。

(1)马克思主义唯物史观从社会存在决定社会意识的立场出发去考察人类社会发展史,确认人民群众在社会历史发展中的主体作用,认为人民群众是历史的创造者。相信群众、依靠群众,从群众中来、到群众中去,站在广大劳动人民的立场上,以广大劳动人民的解放为宗旨,竭尽全力为人民求福利、谋利益,是马克思主义最根本的政治立场。中国共产党为人民而生,因人民而兴。人民是我们党执政的最深厚基础和最大底气。

(2)为中国人民谋幸福、为中华民族谋复兴,是中国共产党人的初心和使命,也是我们党领导现代化建设的出发点和落脚点。在领导中国特色社会主义建设的进程中,中国共产党始终坚持人民是历史创造者的观点,践行全心全意为人民服务的根本宗旨,坚持人民当家作主,坚持以人民为中心的发展思想,把人民对美好生活的向往作为奋斗目标。

(3)在社会主义中国,以人民为中心的发展思想,不是一个抽象的、玄奥的概念,不能只停留在口头上、止步于思想环节,而要体现在经济社会发展各个环节。在经济建设上,推进高质量发展,朝着全体人民共同富裕的方向稳步迈进;在政治建设上,强调人民当家作主,体现人民意志,维护人民合法权益;在文化建设上,坚持人民是文化事业的主体,满足人民的精神文化生活需要;在社会发展上,不断保障和改善民生,促进社会公平正义;在生态文明建设上,强调人与自然和谐相处,满足人民对优美生态环境的需要。

4. 坚定社会主义核心价值观自信

社会主义核心价值观,是社会主义社会倡导的价值观念的集中体现,是社会主义核心价值体系的高度凝练,承载着中华民族深层次的精神追求,体现着社会主义社会评判是非曲直的价值标准。充分发挥社会主义核心价值观的应有功能和独特作用,价值观自信是前提和关键。人们只有对自己的价值观充满自信,在情感上认同、在心理上敬畏,才能在实践中更加笃定地践行。

(1)深厚的历史底蕴。任何一种价值观都不可能凭空产生,总是有其特定的历史底色和精神脉络。牢固的核心价值观,都有其固有的根本。抛弃传统、丢掉根本,就等于割断了自己的精神命脉。社会主义核心价值观不是无源之水、无本之木,而是深深地根植于中华优秀传统文化土壤,这是社会主义核心价值观历史底蕴的集中体现。培育和弘扬社会主义核心价值观,必须从中华优秀传统文化中汲取丰富营养,深入中华民族历久弥新的精神世界,把长期以来我们民族形成的积极向上向善的思想文化充分继承和弘扬起来,推动中华优秀传统文化创造性转化和创新性发展,激活其生命力,增强其影响力和感召力,把跨越时空、超越国度、富有永恒魅力、具有当代价值的文化精神弘扬起来,把继承优秀传统文化又弘扬时代精神、立足本国又面向世界的当代中国文化创新成果传播出去。

(2)坚实的现实基础。我们所积极弘扬和践行的社会主义核心价值观,不仅与中华民族悠久灿烂的历史文化相契合,具有深厚的历史文化底蕴,而且同我们正在进行的奋斗相结合,同我们所要解决的时代问题相适应,具有坚实的现实基础。概括而言,这一坚实的现实基础,就是当今时代的中华民族所进行的人类历史上最为宏伟而独特的中国特色社会主义建设实践。中国走上社会主义道路,是近代以来中国社会发展的历史必然,是历史的选择、人民的选择,凝聚着中国共产党带领全国各族人民持续奋斗的实践经验。事实也雄辩地证明,加快推进社会主义现代化,要实现中华民族伟大复兴,必须坚定不移地坚持和发展中国特色社会主义。新时代中国特色社会主义所取得的开创性成就,使科学社会主义在 21 世纪的中国焕发出强大的生机和活力,彰显了社会主义制度的独特创造力和强大生命力。社会主义核心价值观清晰地展现了社会主义的基本特征和根本追求,渗透于经济、政治、文化、社会、生态文明建设的各个方面,是我国社会主义制度的内在精神之魂。社会主义核心价值观生成于中国特色社会主义建设实践,同当今中国最鲜明的时代主题相适应,是中国特色社会主义本质规定的价值表达。

(3)强大的道义力量。真理的力量加上道义的力量,才能行之久远。社会主义核心价值观以其先进性、人民性和真实性而居于人类社会的价值制高点,具有强大的道义力量。

具体来说,社会主义核心价值观的先进性,体现在它是社会主义制度所坚持和追求的核心价值理念,体现社会主义的本质属性。社会主义核心价值观的人民性体现在它所代表的最广大人民的根本利益,反映的最广大人民的价值诉求,引导着最广大人民为实现美好社会理想而奋斗。社会主义核心价值观的道义力量还源于它的真实性。中国特色社会主义的成功也验证了社会主义核心价值观的正确性、可信性,使得社会主义核心价值观可以而且能够成为真切、具体、广泛的现实。只有在中国特色社会主义制度之下,自由、民主、公正等价值观才成为真切、具体、广泛的现实。

总之,坚定社会主义核心价值观自信,要求我们充分认识社会主义核心价值观的优越性及其在中华民族实现自己梦想的奋斗中所具有的重大意义,自觉以社会主义核心价值观来引领我们的接力前行;要求我们自觉以社会主义核心价值观引领多样化的社会思潮,运用马克思主义客观辩证地分析各种错误价值观的实质,增强抵御错误价值观侵蚀的能力,不断增强社会凝聚力和价值共识。坚定社会主义核心价值观自信,还要求我们在发展的进程中虚心学习借鉴人类社会创造的一切文明成果,但不能数典忘祖,不能照抄照搬别国的发展模式,也绝不会接受任何国家颐指气使的说教。

5. 认清西方“普世价值”的实质和危害

在人类社会发展进程中,有过不少看上去非常美好的价值理念,其中一些在历史上发挥了重大的积极作用,但也有一些只是“看上去很美”,甚至是“听起来很美”,并未能彻底地、真正地实现。“普世价值”就是一种极具迷惑性、欺骗性并且带有鲜明政治倾向的价值观。我们需要对此廓清思想迷雾,认清其实质和危害。

(1)“普世价值”在理论上具有虚伪性。“普世价值”听上去既抽象又玄妙。那什么是“普世价值”呢?概括起来即普遍适用、永恒存在的价值,西方国家宣称这种价值打破了所有民族、种族、阶级、国家的界限,超越了一切文明、宗教、信仰的差异,并且不会因时代的变迁、社会形态的更替而有任何的改变。事实上,西方国家所谓的“普世价值”并非指人类道德评价、审美评价的普遍性或共性,而是特指资本主义价值观;推行的并不是人类共同的价值观,而是特定的价值观及其背后的经济政治文化制度。资本主义价值观是在资本主义生产方式基础上形成的,从根本上说,是为资产阶级利益服务的。资产阶级把自己的利益说成是全体社会成员的共同利益,把自己的价值观以全人类的共同价值观装饰起来,其目的就是为了维护和攫取与之相关的最大利益。不难看出,西方所谓的“普世价值”从抽象的“人性论”出发,将人看作无差别的价值符号。事实上根本不存在抽象的人性,也没有放之四海而皆准的价值观及其相应的制度。

(2)“普世价值”在实践上的虚伪性。其实,西方所谓的“普世价值”,在他们自己的世界里都未能真正“普适”。种族歧视、劳资对立、金钱政治、贫富分化、社会撕裂、人权无保障等问题,在一些西方国家长期存在且愈演愈烈,与他们所标榜的“普世价值”形成鲜明对照。无论是 2011 年爆发的“占领华尔街”运动,还是 2020 年美国警察暴力执法致黑人死亡而引发的抗议浪潮,或者是疫情以来对人民生命健康等权益的漠视,都是对西方所谓“普世价值”的莫大讽刺。西方所谓的“普世价值”既不“普适”,更不是什么普照世界的“明灯”。长期以来,一些西方国家为了自己的政治经济利益和霸权野心,四处兜售“普世价值”,推行“和平演变”。在所谓的“普世价值”影响下,一些国家被折腾得不成样子,有的四分五裂,有的战火纷飞,有的混乱不堪,这种例子比比皆是。事实一再说明,随“普世价值”而至的并非“自由”“民主”“人权”的春天,而是民不聊生、生灵涂炭的严冬。当今世界,要说哪个政党、哪个国家、哪个民族能够自信的话,那中国共产党、中华人民共和国、中华民族是最有理由自信的。

(3)社会主义核心价值观的先进性、人民性和真实性使其具有更高的道义力量,充分彰显了社会主义核心价值观的优越性及其在中华民族实现自己梦想的奋斗中所具有的重大意义。坚定价值观自信,要求自觉以社会主义核心价值观为引领,运用马克思主义客观辩证地分析各种错误价值观的实质,不断增强社会凝聚力和价值共识。

6. 做社会主义核心价值观的积极践行者

大学生成长成才和全面发展,离不开正确价值观的引领。当今世界和当代中国都处于大变革之中。这种变革反映到人们的思想观念中,自然会产生多种多样的思想理论和价值理念。面对世界范围内各种思想文化交流交融交锋的新形势,面对整个社会思想价值观念呈现多元多样、复杂多变的新特点,大学生健康成长成才更加需要正确价值观的引领。正确的价值观能够引导大学生把人生价值追求融入国家和民族事业,始终站在人民大众立场,同人民一道拼搏、同祖国一道前进,服务人民、奉献社会,努力成为中国特色社会主义事业的合格建设者和可靠接班人。

核心价值观的养成绝非一日之功。大学生要坚持由易到难、由近及远,从现在做起,从自己做起,努力把核心价值观的要求变成日常的行为准则,形成自觉奉行的信念理念，并身体力行大力将其推广到全社会去，为实现国家富强、民族振兴、人民幸福的中国梦凝聚强大的青春能量。这就要求在培育和弘扬的过程中，下好落细、落小、落实的功夫。对于大学生而言，就是要切实做到勤学、修德、明辨、笃实，使社会主义核心价值观成为一言一行的基本遵循。

勤学。知识是树立社会主义核心价值观的重要基础。大学生要努力掌握马克思主义理论，形成正确的世界观和科学的方法论，深化对社会主义核心价值观的认知认同。大学生要注重把所学知识内化于心，形成自己的见解，专攻博览，努力掌握为祖国、为人民服务的真才实学，让勤于学习、敏于求知成为青春远航的动力。

修德。要立志报效祖国、服务人民，这是大德，养大德者方可成大业。同时，还得从做好小事、管好小节开始起步，“见善则迁，有过则改”，踏踏实实修好公德、私德，学会劳动、学会勤俭，学会感恩、学会助人，学会谦让、学会宽容，学会自省、学会自律。

明辨。培育和践行社会主义核心价值观，要增强自己的价值判断力和道德责任感，辨别什么是真善美、什么是假恶丑，自觉做到常修善德、常怀善念、常做善举，自觉做良好道德风尚的建设者、社会文明进步的推动者。

笃实。道不可坐论，德不能空谈。于实处用力，从知行合一上下功夫，核心价值观才能内化为人们的精神追求，外化为人们的自觉行动。青年要把艰苦环境作为磨炼自己的机遇，把小事当作大事干，一步一个脚印往前走。滴水可以穿石。只要坚韧不拔、百折不挠，成功就一定在前方等你。

总之，培育和践行社会主义核心价值观，既要目标高远，保持定力、不懈奋进，又要脚踏实地，严于律己、精益求精，将社会主义核心价值观转化为人生的价值准则，勤学以增智、修德以立身、明辨以正心、笃实以为功。

二、热点解析

1. 新时代培育和践行社会主义核心价值观的重要遵循

习近平新时代中国特色社会主义思想内涵十分丰富，涵盖了经济、政治、法治、科技、文化、教育、民生、民族、宗教、社会、生态文明、国家安全、国防和军队、“一国两制”和祖国统一、统一战线、外交、党的建设等各个方面，构建了一个完善的中国特色社会主义思想体系。这一思想体系指明了新时代社会主义核心价值观的教育养成和发挥作用的根本目标和实现途径，为培育和践行社会主义核心价值观提供了重要遵循。

（1）习近平新时代中国特色社会主义思想明确坚持和发展中国特色社会主义，总任务是实现社会主义现代化和中华民族伟大复兴，在全面建成小康社会的基础上，分两步走在本世纪中叶建成富强、民主、文明、和谐、美丽的社会主义现代化强国。这与中国共产党的初心和使命，即为中国人民谋幸福，为中华民族谋复兴的中国梦的本质内容是一致的，体现了党和人民的初心价值观，更体现了人民幸福、社会公正、国家富强的社会主义核心价值观。

（2）习近平新时代中国特色社会主义思想明确新时代我国的主要矛盾是人民日益增长的美好生活需要和不平衡不充分的发展之间的矛盾，必须坚持以人民为中心的发展思想，不断促进人的全面发展、全体人民共同富裕。人民幸福、社会公正、国家富强的核心价值观不仅仅是美好的心理愿景，必须落实在人民的现实生活中。建设美好生活不仅是党的价值愿景、奋斗目标，也是新时代中国社会的主要矛盾的主要方面。这就意味着我们在培育和践行社会主义核心价值观的过程中，必须把人民美好生活需要及其满足作为社会发展的中心工作，坚持人民中心价值理念，集中力量解决制约人民美好生活需要满足的不平衡、不充分发展障碍。这样做，才能使社会主义核心价值观深入人心。

（3）习近平新时代中国特色社会主义思想明确中国特色社会主义事业的总体布局是“五位一体”。“五位一体”总体布局擘画出富强、民主、文明、和谐、美丽的社会和国家的图景，体现了人民美好生活价值的实现将会有美好社会和强盛国家的有力保障。美好社会和强盛国家是社会主义核心价值观引领的社会和国家。社会层面的核心价值是自由、平等、公正、法治，体现和实现了这四大价值的社会就是美好社会，就是能保证人民美好生活的社会。国家层面的核心价值观是富强、民主、文明、和谐，体现和实现了这四大价值的国家就是强盛国家，就是能保证人民美好生活的国家。美好社会和强盛国家自然要由爱国、敬业、诚信、友善的公民来建设。由此可见，在党的领导下，发挥人民的主体作用，在经济领域、政治领域、社会领域、文化领域、生态文明领域实现富裕、民主、文明、公正、美丽五大价值，推进物质文明、政治文明、精神文明、社会文明、生态文明五大文明建设，实现社会全面进步，共同建设一个美好社会和强盛国家，就是践行社会主义核心价值观的根本目标。

(4)习近平新时代中国特色社会主义思想明确中国特色社会主义事业的战略布局是“四个全面”。这一布局明确了实现社会五大领域价值目标的科学有效路径和方式。在经济领域实现富裕价值,要通过全面深化经济体制改革和法治路径方式;在政治领域实现民主价值,要通过全面深化政治体制改革和法治路径方式;在文化领域实现文明价值,要通过全面深化文化体制和法治路径方式;在社会领域实现公正价值,要通过全面深化社会体制改革和法治路径方式;在生态文明领域实现美丽价值,要通过全面深化生态文明体制和法治路径方式。我们要让全面深化改革、全面推进依法治国如鸟之双翼、车之双轮,推动全面建设社会主义现代化国家的目标如期实现。全面深化改革和全面依法治国都必须在党的领导下进行,因而必须全面从严治党。在党的领导下,通过全面深化改革和全面依法治国,要初步实现五大领域的富裕价值、民主价值、文明价值、公正价值、美丽价值,建成小康社会水平之上的美好社会,以保证人民美好生活价值的初步实现。这是坚持四个自信的现实基础,也是坚持社会主义核心价值观自信的价值表达。

当下,中国特色社会主义进入新时代,进行伟大斗争,建设伟大工程,推进伟大事业,实现伟大梦想,需要能够引领、团结、凝聚十几亿人共同奋斗的精神旗帜、科学指南、文化导向和道德基础。以习近平新时代中国特色社会主义思想为遵循,坚持全民行动、干部带头,从家庭做起,从娃娃抓起,积极培育和践行社会主义核心价值观,抓住机遇,迎难而上,“中国号”巨轮必将驶向新的航程、续写新的奇迹,中华民族伟大复兴的中国梦必将在全体人民一代一代的不懈奋斗中变成现实。

2. 价值观自信是四个自信的价值表达

社会主义核心价值观是对中华民族优秀文化的继承和弘扬,也是中国特色社会主义的信仰和追求,更是中国人民共同愿景的寄托和认同。核心价值观顺应时代呼唤,回应人民期盼,理所当然地要成为时代的主心骨、主旋律。我们必须保持高度自信,大力践行和宣扬社会主义核心价值观。只有增强“价值观自信”,才能不断巩固“道路自信、理论自信、制度自信和文化自信”,更好坚持中国道路,更广弘扬中国精神,更加凝聚中国力量。正如习近平总书记所说的那样:

“社会主义核心价值体系和核心价值观内在一致，都体现了社会主义意识形态的本质要求，体现了社会主义制度在思想和精神层面的规定性，凝结着社会主义先进文化的精髓，是中国特色社会主义道路、理论体系和制度的价值表达。”①

（1）价值观自信是坚定“四个自信”的必然诉求。社会主义核心价值观既体现中国道路的本质，又表征中国理论的价值，是中国制度对全社会的政治承诺与准则要求，更是文化自信的灵魂，因此，坚守道路自信、理论自信、制度自信和文化自信，也必须坚守价值观自信。社会主义核心价值观是社会主义道路、社会主义理论和社会主义制度必须遵循的基本价值理念，也是中国人民在建设中国特色社会主义文化伟大实践中奋力追求的价值目标。

（2）价值观自信是培育和践行“四个自信”的思想根柢。每个时代、不同社会，都有由其物质生活条件所决定的并与之相适应的价值观，这种价值观，是对自我民族及相关方面的高度认同，是一种置身其中的尊荣感、自豪感，是其他一切自信的内核和根柢，维护其中心地位与主导作用，才能共铸人们的精神家园，丰富人民群众的精神文化生活，也才能有效抵御外来价值观的侵蚀和演变，推动价值观“走出去”，增强国际影响力，从而切实彰显“四个自信”。

（3）价值观自信是坚定“四个自信”的重要支撑。在重大实践和理论问题上保持足够的理论清醒和思想鉴别力，始终坚持以马克思主义为指导，坚持马克思主义的立场、观点、方法，决不做西方“普世价值论”的思想俘虏。以价值观自信为依托坚定“四个自信”，增强社会主义意识形态的凝聚力引领力，坚决破除“以洋为美”“唯洋是尊”的“洋教条”观念，坚决破除盲目崇拜西方的心理，在坚定文化自信中消除“普世价值论”在意识形态领域的流毒和影响。

总而言之，价值观自信的根本是坚持和发展中国特色社会主义，归根到底是道路自信、理论自信、制度自信、文化自信的价值表达。中国特色社会主义是当代中国发展进步的旗帜，科学回答了在中国这样一个经济文化比较落后的国家如何建设社会主义的难题。独特的文化传统、独特的历史命运、独特的基本国情，决定了我们必然要走适合自己特点的发展道路。中国特色社会主义是马克思主义基本原理同时代特征和中国国情相结合的产物，是党和人民历经千辛万苦的伟大实践总结。

---

① 中共中央宣传部．习近平总书记系列重要讲话读本[M]．北京：学习出版社，2014：93.

实践项目

一、课内实践

1. 视听学习

(1)活动名称:观看习近平论社会主义核心价值观视频,坚定价值观自信。

(2)活动目的:了解党中央对社会主义核心价值观的精准阐释,加深对社会主义核心价值观的思考与理解,坚定核心价值观自信。

(3)活动时间:本章第一节课上课时。

(4)活动地点:多媒体教室。

(5)活动具体步骤:

第一,观看2014年2月24日中共中央政治局就培育和弘扬社会主义核心价值观、弘扬中华传统美德进行十三次集体学习的相关报道。

第二,观看后请学生描述自己印象最深刻的镜头或话语。

第三,课堂讨论:党中央为何提出社会主义核心价值观的命题?

(6)活动注意事项:

第一,控制好时间。

第二,不得偏移讨论主题。

第三,鼓励学生积极参与。

2. 专题讨论

(1)活动名称:讲述英烈故事,弘扬英烈精神,践行社会主义核心价值观。

(2)活动目的:赓续红色血脉,担当历史使命,积极弘扬和践行社会主义核心价值观,自觉做中国特色社会主义事业的合格建设者和可靠接班人。

(3)活动时间:本章第二节课上课时。

(4)活动地点:授课教室。

(5)活动具体步骤:

第一,教师提前布置该活动,要求学生课前收集素材,并做好讨论发言准备。

第二,以班级为单位分组,或者按8~10人组成团队,1人任组长负责任务安排、协调。

第三,在讨论开始前,每个团队推选出参与讨论交流的学生代表。

第四，讨论过程中，学生代表汇报本团队讨论情况及基本观点。

第五，教师总结点评。

(6)活动注意事项：

第一，教师须做好方案，并发挥团队负责人作用，鼓励学生积极参与其中。

第二，讨论过程中把控好时间及主题。

3. 命题演讲

(1)活动名称："践行社会主义核心价值观，从我做起"主题演讲。

(2)活动目的：通过讲述培育和践行社会主义核心价值观的先进人物或典型事例，明确社会主义核心价值观建设不仅是一句口号，更应是实际行动，青年学生要勤学、修德、明辨、笃实，坚定信仰、积极传播、模范践行社会主义核心价值观。

(3)活动时间：本章第三节课上课时进行。

(4)活动地点：授课教室。

(5)活动具体步骤：

第一，教师提前布置任务，要求学生围绕命题演讲，课前撰写好演讲稿，每班推选 2 人上台演讲。

第二，演讲学生抽签，依序上台演讲，每人 3 ~5 分钟。

第三，教师点评总结。

(6)活动注意事项：每个学生都需要撰写演讲稿并提交。

二、课外实践

1. 主题调研

(1)活动名称：乡村振兴视域下的乡村文化建设调研。

(2)活动目的：感悟实践之于真知的重要性，感悟和了解新时代乡村振兴战略的重大意义及实践推进情况。

(3)活动时间：寒暑假。

(4)活动地点：学生家乡所在地。

(5)活动具体步骤：

第一，放假前，任课教师布置社会调查题目和要求。考察、调研活动可以是一个人单独进行，也可以是自愿组成小组以团体的形式进行。

第二，学生在假期通过实地考察、电话、网络等形式下发调查问卷、调研材料，展开社会调研，并在此基础上撰写调研报告。

第三，在开学初，要求学生提交调查报告，全体学生针对调查报告进行总结交流，并组织优秀学生进行社会实践报告宣讲。

(6)活动注意事项：

第一，调研过程中务必将安全放在首位。

第二，学生可以独自调研，也可以3～6人自由组合成调研小组，合作完成调研报告。

第三，调研对象必须真实、具体，调研活动必须取得当地相关组织的支持，原则上要求在当地党团组织的指导下进行。

第四，调研后必须撰写"社会调研报告"，报告以事实为根据，围绕某一中心问题而展开调查研究；原则上必须围绕本次活动主题进行调研，报告篇幅6000字左右，假期结束后开课的第二周由各班学习委员收齐后上交；本调研的成绩占实践课成绩的50%。

2. 参观学习

(1)活动名称：踏寻红色足迹，感悟信仰力量。

(2)活动目的：激发爱国热情、凝聚人民力量、培育民族精神。

(3)活动时间：学期内或寒暑假。

(4)活动地点：学校所在区域革命遗迹遗址或革命纪念馆。

(5)活动具体步骤：

第一，提前收集资料，了解参观单位基本情况和交通方式、注意事项，并提前与参观单位联系问询相关情况。

第二，领队指定学生负责人，各司其职，统一组织学生前往。

第三，参观过程中，做好活动记录(包括文字、照片、视频等)。

第四，参观返回后，撰写考察报告，并进行总结交流。

(6)活动注意事项：严密组织，做好应急预案，注意安全。

3. 社区宣讲

(1)活动名称：社会主义核心价值观进社区。

(2)活动目的：走进社区宣讲社会主义核心价值观，倡导市民自觉践行文明行为，共同构建文明城市。

(3)活动时间：学期内周末或节假日。

(4)活动地点:学校所在城市的社区。

(5)活动具体步骤:

第一,提前布置宣讲活动,阐述活动目的、安排和注意事项。

第二,联系社区,安排交通方式,准备宣讲材料。

第三,领队教师和学生负责人明确责任,组织宣讲团成员集体前往活动场地。

第四,在社区安置好横幅、展板,并热情主动与市民交流,宣讲社会主义核心价值观。

第五,返校后召开总结会。

(6)活动注意事项:提前周密准备,注意安全。

三、自主实践

1. VR(虚拟现实)体验

(1)活动名称:体验爬雪山、过草地。

(2)活动目的:运用VR技术模拟红军长征过程中的地理环境、气候条件等,通过场景再现、交互体验,体验红军遭遇围追堵截,爬雪山、过草地的艰辛。

(3)活动时间:学期内周末或节假日。

(4)活动地点:VR仿真实验室。

(5)活动具体步骤:

第一,联系VR仿真实验室,调试好设备。

第二,领队教师和学生负责人明确责任,组织学生前往。

第三,体验结束后开展研讨。

(6)活动注意事项:提前周密准备,注意安全,保存好过程材料。

2. 微视频拍摄

(1)活动名称:“信仰照亮青春”微视频拍摄。

(2)活动目的:学生利用新媒体技术,结合思想政治理论课上所学知识和方法,以“信仰照亮青春”为主题拍摄一部10分钟的微视频,展现信仰对实现青春梦想的重要作用。

(3)活动时间:学期内。

(4)活动地点:校园。

(5)活动具体步骤:

第一,提前规划。

第二,成立项目组,分工协作。

第三,准备拍摄工具。

第四,确定微视频主题,编写剧本及拍摄方案。

第五,拍摄制作视频。

(6)活动注意事项:提前周密准备,注意安全。

3. 网络实践

(1)活动名称:学四史——网上重走长征路。

(2)活动目的:全面了解我们党成立以来、新中国成立以来以及改革开放以来的重大事件、重要会议、重要文件、重要人物,做到不忘历史、不忘初心,知史爱党、知史爱国,增强“四个意识”、坚定“四个自信”、做到“两个维护”。

(3)活动时间:学期内。

(4)活动地点:校园。

(5)活动具体步骤:

第一,提前布置,阐述活动目的、安排和注意事项。

第二,上网查询“网上重走长征路”及推动“四史”学习教育活动资料。

第三,确定学习时间表。

第四,学习相关资料。

第五,撰写学习总结。

(6)活动注意事项:提前周密准备,注意时间分配。

案例学习与评析

案例一　钟南山获“共和国勋章”

“人的生命是第一宝贵的”“为了人民的身体健康和安全,我们可以不惜一切代价”……9 月 1 日晚,由中宣部、教育部、国家卫生健康委、中央广播电视总台联合主办的专题电视节目《开学第一课》现场,“共和国勋章”获得者钟南山为全国中小学生上了一堂生动的爱国主义教育课。

84 岁高龄的钟南山现为广州医科大学附属第一医院国家呼吸系统疾病临

床医学研究中心主任。从医从教一甲子,钟南山以其专业精神、勇敢担当和仁心大爱,诠释了医者的初心和使命,诚如他在全国抗击新冠肺炎疫情表彰大会上发言时所讲:"'健康所系,性命相托',就是我们医务人员的初心;保障人民群众的身体健康和生命安全,是我们医者的使命。"

专业:"科学只能实事求是"

2003 年初,非典袭来之际,情况十分危急。

面对这样一种前所未有的疾病,钟南山以其专业学养和丰富经验,否定了"典型衣原体是非典型肺炎病因"的观点,从而为及时制定救治方案提供了决策依据。

敢于下这个判断,是因为钟南山"查看过每一个病人的口腔"。有朋友悄悄问他:"你就不怕判断失误吗？有一点点不妥,都会影响你中国工程院院士的声誉。"钟南山则平静地说:"科学只能实事求是,不能明哲保身,否则受害的将是患者。"

1936 年 10 月,一名男婴出生在南京一所位于钟山之南的医院,父母为其取名"钟南山"。受从事医学工作的父母的熏陶和影响,长大后,钟南山也走上了学医之路。

20 世纪 70 年代末,钟南山赴英国留学。他刻苦学习,在较短时间内取得多项重要科研成果,赢得了国外同行的尊重。学业结束时,面对学校和导师的盛情挽留,钟南山一一谢绝:"是祖国送我来的,祖国需要我,我的事业在中国。"

抗击非典期间,钟南山和他的研究团队日夜攻关,终于在短时间内摸索出一套行之有效的救治办法,为降低病亡率、提高治愈率作出了突出贡献。

面对很多荣誉,钟南山总说自己不过就是一个看病的大夫。然而,就是这个不平凡的大夫,无论是面对非典还是新冠疫情,始终坚持实事求是,每一次面对公众发声,总能以医者的专业和担当传递信心和安全感。

担当:"我们不冲上去谁冲上去"

从 17 年前那一句"把最危重的病人转到我这来",到 17 年后"抗击疫情,医生就是战士,我们不冲上去谁冲上去?"钟南山肩上始终扛着医者的担当。

今年 1 月 18 日傍晚,一张钟南山坐高铁赴武汉的照片感动无数网友:临时上车的他被安顿在餐车里,一脸倦容,眉头紧锁,闭目养神,身前是一摞刚刚翻看过的文件……钟南山及时提醒公众"没有特殊的情况,不要去武汉",自己却紧急奔赴第一线。

两天之后,1月20日,作为国家卫健委高级别专家组组长,钟南山告知公众新冠肺炎存在"人传人"现象。此后,他带领团队只争朝夕,一边进行临床救治,一边开展科研攻关。疫情防控期间,他和团队先后获得部级科研立项5项、省级科研16项、市级5项,牵头开展新冠肺炎应急临床试验项目41项,并在《新英格兰医学杂志》等国际知名学术期刊上发表SCI文章50余篇,牵头完成新冠肺炎相关疾病指南3项、相关论著2部。

钟南山不仅为国内的疫情防控立下汗马功劳,也为全球共同抗击疫情积极贡献力量。他先后参与了32场国际远程连线,与来自美国、法国、德国、意大利、印度、西班牙、新加坡、日本、韩国等13个国家的医学专家及158个驻华使团代表深入交流探讨,分享中国经验,开展国际合作。

(作者:姜晓丹、贺林平;原标题:"共和国勋章"获得者钟南山——大医精诚写大爱;来源:《人民日报》2020年9月9日第6版)

案例评析

敬业精神是一种基于热爱基础上的对工作对事业全身心忘我投入的精神境界,其本质就是奉献的精神。具体地说,敬业精神就是在职业活动领域,树立主人翁责任感、事业心,追求崇高的职业理想;培养认真踏实、恪尽职守、精益求精的工作态度;力求干一行爱一行专一行,努力成为本行业的行家里手;摆脱单纯追求个人和小集团利益的狭隘眼界,具有积极向上的劳动态度和艰苦奋斗精神;保持高昂的工作热情和务实苦干精神,把对社会的奉献和付出看作无上光荣;自觉抵制腐朽思想的侵蚀,以正确的人生观和价值观指导和调控职业行为。这些精神,在钟南山院士身上体现得淋漓尽致。

案例二 "信义奶奶"窦兰英

三月初的肃南春寒料峭,一场春雪温柔地覆盖大地。"这几天下雪,我腿脚不好,没敢出门。"看到记者一行,窦兰英疾走几步,上前握住了记者的手。在甘肃省张掖市肃南裕固族自治县红湾寺镇,记者见到了这位满头银发、慈祥热情的"信义奶奶"。

2019年9月,窦兰英当选第七届全国道德模范。她中年丧夫、老年丧女,家庭屡遭变故,却始终坚强乐观地面对生活。她恪守诚信、坚守承诺,6年辛勤劳作为女还债。经过多年的努力,债务如今已经还清,窦兰英如释重负,终于可以像寻常老人一样,在家安度晚年。

"女儿欠下的账,我还"

窦兰英出生于1949年,本是河南省濮阳市清丰县人,后来因丈夫在肃南县的煤矿工作而来到肃南。1985年2月,窦兰英的丈夫患肝癌去世,36岁的她以一己之力承担起抚养两个女儿和照顾婆婆的重担。2006年,窦兰英的大女儿结婚,在外孙女出生28天后,女婿离家出走,从此杳无音信。

2012年12月,大女儿被确诊罹患直肠癌,当时已错过最佳治疗时期。窦兰英用三天时间跑遍所有认识的朋友,为女儿筹集了35 000元的治疗费。

"手术做了8个小时,取出来的瘤子比拳头大。"窦兰英说,"那一次就花了4万元,报销1万元左右。"

为了遏制病情,女儿必须每月去医院化疗。窦兰英说:"一瓶药就是800元,一个星期要花8000元,治疗花销很大。"因为身体状况特殊,女儿只能打出租车往返,来回一趟仅车费就要300元。窦兰英的女儿是环卫工人,300元,对她来说不是个小数。

女儿身体好转后,窦兰英本想让她在家休养,但女儿决定回去上班:"妈,孩子还没上小学呢,家里负担重,我还是去工作吧。"2013年夏季,这个西北小城连续数日下雨,窦兰英的女儿在工作中伤口崩裂,再次被送到医院抢救。

此后,女儿的肾脏严重损伤,癌症多次复发,身体每况愈下。她对窦兰英说:"妈,我不看(病)了,再看下去也是人财两空。"窦兰英说:"人财两空也得看,能活一天是一天。"直到女儿生命的最后一刻,窦兰英也没有放弃救治她。

2013年12月,窦兰英女儿癌症复发,不幸离世。"出殡的时候,窦奶奶拿着一个小账本,对女儿的遗体说,放心走吧,孩子我管,欠下的账我还。"多年过去,红湾寺镇隆畅社区党委书记兰永红想起那个画面,依然深受触动。

"即使生活艰难,我也从没想过放弃"

一场大病花费14万元,女儿去世,债务如山,窦兰英感到"天都要塌下来了"。当时,窦兰英月工资800元,养老金约200元,加上她和外孙女200多元的低保费，每月的收入也就是1000多元，差不多刚够两人的生活费。

“人家问我，你有钱吗？我说有钱。只要有心，就能把债一笔笔还上。”说这话时，窦兰英拍着胸脯，声音坚定有力。

每借一笔账，窦兰英都会把跟谁借的、借了多少等内容郑重地记在小账本上。尽管她识字不多，但账目烙在心里，清清楚楚绝不会出错。

还账的时候，窦兰英总是带着钱、提着礼物，到曾经帮助过她的朋友家里去，郑重当面道声感谢，感谢他们雪中送炭，感谢“这笔钱救了人，帮了大忙”。

每还上一笔钱，窦兰英就在账本上打个钩，那种心情是“说不上来的高兴”。她会对着女儿的遗像，告诉女儿账还了，还给谁家，还了多少，让女儿不要挂心……

“还钱不能等着人家要。知道人家着急用钱，我就赶紧再找别人借点儿，借这家还那家。”这些年来，窦兰英从没有因为借钱的事情跟别人红过脸。

2019年10月3日，嘉峪关市妇幼保健院职工强蕊的手机上收到了一条转账短信，显示收到一笔10 000元的汇款。强蕊纳闷，这钱是哪里来的？还没来得及询问银行，她就接到了窦兰英的电话——“之前为女儿看病，向你借的1万元已经打入你的账户，拖了这么久实在不好意思，这是我为女儿还的最后一笔债，账还清了，我很开心……”

历时6年，年近70岁的窦兰英当保姆、做钟点工，捡废品、卖破烂，省吃俭用，没添过一件像样的衣服，不舍得多花一分钱买药看病，把挣来的钱几乎全部用于还债。

“那是好心人借给我救命的钱，我决不能干昧良心的事。”窦兰英心里只有一个朴素信念，“从来没有想过放弃，我下了决心，今年还不了明年还，决不赖账。”

党和政府及社会各界的恩情不能忘

曾经的小账本遗失了，但一笔笔账目都印在窦兰英的心里——

“温自花，每次借4 000元，借了好几次。身边人劝她别借钱给我，怕以后收不回来。但每次找她借钱，第二天她都把钱送到我手里……”

“常雪芹，借了15 000元。那会儿她卖馍馍，跟我说没有钱就来拿……”

“刘桂兰，借了4 000元。和我女儿一样是环卫工，那会儿她经常来照看我女儿……”

“人家能把钱借给我，我就得下决心还钱，一分一厘都不能少。有的人说不要了，不要也得还，谁家挣钱容易？”

“赵斌是派出所的，我家一有事就给他打电话，他马上就来了。”赵斌是肃南县公安局治安大队大队长，听闻窦兰英坚持为女还债的义举后，主动找到窦兰英，问她是否愿意接受他的帮扶。此后，赵斌常常会给窦兰英的外孙女带来学习用品和零花钱，代替识字不多的窦兰英去开家长会……

“从2014年起，社区每年为窦奶奶申请临时救助。”兰永红介绍。为帮助窦兰英解决生活上的困难，肃南县每年为祖孙俩落实政策性救助资金34 000多元；2015年以来，省、市、县每年对老人进行慰问，相关单位和爱心人士经常赠送生活物资；学校为窦兰英的外孙女免除了全部费用……

2019年9月，窦兰英被评选为第七届全国道德模范后，老人家第一次到北京参加颁奖典礼。“能到首都来看看，我心里很高兴；当选全国道德模范，我更感到无比光荣！”窦兰英笑着说。

如今，窦兰英有了个新的身份——窦兰英工作室名誉主任。2020年7月，以窦兰英个人名字命名的道德模范工作室在红湾寺镇新时代文明实践所揭牌成立。当地依托这个崭新的平台，引导广大干部群众崇德向善、见贤思齐，形成“敬好人、学好人、做好事”的社会氛围。

债务还清了，窦兰英唯一的愿望就是把外孙女抚养长大，培养成才。采访结束时，记者问窦兰英是否还有要补充的内容。她说：“你写上，感谢党，感谢政府，感谢各位好心人！”

（作者：宋喜群、王冰雅；原标题：“好心人借我救命钱，决不能赖账”——记第七届全国道德模范、信义老人窦兰英；来源：《光明日报》2021年3月24日第4版）

案例评析

当前，加强社会主义核心价值体系建设，贯彻社会主义核心价值观需要加强公民道德建设。公民道德建设要以诚实守信为重点，这既是对中华民族传统美德的弘扬，又是对当代中国道德建设实践的正确反映。所以我们要加强公民道德建设，形成以诚信为本、操守为重、守信光荣的价值观。诚实守信是公民道德建设的重点。诚实就是真诚无欺，既不自欺，也不欺人；守信就是重诺守信。诚实和守信是统一的，就个人而言，诚实守信是高尚的人格力量，也是个人道德准则的一部分。窦兰英老人用实际行动诠释了诚实守信的要义和真谛，不愧为新时代道德楷模。

案例三 “时代楷模”黄文秀

30岁。生命定格。

6月22日上午，许多人从全国各地赶往广西百色，送别一位献身基层扶贫事业的选调生。

多家媒体开设网络悼念专题，送行的“队伍”达百万人次，留言献花者不计其数。

人们送别的，是百色市乐业县百坭村第一书记黄文秀。6月16日晚，她在返回驻村途中突遇暴雨洪流，不幸因公殉职。

“太年轻了！”人们痛惜于她美丽而短暂生命的同时，也引发一连串关于当代青年初心和使命的讨论。

“我要回去，把希望带给更多父老乡亲”

革命老区广西百色，全国14个集中连片特困地区之一，目前仍有280个贫困村19万余贫困人口未脱贫(2019年数据)。

2016年，来自百色市田阳县农村的黄文秀，从北京师范大学硕士毕业后，毅然回到家乡，投身基层扶贫事业。

“她本可以有很多选择。”昔日导师郝海燕惋惜地说，“以她的能力，留京或出国都没问题。”

但黄文秀的心在家乡。

“我是一名党员，是来自百色革命老区的壮家儿女，将革命先烈们奋勇前进、不断拼搏的精神传承下去，我们青年一代责无旁贷。”黄文秀说。

高考时，黄文秀选择师范院校。“她曾希望成为一名老师，把所学知识教给乡村的孩子。”黄文秀姐姐说，妹妹最大的梦想，是在村里办一所幼儿园。

读研期间，黄文秀一直关注基层教育及扶贫。2015年，她参与首届“启功教师奖”评选调研，走访过很多贫困乡村。在一次课堂展示中，黄文秀深情讲述山区乡村教育面临的困境,她由衷地说:“教育,事关乡村的未来。”

“基层很需要人才,有没有考虑过回家乡?”在校期间,黄文秀担任北京师范大学就业中心学生助理,有同学咨询毕业就业问题时,她总是不厌其烦地问。

“不少同学就业方向并不明确,而文秀学姐的目标始终明确而笃定。”北京师范大学 2017 届学生王珺说。

毕业前,黄文秀用两个月时间到百色、河池等深度贫困地区调研,撰写了硕士学位论文《广西壮族优秀传统文化中德育资源的开发》,并决定报考广西定向选调生。

“我来自广西贫困山区,我要回去,把希望带给更多父老乡亲,为改变家乡贫穷落后面貌尽绵薄之力。”

这是黄文秀的初心和梦想。

这是她一直以来的选择。

“只有扎根泥土,才能懂得人民”

“只有扎根泥土,才能懂得人民。”黄文秀在《驻村日记》中这样写道。

2018 年 3 月,刚结束田阳县那满镇挂职锻炼的黄文秀,主动请缨到乐业县新化镇百坭村担任驻村第一书记。对她而言,这是一次回报乡亲的“实战”,更是一次“心灵的长征”。

彼时的百坭村,交通不便、产业不强、脱贫任务重,472 户 2067 人中,还有 103 户 473 人未脱贫,贫困发生率达 23%。

“莫当真,女娃娃,‘镀镀金’走过场就回去啦。”驻村之初,有的村民对这个初出茅庐的姑娘不抱希望。

“我本身就来自农村,怎么得不到乡亲们的信任呢?”黄文秀思考,缘何自己和群众有“距离感”。

她很快做出改变:搬到村里住下,跋山涉水、进村入户访贫问苦,感受乡村的温度,深究乡村发展之道。

“我到贫困户家,不再拿着本子问东问西,而是脱下外套帮他们扫院子;贫困户不在家我就去田里,边帮他们干农活边聊天,时间久了,村民们见我见得多了,开始慢慢地接受我。”听到村民说“这个丫头还真是难缠得很哩”,黄文秀心里满是欣慰。

走访中,村民反映最集中的是山上片区 5 个屯的通屯道路硬化问题。这 5

个屯此前已通砂石路，但多处路段砂石已被雨水冲刷流失，路面坑洼、泥泞不堪，坡陡路段摩托车都难以通行。

“公路不通，发展必然受阻。”为解决百坭村的交通难题，黄文秀积极向上反映，申请到1.8公里通屯硬化项目，新建4个蓄水池。另外3条路，也已列入2019年专项扶贫资金安排项目。

黄文秀的努力，群众记在心上，亲切地称她“文秀书记”。

“失去文秀书记，村里好比断了一只‘翅膀’。”百坭村副主任黄世根说，在黄文秀带领下，村里砂糖橘、茶油树、八角、水稻等产业方兴未艾，“以前村民种植砂糖橘却不懂销售，收入微薄；文秀书记来后，帮忙搞电商销售，收入翻番，种植面积超过2000亩。”

今年3月的一天，黄文秀驻村满一年，她的汽车仪表盘里程数恰好增加了两万五千公里。她特意发了一条朋友圈：“两万五千公里，我心中的长征，驻村一周年愉快！”

黄文秀的愉快，来自百坭村的改变：一年的努力，已有88户418人实现脱贫，贫困发生率降至2.7%。村集体经济收入达6.4万元，被评为2018年度“乡风文明”红旗村。

“我为有这样的女儿感到骄傲”

红砖水泥地，仍是毛坯屋……在田阳县巴别乡德爱村多柳屯黄文秀的家中，体弱多病的双亲，难以抑制失去女儿的悲痛。

6月19日，广西壮族自治区党委宣传部负责同志前来看望慰问黄文秀家属。

“文秀很懂事很孝顺。就在前几天要返回工作岗位时，她还喂我吃药……”回忆起女儿的点点滴滴，黄文秀父亲几度哽咽。

大伙静静倾听着，感佩于黄文秀父亲的通情达理和坚强，并关切地说：“家里有什么困难，我们一定办好！”

“家里已经获得县城的易地搬迁房，要不我们还得住在大山里，是党和政府让我们老百姓过上了幸福生活。”黄文秀父亲说，“党培养了文秀，她因公牺牲，我为有这样的女儿感到骄傲，我们没有什么要求。”

父母多病，孩子上学，黄文秀一家曾因学因病致贫。在精准识别中，被认定为建档立卡贫困户。

近年来,在政策扶持下,黄文秀家种植22亩油茶和4亩茶叶,2016年实现脱贫。那一年,黄文秀也顺利毕业参加工作。

“我在党和政府的帮扶下读完大学,一定加倍努力工作,不辜负国家的培养。”毕业回乡时,黄文秀对父母说,希望自己工作后,能改善家庭经济状况。

近日,黄文秀父亲又做了两次大手术,母亲患先天性心脏病,常年吃药,家庭经济仍十分困难。

“在看病方面要给予特别关照,其他困难抓紧落实解决。”负责同志紧握着黄文秀父亲的手,叮嘱当地有关部门要关心好、照顾好黄文秀的家人。

“家里的困难我们会努力克服,就不再给政府添麻烦了。这些钱,也许村里的扶贫工作还能用得上,还是给更需要帮助的人吧。”临别时,黄文秀父亲再次把慰问金退回。

黄文秀父亲再三婉拒慰问金的事,引发网友感慨与热议。网友“一剑倾心”说:朴实无华的父母,养育了优秀的女儿。为这个普通家庭的美好家风,点赞!

(作者:周仕兴;原标题:一位基层选调生的初心故事——追记广西百色市乐业县百坭村第一书记黄文秀;来源:《光明日报》2019年6月23日第1版)

案例评析

全国优秀共产党员、时代楷模、感动中国2019年度人物黄文秀同志,在脱贫攻坚第一线倾情投入、勇于担当、奉献自我,用美好青春诠释共产党人初心使命,在新时代的长征路上谱写了新时代感人的青春之歌。扶贫道路注定坎坷,黄文秀身上却有着排除万难投身工作的勇气,她放弃了一线城市的生活回到家乡革命老区百色市工作,愿意真正走进贫困户的内心世界,“用脚步丈量民情”,时刻将百姓冷暖挂在心间,同群众想在一起、干在一起,怀着真情解民所难,带着真心帮民所需,用自己的“辛苦指数”换取群众的“幸福指数”,把口碑深深刻印在群众心坎上。这正是社会主义核心价值观倡导的价值和行为,也是中国共产党员为人民谋幸福、为民族谋复兴的初心和使命。广大党员干部和青年同志要以黄文秀同志为榜样,不忘初心、牢记使命,勇于担当、甘于奉献,在新时代的长征路上作出新的更大贡献。

案例四 “九章”到底有多神

2020年12月4日，包括本报(《光明日报》)在内的许多媒体报道了一个量子计算的大成果：中国科学技术大学的潘建伟、陆朝阳等人构建了一台76个光子100个模式的量子计算机“九章”，它处理“高斯玻色取样”的速度比目前最快的超级计算机“富岳”快一百万亿倍。也就是说，超级计算机需要一亿年完成的任务，“九章”只需一分钟。同时，“九章”也等效地比谷歌去年发布的53个超导比特量子计算机原型机“悬铃木”快一百亿倍。

然而，很多读者在惊叹这一重大科研成果的同时，却对其中的原理、成果的意义、量子计算机的应用前景不明就里，甚至有读者反映，“每个汉字都认识，但还是不懂”。为此，本报记者采访了相关专家，尝试揭开“九章”神秘的面纱，了解量子计算机的原理。

什么是量子计算机

“量子计算机是用量子力学原理制造的计算机，目前还处于很初步的阶段。相应的，现有的我们在用的计算机被称为经典计算机。”中国科学技术大学微尺度物质科学国家实验室副研究员袁岚峰一直致力于科普写作，他告诉记者，两者的计算形式不一样，“电脑通过电路的开和关进行计算，而量子计算机则是以量子的状态作为计算形式”。

我们日常使用的电脑，不管是屏幕上的图像还是输入的汉字，这些信息在硬件电路里都会转换成1和0，每个比特要么代表0，要么代表1，这些比特就是信息，然后再进行传输、运算与存储。正是因为这种0和1的“计算”过程，电脑才被称为“计算机”。

而量子计算，则是利用量子天然具备的叠加性，施展并行计算的能力。“量子力学允许一个物体同时处于多种状态，0和1同时存在，就意味着很多个任务可以同时完成，因此具有超越计算机的运算能力。”中科大教授陆朝阳说，每个量子比特，不仅可以表示0或1，还可以表示成0和1分别乘以一个系数再叠加，随着系数的不同，这个叠加的形式会很多很多。

“目前的量子计算机使用的是如原子、离子、光子等物理系统，不同类型的量子计算机使用的是不同的粒子，这次的‘九章’使用的是光子。”袁岚峰说。

袁岚峰告诉记者，量子计算机并不是在所有方面都超过经典计算机，而是处理某些特定问题时超过经典计算机，这是因为量子计算机能针对这些特定的问题运用高效的量子算法。“对于没有量子算法的问题，例如最简单的加减乘除，量子计算机就没有任何优势。”

“九章”到底长什么样

在中国科学技术大学光量子实验室，记者见到了确立中国量子计算优越性的“九章”。

从外观上看，与其说它是计算机，倒不如说是一台敞开式的运算系统：实验桌上 3 平方米左右的格子里摆满了上千个部件，“这些都是量子计算机原型机的光路”，潘建伟研究组的苑震生教授说，“正是通过我国自主创新的量子光源、量子干涉、单光子探测器等，我们构建了 76 个光子的量子计算原型。”

另一张桌子上，摆放着“九章”的接收器。“如果你站在两张桌子之间，就意味着你置身于‘九章’之中。”

原来，神秘的“九章”就是一堆光路和接收装置。

袁岚峰告诉记者，光学是实现量子计算的一种手段，跟超导、离子阱、核磁共振等很多其他手段并列。“中国科技大学把光学这种手段带到了世界的中心，大大扩展了学术界对这种手段上限的估计，这是这项成果在技术上的重要意义。”

“九章”确立的“量子计算优越性”有多厉害

“九章”的成果，就是实现了量子计算优越性。“量子计算机在某个问题上超越现有的最强的经典计算机，被称为‘量子计算优越性’或者叫‘量子霸权’。”

袁岚峰随后解释说：“实际上，‘量子霸权’是一个科学术语，跟国际政治无关。它指的是量子计算机在某个问题上远远超过现有的计算机。”

基于量子的叠加性，许多量子科学家认为，量子计算机在特定任务上的计算能力将会远超任何一台经典计算机。2019 年，谷歌第一个宣布实现了“量子计算优越性”。他们用的量子计算机叫作“悬铃木”，处理的问题大致可以理解为：判断一个量子随机数发生器是不是真的随机。

“谷歌造出的‘悬铃木’包含 53 个量子比特的芯片，花了 200 秒对一个量子线路取样一百万次，而现有的最强的超级计算机完成同样的任务需要一万年。200 秒对一万年，如果这是双方的最佳表现，那么确实是压倒性的优势。”袁岚峰说，“九章”跟“悬铃木”的区别，一是处理的问题不同，二是用来造量子计算机的物理体系不同。“九章”用的是光学，“悬铃木”用的是超导。“这两个没有孰优孰劣,只是不同的技术路线。”

“‘九章’在同样的赛道上,比‘悬铃木’快一百亿倍,这就是等效速度,也意味着我国在量子计算上实现了‘量子霸权’。”袁岚峰进一步解释说,“九章”的成果牢固确立了我国在国际量子计算研究中的“第一方阵”地位。这是因为有“悬铃木”在前,“九章”毕竟是第二个,所以只是说中国跟美国相差不远。“而在量子通信方面,我们就不说什么‘第一方阵’了。因为那里没有方阵,中国明确是世界最先进的。”

何谓“高斯玻色取样”

所有的报道中都提到,“‘九章’处理‘高斯玻色取样’的速度比目前最快的超级计算机‘富岳’快一百万亿倍”。那么,什么是高斯玻色取样?

“玻色取样是用来展示量子计算优越性的特定任务中的一项,一直被科学家寄予厚望。”袁岚峰说,“大致可以理解为,一个光路有很多个出口,问每一个出口有多少光出去。”

由于量子力学赋予光子很多匪夷所思的性质,使得光子的不同路径之间,不但可以相互叠加,也可以相互抵消,具体结果视情况而定,非常复杂。“在面对这样的难题时,玻色取样装置就有了用武之地。由于它像计算机一样,能够在较高的精度上解决特定的数学问题,同时又应用了光子的量子力学特性,所以可以称作是一种‘光量子计算机’。”袁岚峰说。

此次,中国科学技术大学潘建伟、陆朝阳等组成的研究团队与中科院上海微系统所、国家并行计算机工程技术研究中心合作,成功研制出的“九章”,和之前的玻色取样机的主要区别,在于输入的光子状态,也就是对从前的“玻色取样”装置进行升级。“玻色取样机输入的是一个个独立的光子,而‘九章’输入的是一团团相互关联的量子光波。”袁岚峰说,因此,“九章”比经典计算机快很多倍,真正体现出了“量子计算优势”。

量子计算机要不要装系统

“量子计算机本身就是一套‘系统’。”中国科学技术大学林梅教授说,独立的光学组件提供了硬件,复杂的光路结构则决定了它的算法。“例如,以光子作为量子比特的量子计算机,需要能够产生光子的单光子源,能够改变光子状态、完成算法的特定光路结构,还需要单光子探测器对光子的最终状态进行观测。”

据了解,对于量子计算机的控制,仍然需要通过普通电脑进行信息的输入和输出。工作人员需要在普通电脑上输入初始数据,数据在量子计算机控制系统中进行复杂的转换和运算,最后得到的结果会再传输回工作人员的普通电脑上。

量子计算机距离实用还有多远

量子计算机能不能处理有实用价值的问题?答案是:能。

“例如因数分解,量子计算机就有快速算法的。因数分解的困难性是现在最常用的密码体系 RSA 的基础,所以量子计算机能快速进行因数分解,就意味着能快速破解密码。”袁岚峰说,“问题只是在于,现有的量子计算机只能分解很小的数,还不足以破解实用的密码。所以在实现量子优越性之后,下一个重要的目标就是针对一个有实用价值的问题,造出超越经典计算机的量子计算机。”

“火车刚发明的时候,连马车的速度都赶不上;飞机刚发明的时候,只能在天上坚持飞 1 分钟;量子计算机刚发明的时候,计算过程也坚持不了几分钟。”袁岚峰说。量子计算发展到今天,我们研制出的“九章”不仅速度快、稳定性高,而且有着潜在应用价值。“不管量子计算机现在有多么初级,总有一天,它会像曾经的火车和飞机一样,一步一步向我们走来。也许将来,我们能够用光学实现真正强大的量子计算机,也就是可编程的、能处理很多有实用价值问题的量子计算机。”

(作者:常河;来源:《光明日报》2020 年 12 月 7 日第 8 版,节选)

案例评析

《九章算术》是我国古代著名的数学专著,它的出现标志着中国古代数学体系的形成。而这台以“九章”命名的量子计算机同样具有里程碑意义:这一突破使我国成为全球第二个实现“量子计算优越性”的国家,牢固确立了我国在国际量子计算研究领域的领先地位。任何重大科技创新从来都不是轻轻松松实现的。我国之所以能够在量子科技领域取得一大批具有国际影响力的重大创新成果,实现从“跟跑”到“并跑”“领跑”的转变,离不开未雨绸缪的战略谋划和系统布局,更有赖于科学家和科技工作者奋起直追、埋头苦干。科学家和科技工作者们积极践行社会主义核心价值观,不畏艰难险阻、勇攀科学高峰,定能创造出更多令世人刮目相看的成绩。

延伸阅读

1. 坚持以社会主义核心价值观引领文化建设制度

党的十九届四中全会审议通过的《中共中央关于坚持和完善中国特色社会主义制度、推进国家治理体系和治理能力现代化若干重大问题的决定》，着眼更好保障和推动社会主义先进文化繁荣发展、不断巩固全体人民团结奋斗的共同思想基础，创造性地提出"坚持以社会主义核心价值观引领文化建设制度"，并作出战略部署，提出一系列重大举措。这充分体现了以习近平同志为核心的党中央坚定的文化自信和价值观自信，标志着我们党对社会主义文化建设规律的认识达到了一个新的高度。

核心价值观是文化最深层的内核，决定着文化的性质和方向，体现着一个国家、一个民族的文化理想和精神高度。任何一种文化要立起来、强起来，从根本上说，取决于凝结和贯穿其中的核心价值观的生命力、引领力。社会主义核心价值观植根于中华文化沃土，熔铸于我们党领导人民长期奋斗的伟大实践，是社会主义先进文化的精髓，是当代中国精神的集中体现，凝结着全体人民共同的价值追求，昭示着中国特色社会主义的发展方向和光明前景。正是社会主义核心价值观深厚的民族性、鲜明的时代性、内在的先进性、广泛的包容性，决定了其在我国文化建设中居于主导和引领地位。我们一定要牢牢坚持以社会主义核心价值观引领文化建设制度，推动发展面向现代化、面向世界、面向未来的，民族的、科学的、大众的社会主义文化，凝魂聚气、强基固本，更好构筑中国精神、中国价值、中国力量，促进全体人民在思想上精神上紧紧团结在一起。

推动理想信念教育常态化、制度化

理想信念是精神支柱、力量之源。习近平总书记指出："一个国家，一个民族，要同心同德迈向前进，必须有共同的理想信念作支撑。"[①]回顾我们党团结带领人民一路走来的奋斗历程，之所以能够战胜一个个艰难险阻，创造一个个人间奇迹，迎来中华民族从站起来、富起来到强起来的伟大飞跃，靠的就是共同理想信念的凝聚和鼓舞。历史和现实表明，坚持共同的理想信念，任何时候都是我们的显著优势所在，都是我们前进的根本动力所在。当今世界正经历百年未

---

① 习近平. 人民有信仰民族有希望国家有力量[N]. 人民日报,2015-03-01(01).

有之大变局，我国正处于实现中华民族伟大复兴的关键时期，改革发展稳定任务之重前所未有，风险挑战之多前所未有。越是形势复杂、任务艰巨、挑战严峻，越需要铸牢共同的理想信念，更好统一全党全国人民的思想和意志，汇集起攻坚克难、奋力前行的强大精神力量。

理想信念的确立和巩固是一个长期的、历史的过程，理想信念教育也是一个持续深化的过程。必须把理想信念教育作为基础性工程、战略性任务，做到常态化开展、制度化推进。要深入推进理论武装和宣传普及工作，引导干部群众深化对习近平新时代中国特色社会主义思想的学习，打牢坚定共同理想信念的思想根基，真正做到虔诚而执着、至信而深厚。要持续开展中国特色社会主义和中国梦宣传教育，坚持理论和实践相联系、历史和现实相贯通、国内和国外相对比，引导人们深刻认识中国特色社会主义的强大生命力和巨大优越性，深刻认识实现中华民族伟大复兴的现实基础和光明前景，坚定道路自信、理论自信、制度自信、文化自信，矢志不渝沿着中国特色社会主义道路为实现中国梦而奋斗。加强理想信念教育，既需要“立”，也需要“破”。对非马克思主义、反马克思主义的错误思潮，对宣扬西方“宪政民主”、“普世价值”、历史虚无主义等的错误观点，对否定歪曲党的领导和中国特色社会主义制度的错误言论，要旗帜鲜明、敢于斗争，有针对性地进行辨析和批驳，帮助人们划清是非界限、提高辨别能力，自觉抵制错误思想观点的侵蚀。青少年是祖国的未来、民族的希望，要完善青少年理想信念教育齐抓共管机制，调动各方面力量教育引导广大青少年树立正确的世界观、人生观、价值观，立志肩负起民族复兴的时代重任。

坚定共同的理想信念，民族精神和时代精神是深厚基础。要大力弘扬民族精神和时代精神，加强党史、新中国史、改革开放史教育，加强爱国主义、集体主义、社会主义教育，引导人们树立正确的历史观、民族观、国家观、文化观，不断增强中华民族的凝聚力和向心力，推动形成团结一心的精神纽带和自强不息的精神动力。爱国主义是中华民族的精神基因，最能感召中华儿女团结奋斗。要大力弘扬爱国主义精神，唱响爱国主义主旋律，引导人们坚持爱国和爱党、爱社会主义相统一，增强爱国意识和家国情怀。要把维护祖国统一和民族团结作为爱国主义教育的重要着力点和落脚点，引导人们不断增进对伟大祖国、中华民族、中华文化、中国共产党、中国特色社会主义的认同，坚决维护国家主权、安全、发展利益,旗帜鲜明地反对分裂国家图谋、破坏民族团结的言行。道德是社会文明进步、团结和谐的基石,要大力实施公民道德建设工程,推进社会公德、职业道德、家庭美德、个人品德建设,引导人们正确辨别是与非、善与恶、美与丑、荣与辱、公与私、义与利,增强道德判断力和道德责任感,自觉讲道德、尊道德、守道德。要积极推进新时代文明实践中心建设,坚持在服务群众中宣传群众、引导群众,立足群众思想实际和生产生活实际开展活动、提供服务,更加注重精准化、实效性,更好地把满足群众需求同提高群众素养结合起来,促进全社会文明程度不断提升。

完善弘扬社会主义核心价值观的法律政策体系

任何一种价值观在全社会的牢固确立,都是一个思想教育与社会孕育相互促进的过程,都是一个内化与外化相辅相成的过程。弘扬社会主义核心价值观,教育引导是基础,但仅靠教育引导是不够的,还要有制度规范、有政策保障。否则,社会主义核心价值观就不容易落地生根,现实中的一些道德失范和价值扭曲现象也不能得到有效约束和遏制。党的十八大以来,我们党在治国理政中坚持德法相济、协同发力,重视发挥法律政策在核心价值观建设中的促进作用,专门制定了推动核心价值观融入法治建设的指导性文件和立法修法规划,推动出台一系列有利于培育和践行核心价值观的法律法规、规章制度和公共政策,在实践中取得了很好的效果。事实表明,以法律政策承载价值理念和道德要求,核心价值观建设才有可靠支撑。要坚持依法治国和以德治国相结合,完善弘扬社会主义核心价值观的法律政策体系,把社会主义核心价值观要求融入法治建设和社会治理,体现到国民教育、精神文明创建、文化产品创作生产全过程,增强全社会对核心价值观的认同归属感和自觉践行力。

完善弘扬社会主义核心价值观的法律政策体系,首先要强化法律法规的价值导向,推动核心价值观入法入规。要坚持把社会主义核心价值观全面融入中国特色社会主义法治体系之中,贯穿法治国家、法治政府、法治社会建设全过程,贯穿科学立法、严格执法、公正司法、全民守法各环节,使社会主义法治成为良法善治。要把核心价值观的要求转化为具有刚性约束力的法律规定,坚持法律的规范性和引领性相结合,积极推进立改废释,特别是要聚焦道德约束不足、法律规范缺失的重点领域,把实践中广泛认同、较为成熟、操作性强的道德要求及时上升为法律规范,更好用法治的力量引领正确的价值判断、树立正义的道德天平。各行各业的规章制度和行为准则，是推动核心价值观渗透到社会生活方方面面的重要保障。要不断完善市民公约、乡规民约、学生守则、行业规章、团体章程等，使规范社会治理的过程成为弘扬核心价值观的过程。公共政策与群众生产生活和现实利益密切相关，其中蕴含的价值取向对人们的影响更切实、更直接、更广泛。要坚持政策目标和价值目标相统一，把核心价值观的要求体现到经济、政治、文化、社会、生态文明建设等各方面政策制定和实施之中，建立健全政策评估和纠偏机制，推动形成有效传导社会主流价值的政策体系，实现公共政策和核心价值观建设良性互动。

推进中华优秀传统文化传承发展工程

民族文化是一个民族区别于其他民族的独特标识，也是一个国家核心价值观孕育形成的深厚土壤。源远流长、博大精深的中华优秀传统文化，积淀着中华民族最深层的精神追求，包含着中华民族最根本的精神基因，为中华民族生生不息、发展壮大提供了强大精神支撑。社会主义核心价值观的源泉，来自中华优秀传统文化；社会主义核心价值观的根脉，深植于中华优秀传统文化。培育和弘扬社会主义核心价值观，必须坚守我们既有的传统、固有的根本，在此基础上深耕厚培、延伸发展。只有这样，才能更好延续我们的精神命脉、保持我们的精神独立性，才能使社会主义核心价值观在全社会牢固而持久地确立起来，成为感召和凝聚全体中华儿女的强大精神纽带。从这个意义上说，中华优秀传统文化传承发展工程，就是为国家立心、为民族立魂的工程。

推进中华优秀传统文化传承发展工程，贵在继承、重在创新。不忘本来才能更好面向未来。要本着客观、科学、礼敬的态度，进一步把中华传统文化这个宝库梳理好、开掘好，有鉴别地加以对待，有扬弃地予以继承，取其精华、去其糟粕，真正把优秀传统文化的精神标识提炼出来、展示出来，把优秀传统文化中具有当代价值、世界意义的文化精髓提炼出来、展示出来，守住中华文化本根，传承中华文化基因。要在梳理、甄别、萃取的基础上，充分运用学校教育、媒体传播、文艺创作、礼仪推广、民间传承等途径，广泛宣传普及中华优秀传统文化，大力弘扬中华传统美德，让中华文化在一代代接续传承中不断发扬光大。守正创新才能历久弥新。要坚持创造性转化、创新性发展，对中华优秀传统文化蕴含的思想观念、人文精神、道德规范，结合时代条件和实践要求加以补充、拓展、完善，赋予其新的时代内涵和现代表达形式，增强中华文化的生命力和影响力，充分展现中华文化的独特魅力和时代风采，充分展示中华民族的文化精神和文化胸怀。要深入阐发中华优秀传统文化讲仁爱、重民本、守诚信、崇正义、尚和合、求大同的时代价值，使之与当代文化相适应、与现代社会相协调，更好地涵育中国人的精神世界。

健全志愿服务体系

志愿服务是社会文明进步的重要标志，是培育和践行社会主义核心价值观的有效载体。志愿服务既体现了人们对高尚道德情操和精神境界的美好向往，又顺应了人们实现自我价值和人生意义的内在追求，最能吸引人民群众积极参与、广泛参与，在培育时代新人、弘扬时代新风中的作用和影响越来越突出。近年来，我国志愿服务事业取得长足进步，体制机制逐步健全，组织队伍不断壮大，各种志愿服务活动在城乡基层蓬勃开展，全社会志愿服务意识日益增强。特别是《志愿服务条例》《关于推进志愿服务制度化的意见》《关于支持和发展志愿服务组织的意见》等法规和政策文件的出台，推动我国志愿服务进入了一个新的发展阶段。要坚持走中国特色志愿服务之路，大力弘扬奉献、友爱、互助、进步的志愿精神，不断健全志愿服务体系，更好引导人们为他人送温暖、为社会作贡献，使我为人人、人人为我在全社会蔚然成风。

健全志愿服务体系，关键是创新工作体制机制，有效调动各种资源和力量，推动志愿服务制度化、社会化、专业化。要大力扶持志愿服务组织发展，建立健全孵化培育机制，完善和落实志愿服务组织承接公共服务、参加公益创投、获取政府补贴和社会捐赠等方面的政策措施，推动公共资源更多地向基层志愿服务组织开放。要精心培育志愿服务队伍，完善志愿者招募注册机制，开展高水平、精准化的教育培训，分领域、分层次培养骨干队伍和专业力量。志愿服务项目和阵地，是开展志愿服务活动的基本依托。要围绕服务国家战略、服务百姓生活，设计一批高质量、专业化的志愿服务项目，打造一批示范性强、影响力大的品牌。要扩大志愿服务站点的覆盖面，以城乡社区、公共场所、窗口单位为重点，推动志愿服务进医院、进车站、进商场、进景区，推进社区、高校志愿服务中心建设，加快实现博物馆、图书馆、科技馆志愿服务阵地的全覆盖。要加强志愿服务保障机制建设，完善志愿服务记录制度，制定实施志愿者嘉许和回馈办法，健全志愿服务星级认定制度，重视发挥典型示范作用，推动形成有利于志愿服务事业持续健康发展的良好环境。

完善诚信建设长效机制

诚信是衡量一个社会文明程度的重要标尺,也是反映一个国家精神面貌的显著标志。我们党始终重视诚信、倡导诚信、弘扬诚信,明确把诚信作为社会主义核心价值观的重要内容,积极推动诚信成为全社会共同遵守的价值准则。党的十八大以来,党中央把诚信建设摆在重要位置,作出一系列决策部署,采取一系列重大举措,着力解决诚信方面的突出问题,推动诚信建设取得明显进展和成效,讲诚信、重诚信、守诚信的社会氛围日益浓厚。但也应当看到,目前总体上社会诚信意识和信用水平有待提高,与人民群众对美好生活的期待还不相符合,与社会主义市场经济发展需要还不相适应,特别是见利忘义、商业欺诈、制假售假等败德违法行为时有发生,诚信缺失仍然是社会普遍关注的一个突出问题。要坚持把诚信建设作为培育和践行社会主义核心价值观的重要着力点,完善诚信建设长效机制,深入推进政务诚信、商务诚信、社会诚信、司法公信建设,努力在全社会形成诚实守信、重信守诺的良好风尚。

完善诚信建设长效机制,基础在于健全覆盖全社会的征信体系。要推动各个领域建立信用信息记录,在此基础上进一步健全信用信息管理制度,促进各地区各部门信用信息互联互通、共建共享。要完善多部门、跨地区、跨行业的守信联合激励和失信联合惩戒的联动机制,畅通守信"绿色通道",加强失信惩戒,让守信者处处受益、失信者处处受限,使褒扬守信、惩戒失信成为一种社会共识和自觉行动。应当看到,推进诚信建设,形成不敢失信、不能失信、不愿失信的社会环境,既要靠他律,也要靠自律。要大力弘扬中华民族重信守诺的传统美德,广泛宣传普及与市场经济和现代治理相适应的诚信理念、规则意识、契约精神,积极培育诚信文化,使诚实守信成为人们的内在追求和行为习惯。要深入开展形式多样的主题实践活动,制定诚信公约,加强行业自律,推动全社会的诚信意识和信用水平不断提高。

(作者:王晓晖;来源:《人民日报》2019 年 12 月 6 日第 9 版)

2. 民法典:社会主义核心价值观的立法表达

民法典是一部凝聚了几代立法者心血和汗水,承载着亿万国人对美好生活向往的法典。法典第一条开宗明义确立立法目的,即"为了保护民事主体的合法权益,调整民事关系,维护社会和经济秩序,适应中国特色社会主义发展要求,弘扬社会主义核心价值观,根据宪法,制定本法"。可以说,从民法典的立法目的到法律原则再到具体条文，民法典浸润了社会主义核心价值观的要求，承载着引导规范人们践行社会主义核心价值观的重要使命。

社会主义核心价值观与民法精神高度契合

中共中央关于《社会主义核心价值观融入法治建设立法修法规划》强调，力争经过5到10年时间，推动社会主义核心价值观全面融入中国特色社会主义法律体系。民法典作为社会生活的百科全书、民事权利的宣言书和保障书，与上述规划中明确的"以保护产权、维护契约、统一市场、平等交换、公平竞争等为基本导向，完善社会主义市场经济法律制度"这一任务最为紧密。民法所彰显的平等、公平、意思自治、诚信、公序良俗等基本原则，与社会主义核心价值观所凝聚的价值观念高度契合，是最能反映国人对核心价值认知的"最大公约数"。

民法典遵循科学立法的原则，以立法目的为指引，以原则与规则相结合的方式，将与民法精神、理念相一致的社会主义核心价值观有机融入法典之中。民法典第9条规定："民事主体从事民事活动，应当有利于节约资源、保护生态环境。"这就是"文明""和谐"价值观入法的体现，是绿色原则在总则编的具体呈现。其后，物权、合同、侵权各编中，又分别设计了相应的规则，如第286条关于业主行为的要求（"应当符合节约资源、保护生态环境的要求"），第326条关于用益物权人的义务性规定（"应当遵守法律有关保护和合理开发利用资源、保护生态环境的规定"），第619条关于出卖人义务的规定（"应当采取足以保护标的物且有利于节约资源、保护生态环境的包装方式"）等。应当说，回应工业文明带来的生态破坏、环境危机、资源紧张，适应可持续发展要求，通过一般规定加具体规则的方式，民法典将绿色发展、环境保护纳入制度体系。

社会主义核心价值观入法镌刻时代烙印、体现中国特色

民主立法既有助于立法科学化的实现，也有利于让形成的制度规范被认可、被信仰、被遵守。民主立法强调法的逻辑起点要以人民为中心、坚持人民主体地位，其所要求的重点在于民法典作为社会生活的基本法，反映人们对美好生活的向往，应当充分倾听民意、凝聚民智。作为社会层面价值取向的"自由、平等、公正、法治"与公民个人价值准则的"诚信""友善"等价值取向，均较充分地体现在民法典中。

社会主义核心价值观入法不是反映哪些人或哪类人的主观意愿，而是要让民法典的精神、原则和制度规范打上时代烙印、体现中国特色。民法典第184

条可以说是社会主义核心价值观在具体规则制度层面最生动的体现。该条明确，“因自愿实施紧急救助行为造成受助人损害的，救助人不承担民事责任”，充分回应了国人对一段时期以来“好人难当”“英雄流血又流泪”等不良社会现象的关切，是弘扬助人为乐、匡扶正义、见义勇为等核心价值的重要制度设计。民法典第185条加强对英雄烈士人格权益保护，有效回应了解构历史、虚化事实、污名化民族情感民族精神等行为，弘扬爱国主义精神，明确“侵害英雄烈士等的姓名、肖像、名誉、荣誉，损害社会公共利益的，应当承担民事责任”。该法条对于英雄烈士人格权益的保护，维护的是以民族记忆、民族精神以及社会主义核心价值观所共同凝聚的社会公共利益。

民法典有8个条文涉及对公序良俗的规范，既体现了法律对秩序的维护，更是国人的价值共识。“民事主体从事民事活动，不得违反法律，不得违背公序良俗”“处理民事纠纷，应当依照法律；法律没有规定的，可以适用习惯，但是不得违背公序良俗”“违背公序良俗的民事法律行为无效”，在上述一般性原则和效力规定的基础上，民法典分编回应社会现实，作出了一些具体性规定。如民法典既赋予民事主体在姓名权上的充分自由，同时又以公序良俗加以必要限制，体现出民法温情下不乏必要的严厉。

民法典这样的制度设计还有很多，例如增加“树立优良家风、弘扬家庭美德、重视家庭文明建设”规定，强化社会主义核心价值观在婚姻家庭中的引领导向作用。增加协议离婚冷静期制度，有助于激发民众对婚姻家庭的责任心，引导形成良好的婚姻家庭观。另外还有撤销公证遗嘱、增加被继承人宽宥制度、扩大法定继承人范围等，都体现了社会主义核心价值观有序入法的立法追求。

法律体现鲜明的价值导向，直接影响人们对社会主义核心价值观的认知认同和自觉践行。民法典立足中国国情，明确弘扬社会主义核心价值观，这是贯彻落实习近平新时代中国特色社会主义思想、坚持依法治国与以德治国相结合的生动实践。随着民法典的实施，社会主义核心价值观将与民法精神更好同频共振，共同筑起人民权利的大厦，保障我们每一个人自由和有尊严地生活。

（作者：周悦丽；来源：《光明日报》2020年6月6日第7版）

3. 推动社会主义核心价值观在家庭落地生根

党的十八大以来，习近平总书记从党和国家事业发展全局和促进人的全面发展出发，就家庭家教家风建设发表一系列重要讲话，强调要注重家庭、注重家教、注重家风。家庭家教家风建设,事关人人享有人生出彩机会,事关家家幸福安康,事关社会和谐稳定,事关中华民族伟大复兴历史进程。我们要深入学习贯彻习近平总书记关于家庭家教家风的重要论述,加强新时代家庭家教家风建设,努力使千千万万个家庭成为国家发展、民族进步、社会和谐的重要基点,成为人们梦想启航的地方。

做好新时代家庭工作的科学指南

习近平总书记关于家庭家教家风的重要论述,深刻阐释了新时代家庭家教家风建设的重大意义,深刻回答了新时代建设什么样的家庭、怎样建设好家庭好家教好家风的重大问题,体现了鲜明的中国特色、强烈的时代特征和宽广的社会视野,是做好新时代家庭工作的科学指南。

习近平总书记关于家庭家教家风的重要论述是习近平新时代中国特色社会主义思想的重要内容。习近平总书记指出,“千家万户都好,国家才能好,民族才能好”“国家好,民族好,家庭才能好”“无论时代如何变化,无论经济社会如何发展,对一个社会来说,家庭的生活依托都不可替代,家庭的社会功能都不可替代,家庭的文明作用都不可替代”“家庭是人生的第一个课堂,父母是孩子的第一任老师”“广大家庭都要重言传、重身教,教知识、育品德,帮助孩子扣好人生的第一粒扣子,迈好人生的第一个台阶”“家风是社会风气的重要组成部分”“广大家庭都要弘扬优良家风,以千千万万家庭的好家风支撑起全社会的好风气”“特别是各级领导干部要带头抓好家风”。习近平总书记的重要论述,深刻揭示了家庭与个人、社会、国家之间的关系,明确界定了家庭作为社会细胞的地位、功能和作用,深刻阐明了注重家庭、注重家教、注重家风对巩固党的执政基础、维护国家长治久安、促进人民幸福安康、实现民族复兴伟业的重要意义。这些重要论述贯穿着以人民为中心的发展思想,植根于中华优秀传统文化,回应了新时代人们对美好生活的期待。

加强家庭家教家风建设是坚持人民至上的必然要求。习近平总书记强调:“国家富强,民族复兴,人民幸福,最终要体现在千千万万个家庭都幸福美满上,体现在亿万人民生活不断改善上。”以习近平同志为核心的党中央始终把人民安居乐业、千家万户安危冷暖放在心上,不断推出幼有所育、学有所教、劳有所得、病有所医、老有所养、住有所居、弱有所扶的政策举措,大大增强了人民群众的获得感、幸福感、安全感。面对家庭结构的新变化、家庭生活的新需求、家庭发展的新特点,必须坚守人民立场,进一步加强家庭家教家风建设,着力解决家庭的操心事烦心事揪心事,不断为民办事、为民造福。

做好家庭工作是推动社会主义核心价值观在家庭落地生根的迫切需要。习近平总书记强调:“核心价值观是一个民族赖以维系的精神纽带,是一个国家共同的思想道德基础”,培育和践行社会主义核心价值观要“从家庭做起,从娃娃抓起”。做好家庭工作,有利于抓住青少年价值观形成和确立的关键时期,通过家庭的情感认同、家长的言传身教、家风的浸润熏陶,让社会主义核心价值观在少年儿童心中生根发芽;引导家庭成员在家庭生活和社会生活中践行社会主义核心价值观,增进家庭和睦、家庭幸福、家庭文明,促进社会安定、社会祥和、社会文明;促进党员干部树牢社会主义核心价值观,把家风建设作为作风建设的重要内容,切实把对党忠诚融入家庭家教家风建设,发挥表率作用,弘扬廉洁家风和清正党风政风。

注重家庭家教家风是提升基层社会治理水平的重要保证。习近平总书记强调:“一个国家治理体系和治理能力的现代化水平很大程度上体现在基层”“要不断夯实基层社会治理这个根基”。党的十九届四中全会《决定》提出,注重发挥家庭家教家风在基层社会治理中的重要作用。家庭是构建基层社会治理新格局的重要力量,家庭和谐幸福是基层社会治理成效的重要体现。家风淳朴、家教严正、亲情和睦,邻里守望相助,家庭成员共同自觉维护社会秩序,可以为基层有效治理和社会和谐稳定打牢基础、提供保障。

培育新时代家庭观,深化家庭家教家风建设

家庭、家教、家风三者有机统一、紧密关联。家庭和睦,社会才能和谐;家教良好,未来才有希望;家风纯正,社会才会充满正能量。深入贯彻落实习近平总书记关于家庭家教家风的重要论述,必须全面把握新时代家庭家教家风建设的目标任务,建设好家庭、涵养好家教、传承好家风。

坚持以社会主义核心价值观为统领,引导广大家庭厚植家国情怀。要把爱家和爱国统一起来,把个人梦、家庭梦融入国家梦、民族梦,培育和践行社会主义核心价值观,汇聚起全面建成小康社会、实现中华民族伟大复兴中国梦的磅礴力量。大力弘扬以爱国主义为核心的民族精神和以改革创新为核心的时代精神,传承中华优秀传统文化,使社会主义核心价值观成为家庭成员的思想觉悟、道德准则、文明素养和行为规范,把家庭建设成践行社会主义核心价值观的坚强阵地。

坚持以培育新时代家庭观为主线，推动形成社会主义家庭文明新风尚。爱国爱家的家国情怀、相亲相爱的家庭关系、向上向善的家庭美德、共建共享的家庭追求等，体现新时代家庭观的深厚内涵。大力培育新时代家庭观，引导家庭成员既爱小家又爱国家，在促进家庭和睦、亲人相爱、养老育幼等方面共担责任，在自立自强、岗位建功、筑梦圆梦等方面共同发展，推动形成家家幸福安康的生动局面。倡导忠诚、责任、亲情、学习、公益的理念，推动人们在为家庭谋幸福、为他人送温暖、为社会作贡献的过程中提升精神境界、培育文明风尚。

坚持立德树人根本任务，培养担当民族复兴大任的时代新人。家庭教育涉及很多方面，最重要的是品德教育，是关于如何做人的教育。良好的道德观念要从小就传递给孩子，努力培养德智体美劳全面发展的社会主义建设者和接班人。引导家长树立正确的育人观、成长观，言传身教帮助孩子从小立下志向、热爱生活、懂得感恩，养成好思想、好品行、好习惯。加强家庭教育指导，办好网上网下家长学校，搭建更多家庭教育服务平台，发挥家庭和学校老师、家教专家、志愿者作用，促进家校社协同，共同立德树人。

坚持弘扬优良家风，以好家风支撑起好的社会风气。推进社会公德、职业道德、家庭美德、个人品德建设，倡导以德治家、文明立家、忠厚传家，弘扬清风正气、抵制歪风邪气。引导家庭养成自觉守法、遇事找法、解决问题靠法的意识和习惯，让民法典关于应当树立优良家风、弘扬家庭美德、重视家庭文明建设的规定，走进千家万户，得到有效执行。发挥妇女在弘扬中华民族家庭美德、树立良好家风方面的独特作用，带动家庭成员建设好家庭，让家庭文明蔚然成风，让好家风涵养社会文明新风尚。

服务大局，做细做实新时代家庭工作

党的十八大以来，我国家庭家教家风建设取得丰硕成果。注重家庭、注重家教、注重家风的理念深入人心，成为社会广泛共识；社会主义核心价值观、家庭家教家风的内容被写入宪法、民法典等法律法规；家庭文明建设被列入精神文明建设总体布局，覆盖城乡的家庭教育指导服务体系建设加快推进，家庭家教家风在基层社会治理中的重要作用日益显现。发挥妇女独特作用，做好家庭工作，是党中央交给妇联组织的重要任务，是妇联组织服务大局、服务妇女的重要着力点。我们要进一步增强“四个意识”、坚定“四个自信”、做到“两个维护”，坚持目标导向、问题导向、结果导向，务实功、求实效，把推进家庭工作作为一项长期任务抓实抓好。

立足职能定位抓好家庭家教家风建设。强化价值引领，突出以德为先，坚持以德立家建设好家庭、立德树人涵养好家教、崇德向善培育好家风。创新实施“家家幸福安康工程”，使家庭文明创建更接地气、家庭教育指导更符合需求、家庭服务更加精准。打造特色品牌，深入开展寻找“最美家庭”活动，推动更多家庭学习最美、争当最美。进一步把握家庭家教家风的深刻内涵和内在规律，找准工作着力点，创新工作理念和方法，完善家庭文明创建、支持家庭发展、婚姻家庭纠纷调解常态化的制度机制，加强对困难家庭的关爱服务，把家庭工作做扎实做到位。

发挥妇女在家庭建设中的独特作用。妇女在社会生活和家庭生活中具有独特作用，在建设家庭文明、树立良好家风中具有独特优势。进一步激发妇女主体意识，修身齐家、勤俭持家、和睦兴家，带动家庭成员做好家庭建设。强化引领、服务、联系，为妇女平衡家庭和事业创造条件、提供支持，帮助妇女处理好家庭和工作关系，做对社会有责任、对家庭有贡献的新时代女性。倡导男女共担家庭责任、共享家庭发展成果，推动将平等相待、和谐相处细化到家庭生活中，共同促进家庭和睦、亲人相爱、幼有所育、老有所养。

促进家庭家教家风在基层社会治理中发挥重要作用。围绕提升基层治理水平，引导家庭在社区和谐、邻里和睦、美丽乡村、爱国卫生运动等方面积极参与、发挥作用。面向广大家庭深入宣传民法典，发挥其积极导向作用，增强家庭及其成员的责任感和义务感，使新时代家庭文明建设在推动法治中国建设、推进基层治理中的作用更加突出。加强联动联合，在基层党组织领导下坚持自治法治德治相结合，通过阵地共用、资源共享、工作互促、机制互通，携手广大家庭合力建设人人有责、人人尽责、人人享有的社会治理共同体。

推动完善支持家庭发展的法律政策。注重形成重视家庭文明建设、弘扬家庭美德、树立优良家风的价值导向和行为规范，推动完善支持家庭发展的法律体系。推动健全家庭政策体系，在制定政策、编制规划时考虑广大家庭的所需所盼，完善支持家庭生育、服务家庭养老育幼、家政服务提质扩容等的家庭公共政策。合力构建覆盖城乡的家庭教育指导服务体系，促进家校社协同育人。推动完善支持家庭发展的社会服务体系，创新家庭公益服务模式，为困难家庭、单亲家庭等提供实实在在的关爱帮扶，推动家家幸福安康，促进社会和谐稳定。

（作者：沈跃跃；来源：《人民日报》2020 年 8 月 19 日第 6 版，节选）

4. 新时代的中国青年

前　言

青年是整个社会力量中最积极、最有生气的力量，国家的希望在青年，民族的未来在青年。中国青年始终是实现中华民族伟大复兴的先锋力量。

近代以后，中国逐步沦为半殖民地半封建社会，国家蒙辱、人民蒙难、文明蒙尘，中华民族遭受了前所未有的劫难，中国青年深切感受到日益深重的民族危机。

中国青年的觉醒，点燃了中华民族伟大复兴的希望之光。五四运动前后，一大批率先接受新思想、新文化、新知识的有志青年在反复比较中选择了马克思列宁主义，促进中国人民和中华民族实现了自鸦片战争以来的第一次全面觉醒。1921 年 7 月，平均年龄仅 28 岁的 13 位代表参加中国共产党第一次全国代表大会，宣告了中国共产党诞生这一开天辟地的大事变，吹响了全民族觉醒和奋起的号角，开启了民族复兴的新纪元。在中国共产党的领导下，中国共产主义青年团于 1922 年成立，中国青年运动翻开了新的历史篇章。

回首百年，无论风云变幻、沧海桑田，中国青年爱党、爱国、爱人民的赤诚追求始终未改，坚定不移听党话、跟党走的忠贞初心始终未变。在新民主主义革命时期，中国青年不怕牺牲、敢于斗争，经受了生与死的考验，为争取民族独立、人民解放冲锋陷阵、抛洒热血。在社会主义革命和建设时期，中国青年勇于拼搏、甘于奉献，经受了苦与乐的考验，在新中国的广阔天地忘我劳动、发愤图强。在改革开放和社会主义现代化建设新时期，中国青年开拓创新、勇立潮头，经受了得与失的考验，为推动中国大踏步赶上时代锐意改革、拼搏奋进。

党的十八大以来，中国特色社会主义进入新时代。以习近平同志为核心的党中央高度重视青年、热情关怀青年、充分信任青年，鲜明提出党管青年原则，大力倡导青年优先发展理念，着力发挥共青团作为党的助手和后备军作用，推动青年发展事业实现全方位进步、取得历史性成就。在这个伟大的新时代，中国青年展现了亮丽的青春风采、迸发出豪迈的青春激情。

新时代中国青年刚健自信、胸怀天下、担当有为，衷心拥护党的领导，奋力走在时代前列，展现出前所未有的昂扬风貌：追求远大理想，心中铭刻着对马克思主义的崇高信仰、对共产主义和中国特色社会主义的坚定信念；深植家国情怀，与国家同呼吸、与人民共命运，时刻彰显着鲜明的爱国主义精神气质；传承奋斗担当，先天下之忧而忧、后天下之乐而乐，勇做走在时代前列的奋进者、开拓者、奉献者。

历史清晰而深刻地昭示，没有中国共产党就没有朝气蓬勃的中国青年运动，矢志不渝跟党走是中国青年百年奋斗的最宝贵经验，深深融入血脉的红色基因是中国青年百年奋斗的最宝贵财富。

2021 年 7 月 1 日，习近平总书记在庆祝中国共产党成立 100 周年大会上深情寄语："新时代的中国青年要以实现中华民族伟大复兴为己任，增强做中国人的志气、骨气、底气，不负时代，不负韶华，不负党和人民的殷切期望！"

展望未来，民族复兴大业已经站在新的历史起点、踏上新的伟大征程。新时代中国青年迎来了实现抱负、施展才华的难得机遇，更肩负着建设社会主义现代化强国、实现中华民族伟大复兴中国梦的时代重任。

中国梦是历史的、现实的，也是未来的；是广大人民的，更是青年一代的。新时代中国青年必将以永不懈怠的精神状态、永不停滞的前进姿态，在接续奋斗中将中华民族伟大复兴的中国梦变为现实。

为充分展示新时代中国青年的风貌和担当，值此中国共产主义青年团成立 100 周年之际，特发布本白皮书。

…………

二、新时代中国青年素质过硬、全面发展

奋斗锤炼本领，磨砺增长才干。新时代中国青年积极主动学理论、学文化、学科学、学技能，思想素养、身体素质、精神品格、综合能力不断提升，努力成长为堪当民族复兴重任的时代新人。

（一）理想信念更为坚定

理想指引人生方向，信念决定事业成败。新时代中国青年把树立正确的理想、坚定的信念作为立身之本，努力成长为党、国家和人民所期盼的有志青年。

坚信中国道路。中国青年通过历史对比、国际比较、社会观察、亲身实践，深刻领悟党的领导、领袖领航、制度优势、人民力量的关键作用。2020 年有关调查显示，绝大多数青年对中国特色社会主义道路由衷认同，对实现中华民族伟大复兴充满信心。用习近平新时代中国特色社会主义思想武装起来的中国青年，在展现国家发展成就的一系列生动事例、客观数字、亲身体验中，深切感受到“中国速度”“中国奇迹”“中国之治”，做中国人的志气、骨气、底气进一步增强，为实现中华民族伟大复兴中国梦团结奋斗的思想基础更加牢固。

坚守价值追求。青年的价值取向决定了未来整个社会的价值取向。中国青年主动“扣好人生第一粒扣子”，从英雄模范和时代楷模中感受道德风范，积极倡导富强、民主、文明、和谐，倡导自由、平等、公正、法治，倡导爱国、敬业、诚信、友善，成为社会主义核心价值观的实践者、推广者。一大批青年优秀人物成为全社会学习的榜样，1500余名中国青年五四奖章获奖者引社会风气之先，各级“优秀共青团员”发挥先锋模范作用，2万余名“向上向善好青年”展现青春正能量。面对社会思潮的交流交融交锋，中国青年有困惑、有迷惘，但有一条主线始终未变，就是对党和国家的赤诚热爱、对崇高价值理念的不懈追求。

坚定文化自信。文化是一个民族的精神和灵魂，高度的文化自信是实现民族复兴的重要基础。中国青年不断从中华优秀传统文化、革命文化、社会主义先进文化中汲取养分，特别注重从源远流长的中华文明中获取力量。2020年有关调查显示，超八成受访青年认为“青少年国学热”的原因是“国人开始重视传统文化的内在价值”。从热衷“洋品牌”到“国潮”火爆盛行，从青睐“喇叭裤”到“国服”引领风尚，从追捧“霹雳舞”到“只此青绿”红遍全国，中国青年对中华民族灿烂的文明发自内心地崇拜，从精神深处认同，传承中华文化基因更加自觉，民族自豪感显著增强，推动全社会形成浓厚的文化自信氛围。

（二）身心素质向好向强

少年强、青年强则中国强，强健的体魄、阳光的心态是青年成长成才的重要前提。新时代中国青年素质过硬，首先就体现在身心素质更好更强，能够经得起风雨、受得住磨砺、扛得住摔打。

身体素质持续提升。在校园里，随着体育课时持续增加，更多青年学生既在课堂内“文明其精神”，也在操场上“野蛮其体魄”。超过3700万名农村义务教育学生受惠于政府开展的学生营养改善计划，身体素质得到明显提升。2018年，14岁至19岁青年学生体质达标测试合格率达91.9%，优良率持续上升。在社区中，青年积极参加各种群众性体育运动，跑步、游泳、各项球类运动成为年轻人的运动时尚，体育健身场馆“人头攒动”。北京冬奥会激发了中国青年的冰雪运动热情，18岁至30岁青年成为参与冰雪运动的主力军，参与率达37.3%，为各年龄段最高。在竞技场上，奥运会、亚运会等国际赛事中始终活跃着中国青年争金夺银的身影，青年健儿大力弘扬中华体育精神和女排精神，向全世界诠释了“更快、更高、更强——更团结”的奥林匹克新格言，展示了中国青年强健有力的民族精神。中国青年关注体育、参与体育、享受体育，成为体育强国建设的积极开拓力量。

心理素质自信达观。中国青年从身边做起、从小事做起，努力将牢固的理想信念、健康的价值认知、坚定的文化自信转化为良好的社会心态。虽然在就业、教育、住房、婚恋、养老等领域还面临不小压力，但在党和政府的关心关注和全社会的共同支持下，中国青年面对困难不消沉、面对压力愈坚韧，2021 年有关调查显示，88.0% 的受访青年认为自己可以做“情绪的主人”。对未来发展的信心斗志、对美好生活的向往追求占据着中国青年的主流，自信达观、积极向上是中国青年的鲜明形象。

（三）知识素养不断提升

知识改变命运，教育改变人生。乘着教育事业优先发展的东风，新时代中国青年亲眼见证、亲身经历了教育事业取得的历史性成就，享受了更加公平、更高质量的教育，学习的主动性、自觉性进一步提高，科学文化素养迈上新台阶。

受教育水平大幅提升。在科教兴国、人才强国等国家战略支持下，亿万中国青年通过教育获得成长成才的机会，实现创造美好生活、彰显人生价值的愿望。2020 年，新增劳动力平均受教育年限达 13.8 年，比十年前提高 1.1 年；大学专科以上在职青年占同等文化程度就业总人口比例超过 50%，比在职青年占就业总人口比例高约 20 个百分点。提高学历层次、接受高质量教育，依然是中国青年改变命运、追梦逐梦、实现人生理想的主要方式。

热爱学习渐成风尚。越来越多的青年把学习作为一种生活乐趣、一种人生追求，学习提升的社会氛围愈加浓厚。有相当数量的青年在离开校园后选择继续深造、提升学历，2020 年成人本专科在校生超过 770 万人，网络本专科在校生超过 840 万人。青年在职学习专业技能的热情空前高涨，调查显示，超过 50% 的社会青年参加过职业技能培训，工作之余“充充电”“加加油”成为越来越多青年的共同选择。受益于网络媒体迅猛发展，数千万青年通过“慕课”（大型开放式网络课程）等方式选学课程、获取知识。

（四）社会参与积极主动

社会是青年成长发展的重要课堂。新时代中国青年以更加自信的态度、更加主动的精神，适应社会、融入社会，参与社会发展进程，展现出积极的社会参与意识和能力，成为正能量的倡导者和践行者。

有序参与政治生活。中国青年追求政治进步，积极参与全过程人民民主实践。共产主义远大理想始终激励青年砥砺前行、奋发向上，青年加入中国共产党、中国共产主义青年团的意愿持续高涨。截至2021年6月，35岁及以下党员共2367.9万名，占党员总数的24.9%。中国共产党第十八次全国代表大会以来，每年新发展党员中35岁及以下党员占比均超过80%。截至2021年底，共青团员总数达7371.5万名。青年广泛参与各级人大、政协，积极履职尽责、参政议政，2019年县级人大、政协中青年代表、委员分别占10.9%、13.7%。青年踊跃参与各类民主选举、民主决策、民主管理、民主监督，围绕经济社会发展重大问题建言献策，针对关系青年切身利益的实际问题充分行使民主权利、广泛开展协商、努力形成共识。

积极参与社会事务。近年来，越来越多的青年热情参与公益慈善、社区服务、生态保护、文化传播、养老助残等社会事务，不仅在很多有影响力的社会组织中发挥重要作用，还组建了一批以自愿成立、自主管理、自我服务为特征的社会组织。目前，全国有7600多个共青团指导的县级志愿服务、文艺体育类青年社会组织，带动成立青年活动团体15万余个，基本实现县域全覆盖。中国青年充分利用这些社会参与的重要渠道，在依法承接政府职能转移、开展行业自律、满足社会公众多样化服务需求、倡导文明健康生活方式、促进政府与社会沟通等方面发挥建设性作用，展现了强烈的参与意识和社会责任感。

三、新时代中国青年勇挑重担、堪当大任

中国特色社会主义新时代，是青年大有可为，也必将大有作为的大时代。新时代中国青年争做经济高质量发展的积极推动者、社会主义民主政治建设的积极参与者、社会主义文化繁荣兴盛的积极创造者、社会文明进步的积极实践者、美丽中国的积极建设者，在实现第二个百年奋斗目标、建设社会主义现代化强国的新征程上努力拼搏、奋勇争先。

（一）在平凡岗位上奋斗奉献

新时代中国青年坚守“永久奋斗”光荣传统，把平凡的岗位作为成就人生的舞台，用艰辛努力推动社会发展、民族振兴、人民幸福，靠自己的双手打拼一个光明的中国。

无论是传统的“工农商学兵”“科教文卫体”，还是基于“互联网 +”的新业态、新领域、新职业，青年在各行各业把平凡做成了不起、把不可能变成可能，将奋斗精神印刻在一个个普通岗位中。在工厂车间一线，青年工人苦练本领、精益求精，拧好每个螺丝、焊好每个接头，争当“青年岗位能手”，让“中国制造”走向世界；在田间地头，青年农民寒耕暑耘、精耕细作，用科学技术为粮食增产、为土地增效，努力把中国人的饭碗牢牢端在自己手中；在建筑工地，青年农民工不畏辛劳、夜以继日，用一砖一瓦筑造起一座座高楼大厦，将都市装点得更加美丽；在训练场上，青年健儿刻苦训练、顽强拼搏，以过硬的作风和惊人的毅力向世界顶峰发起冲锋，让五星红旗在国际赛场高高飘扬；在城市的大街小巷，快递小哥、外卖骑手风里来、雨里去，为千家万户传递幸福与温暖，他们用勤劳和汗水生动展现了中国青年“衣食无忧而不忘艰苦、岁月静好而不丢奋斗”的整体风貌，让青春在平凡岗位的奋斗中出彩闪光。

（二）在急难险重任务中冲锋在前

新时代中国青年不畏难、不惧苦，危难之中显精神，关键时刻见真章，总能够在祖国和人民需要的时候挺身而出，自觉扛起责任，无私奉献，无畏向前，彰显青年一代应有的闯劲、锐气和担当。

在体现综合国力、弘扬民族志气的重大工程之中，在抗击重大自然灾害面前，在应对突发公共危机时，青年的身影始终挺立在最前沿。无论是西气东输、西电东送、南水北调、东数西算等战略工程现场，还是港珠澳大桥、北京大兴国际机场、“华龙一号”核电机组等标志性项目工地，“青年突击队”“青年攻坚组”的旗帜处处飘扬。中国青年靠钢铁般的意志和攻坚克难的勇气，拼搏在前、奉献在前，创造了令世人惊叹的建设奇迹，用事实证明中国青年面对困难挫折撑得住、关键时刻顶得住、风险挑战扛得住。

（三）在基层一线经受磨砺

新时代中国青年把基层作为最好的课堂，把实践作为最好的老师，将个人奋斗的“小目标”融入党和国家事业的“大蓝图”，将自己对中国梦的追求化作一件件身边实事，在磨砺中长才干、壮筋骨。

在农村为乡亲们排忧解难，在社区为邻里们倾心服务，在边疆为祖国巡逻戍边……越来越多的青年深入基层、投身现代化建设最需要的地方，在复杂艰苦环境中成就人生。2021 年，中共中央、国务院表彰的 1981 名全国脱贫攻坚先进个人和1501个先进集体中,就有许多青年先进典型。1800多名同志将生命定格在了脱贫攻坚征程上,其中很多是年轻的面孔。在乡村振兴战略实施中,青年领办专业合作社、推广现代农业科技、壮大农村新产业新业态,带头移风易俗、改善农村人居环境、倡导文明乡风,带动农民增收致富,助力农村焕发新貌。截至2021年,47万名“三支一扶”人员参加基层支教、支农、支医和帮扶乡村振兴(扶贫),数百万青年学生参与“三下乡”社会实践活动,为脱贫攻坚和乡村振兴提供新助力。

(四)在创新创业中走在前列

新时代中国青年富有想象力和创造力,思想解放、开拓进取,勇于参与日益激烈的国际竞争,成为创新创业的有生力量。

受益于党和国家的好政策,在经济、社会、科技、文化等领域,青年以聪明才智贡献国家、服务人民,奋力走在创新创业创优的前列。在国家创新驱动发展战略的引领和“揭榜挂帅”“赛马”等制度的激励推动下,一批具有国际竞争力的青年科技人才脱颖而出,在“天宫”“蛟龙”“天眼”“悟空”“墨子”“天问”“嫦娥”等重大科技攻关任务中担重任、挑大梁,北斗卫星团队核心人员平均年龄36岁,量子科学团队平均年龄35岁,中国天眼FAST研发团队平均年龄仅30岁。在工程技术创新一线,每年超过300万名理工科高校毕业生走出校门,为中国工程师队伍提供源源不断的有生力量,他们用扎实的学识、过硬的技术,持续创造难得的“工程师红利”,有力提升了中国的发展动力和国际竞争力。在国家持续出台创业扶持政策的大背景下,青年积极投身大众创业、万众创新热潮,踊跃参加“创青春”中国青年创新创业大赛、“中国国际互联网+”大学生创新创业大赛等创业交流展示活动,用智慧才干开创自己的事业。2014年以来,在新登记注册的市场主体中,大学生创业者超过500万人。在信息技术服务业、文化体育娱乐业、科技应用服务业等以创新创意为关键竞争力的行业中,青年占比均超过50%,一大批由青年领衔的“独角兽企业”“瞪羚企业”喷涌而出。中国青年自觉将人生追求同国家发展进步紧密结合起来,在创新创业中展现才华、服务社会。

(五)在社会文明建设中引风气之先

新时代中国青年顺应社会发展潮流,适应国家治理体系和治理能力现代化要求,在社会文明建设中引领时代新风,争当正能量的倡导者、新风尚的践行者。

无论在城镇还是乡村、企业还是学校，青年都自觉把正确的道德认知、自觉的道德养成、积极的道德实践紧密结合起来，带头倡导向上向善社会风气、塑造社会文明新风尚。在城乡社区建设中，越来越多的青年投身社区治理和服务体系建设，主动参加“社区青春行动”，加强实践锻炼、提升服务贡献。在各行各业，青年秉承“敬业、协作、创优、奉献”的理念，踊跃创建“青年文明号”，大力弘扬新时代职业文明，展现新时代职业形象。广大青年运动员弘扬体育道德风尚，以良好的赛风赛纪和文明礼仪，获得竞技成绩和精神文明双丰收。1993 年“中国青年志愿者行动”启动以来，志愿服务成为青年参与社会治理、履行社会责任的一面旗帜，成为青年在奉献人民、服务社会中锻炼成长的重要途径。截至 2021 年底，全国志愿服务信息系统中 14 岁至 35 岁的注册志愿者已超过 9000 万人，他们活跃在社区建设、大型赛事、环境保护、扶贫开发、卫生健康、应急救援、文化传承等各个领域，弘扬“奉献、友爱、互助、进步”的志愿精神，在全社会形成团结互助、平等友爱、共同前进的新风尚。中国青年志愿者扶贫接力计划研究生支教团、大学生志愿服务“西部计划”连续 18 年派遣 41 万余名研究生、大学毕业生，到中西部 2100 多个县（市区旗）开展扶贫支教、卫生医疗等志愿服务。青年始终是大型赛会志愿服务的主体力量，给千家万户乃至全世界留下深刻印象。

四、新时代中国青年胸怀世界、展现担当

青年是国家的未来，也是世界的未来。新时代中国青年既有家国情怀，也有人类关怀，秉承中华文化崇尚的四海一家、天下为公理念，积极学习借鉴各国有益经验和文明成果，与世界各国青年共同推动构建人类命运共同体，共同弘扬和平、发展、公平、正义、民主、自由的全人类共同价值，携手创造人类更加美好的未来。

（一）更加开放自信地融入世界

随着中国对外开放的大门越开越大，新时代中国青年以前所未有的深度和广度认识世界、融入世界，在对外交流合作中更加理性包容、自信自强。

“走出去”的道路越来越宽。通过留学、务工、旅游、考察等方式，中国青年以极大的热情和包容的心态，全方位、深层次了解世界、融入世界、拥抱世界，学习借鉴其他国家的有益经验和文明成果。出国留学是中国青年了解世界的重要途径。1978 年，中国选派出国留学人员仅 800 余名；2019 年，超过 70 万人出

国深造,40 多年来各类出国留学人员累计超过 650 万人;1978 年回国留学人员仅 248 人,2019 年超过 58 万人学成回国,40 多年来回国留学人员累计达 420 余万人。与此同时,大批中国青年通过旅游、考察、商务、劳务等方式走出国门、感知世界,2019 年国内居民出境达 1.7 亿人次,中国青年认识世界的渠道更加广阔、国际视野不断拓展。

沟通合作的"朋友圈"越来越大。在各种国际舞台上,中国青年讲述中国故事、参与全球青年事务治理,在双多边框架下积极交流互动、促进合作共赢。中国青年参与双边交流机制更加广泛深入,与各有关国家青年走得越来越近、友谊越来越深。在"中国青年全球伙伴行动"框架下,中国与 100 多个国际组织及外国政府青年机构、政党和非政府青年组织建立交流合作关系。在中俄、中美、中欧、中印、中日等中外人文交流机制框架下,中国青年在教育、科学、文化、艺术、体育、媒体等领域对外互动合作活跃。中国青年不仅与周边国家和广大发展中国家青年伙伴开展亮点纷呈的人文交流,还通过创新创业、经贸往来、技术交流等方式实现互惠互利。中国青年更加主动地加入国际组织、参加国际会议、参与全球治理,树立了更加亮丽的国际形象。在联合国和其他国际组织中,数百名中国青年为世界和平与发展事业付出辛劳、作出贡献;在联合国青年论坛、联合国教科文组织青年会议和相关多边机制框架下,在亚洲青年理事会等国际性青年组织中,中国青年更加自信地发出中国声音、阐述中国观点,成为沟通中外友好的青年使者。

(二)展现构建人类命运共同体的青春担当

新时代中国青年深刻地认识到,每个民族、每个国家的前途命运都紧紧联系在一起,应该风雨同舟、守望相助,努力把共同的地球家园建成一个命运与共的大家庭。

在心与心的交流对话中汇聚青春共识。中国青年积极倡导、努力践行构建人类命运共同体理念,围绕脱贫减贫、气候变化、抗疫合作等主题,征集世界各国青年故事、传播世界各国青年声音、凝聚世界各国青年共识。2020 年,在联合国有关机构、世界卫生组织共同举办的应对新冠肺炎疫情网络会议上,中国青年代表向全世界介绍参与抗疫志愿服务的感人故事、分享科学应对疫情的经验做法。在上海合作组织、金砖国家、G20 等国际机制青年领域合作文件的制定过程中,中国青年积极贡献智慧、提出主张,为保障世界各国青年的生存权、发展权、受保护权、参与权贡献智慧。在2022年北京冬奥会、冬残奥会上，各国青年运动员和青年志愿者，超越语言的障碍、文化的差异，用笑容播撒温暖、用拥抱传递友谊、用心灵汇聚力量，共同搭建起“一起向未来”的桥梁，以青春特有的方式向全世界传递了构建人类命运共同体的理念。

在手拉手并肩前行中绘就美好图景。推动构建人类命运共同体，中国青年铭于心，更笃于行。中国青年积极投身“一带一路”建设，践行共商共建共享理念。几十万名海外中资机构青年员工在异国他乡辛勤工作，为当地经济社会发展作出贡献；开展志愿服务、慈善捐赠、文化交流，增进与所在国青年之间的友谊与合作。以青年为主体的国际中文教师志愿者在100多个国家服务，帮助各国青年学习中华文化。“中国青年志愿者海外服务计划”累计派出超过700名青年志愿者，在亚洲、非洲、拉丁美洲的20多个国家，开展医疗卫生、农业技术、土木工程、工业技术、经济管理、社会发展等方面的服务。中国军队青年官兵积极参加联合国维和行动，胸怀人间大爱，恪守维和使命责任，秉持人道主义精神，为世界和平与发展注入更多正能量。截至2020年，4万余人次中国军人为和平出征，16名中国军人在维和行动中牺牲，平均年龄不到30岁。中国青年用行动向世人证明，只要世界各国人民同心同向、携手共进，人类命运共同体的前景必将更加美好。

（三）中国青年的全球行动倡议

人类已经进入互联互通的新时代，各国利益休戚相关、命运紧密相连。当今世界面临越来越突出的治理赤字、信任赤字、和平赤字、发展赤字，混乱、撕裂、不公愈演愈烈。百年变局和世纪疫情叠加，给世界经济发展和民生改善带来严重挑战。和平还是战争，光明还是黑暗，人类在进步和倒退的十字路口面临着重要抉择。时代呼唤全世界青年团结一心，加强彼此了解、相互取长补短，用欣赏、互鉴、共享的观点看待世界，携手构建人类命运共同体。为此，中国青年向全世界青年倡议：

——坚持向美向上向善的价值追求。立正心、明大德、行大道，崇德向善、追求美好，热爱生活、奉献社会，在一点一滴中弘扬真善美、传播正能量。

——展现朝气蓬勃的精神风貌。自信自强、昂扬向上，不断自我提升、自我超越，努力做最好的自己，实现青春梦想和人生价值。倡导健康生活，锻炼强健体魄，涵养阳光心态，保持青春活力。

——为国家发展进步奋斗担当。以主人翁的姿态,刻苦学习本领、发挥聪明才智、大胆创新创造,始终保持拼搏向上、奋斗进取的精神,始终走在时代最前列,担负起国家发展进步的历史责任。

——为世界和平发展贡献智慧力量。胸怀世界、胸怀未来,秉持全人类共同价值,顺应时代潮流和历史大势,站在历史正确的一边、人类进步的一边,维护世界和平,促进共同发展,弘扬公平正义,捍卫民主自由,为建设繁荣美好的世界作出积极贡献。

中国青年真诚希望世界和平稳定、发展繁荣,真诚希望每个国家和地区都能为青年发展提供良好条件,真诚希望全世界青年能够携起手来,为建设一个持久和平、普遍安全、共同繁荣、开放包容、清洁美丽的世界贡献智慧力量、展现青春担当。

结束语

青年一代有理想、有本领、有担当,国家就有前途,民族就有希望。中国的未来属于青年,世界的未来也属于青年。

未来的中国青年,必将“以青春之我,创建青春之家庭,青春之国家,青春之民族,青春之人类,青春之地球,青春之宇宙”,在实现民族复兴的伟大实践中放飞青春梦想。

未来的中国,必将在一代又一代青年的接续奋斗中,实现物质文明、政治文明、精神文明、社会文明、生态文明的全面提升。中国人民将享有更加幸福安康的生活,中华民族将以更加昂扬的姿态屹立于世界民族之林,伟大的中国梦一定能够变成现实。

未来的世界,关系到每一名青年的前途命运,更取决于每一名青年的拼搏奋斗。只要各国青年团结起来、同向同行,坚持平等协商、开放创新、同舟共济、坚守正义,就一定能远离战火硝烟、倾轧斗争,真正建设一个和平发展、亲如一家的“地球村”,共同开创共赢共享、发展繁荣、健康安全、互尊互鉴的美好未来,实现全人类的共同梦想。

中国青年愿同世界各国青年一道,为推动构建人类命运共同体、建设更加美好的世界贡献智慧和力量。

(作者:中华人民共和国国务院新闻办公室;来源:《人民日报》2022 年 4 月 22 日第 10 版,节选。)

精选习题

一、单选题

1. (　　)是一定社会形态社会性质的集中体现,在一个社会的思想观念体系中处于主导地位,体现着社会制度、社会运行的基本原则和社会发展的基本方向。

A. 人生观　　B. 法治素质

C. 核心价值观　　D. 思想道德素质

2. 第一次明确提出“建设社会主义核心价值体系”的会议是(　　)。

A. 十一届三中全会　　B. 党的十三大

C. 党的十五大　　D. 十六届六中全会

3. 把国家倡导社会主义核心价值观正式写入宪法,是在(　　)。

A. 十届全国人大一次会议　　B. 十一届全国人大一次会议

C. 十二届全国人大一次会议　　D. 十三届全国人大一次会议

3. 社会主义核心价值观中,体现社会层面价值要求的是(　　)。

A. 富强、民主、文明、和谐　　B. 自由、平等、公正、法治

C. 爱国、敬业、诚信、友善　　D. 社会主义荣辱观

4. 坚定的核心价值观自信,是中国特色社会主义道路自信、理论自信、制度自信和文化自信的(　　)。

A. 价值内核　　B. 实践基础

C. 物质保障　　D. 集中表达

5. 深深知植根于(　　),是社会主义核心价值观历史底蕴的集中表现。

A. 中华优秀传统文化　　B. 人民群众之中

C. 社会生活之中　　D. 当今时代

6. 社会主义核心价值观是文化软实力的(　　)。

A. 思想保证　　B. 智力支持

C. 外在表现　　D. 灵魂

7. 社会主义核心价值体系的指导思想是(　　)。

A. 马克思主义　　B. 爱国

C. 改革创新　　D. 社会主义荣辱观

8. 坚持和发展中国特色社会主义的价值遵循是(　　)。

A. 社会主义核心价值观　　B. 中国特色社会主义文化

C. 以人民为中心　　D. 以人为本

9. 青年人扣好人生的第一粒扣子,必须积极培育和践行(　　)。

A. 自尊自爱　　B. 热爱祖国

C. 勤劳勇敢　　D. 社会主义核心价值观

10. 社会主义核心价值观自信是四个自信的(　　)。

A. 价值表达　　B. 凝练概括

C. 具体体现　　D. 基本内容

二、多项选择题

1. 人类社会发展的历史表明,对一个民族、一个国家来说,最持久、最深层次的力量是全社会共同认可的核心价值观。面对世界范围思想文化交流交融交锋形势下价值观较量的新态势,面对改革开放和发展社会主义市场经济条件下思想意识多元多样多变的新特点,积极培育和践行社会主义核心价值观,有利于(　　)。

A. 巩固马克思主义在意识形态领域的指导地位

B. 巩固全党全国人民团结奋斗的共同思想基础

C. 凝聚实现中华民族伟大复兴中国梦的强大正能量

D. 促进人的全面发展和引领社会全面进步

2. 关于社会主义核心价值观和社会主义核心价值体系的辩证关系,下面表述正确的有(　　)。

A. 紧密联系　　B. 互为依存

C. 相辅相成　　D. 批判继承

3. 社会主义核心价值体系的基本内容包括(　　)。

A. 马克思主义指导思想

B. 中国特色社会主义共同理想

C. 以爱国主义为核心的民族精神和以改革创新为核心的时代精神

D. 社会主义荣辱观

4. 社会主义核心价值观把涉及国家、社会、公民的价值要求融为一体,体现了社会主义的本质要求,是对一系列重大问题的深刻回答,它们包括(　　)。

A. 建设什么样的国家　　B. 建设什么样的社会
C. 培育什么样的公民　　D. 建设什么样的党

5. 青年要做社会主义核心价值观的积极践行者。对于当代大学生而言，就是要切实做到(　　)，使社会主义核心价值观成为一言一行的基本遵循。

A. 勤学　　B. 修德　　C. 明辨　　D. 笃实

6. 在国家层面，社会主义核心价值观积极倡导(　　)。

A. 富强　　B. 民主　　C. 文明　　D. 和谐

7. 在社会层面，社会主义核心价值观积极倡导(　　)。

A. 自由　　B. 平等　　C. 公正　　D. 法治

8. 在公民层面，社会主义核心价值观积极倡导(　　)。

A. 爱国　　B. 敬业　　C. 诚信　　D. 友善

9. 社会主义核心价值观的优越性体现在(　　)。

A. 有深厚的历史底蕴　　B. 有坚实的现实基础
C. 有强大的道义力量　　D. 有国家的高度重视

10. 培育和践行社会主义核心价值观，要(　　)。

A. 全民行动　　B. 干部带头
C. 从家庭做起　　D. 从娃娃抓起

三、材料分析题

材料 1

中华民族历来有重家风、重家教、守家规的传统，好家风的事例可谓不胜枚举。

宋代的司马光，在给儿子司马康的家训——《训俭示康》中说道："平生衣取蔽寒，食取充腹；亦不敢服垢弊以矫俗干名，但顺吾性而已。众人皆以奢靡为荣，吾心独以俭素为美。"司马光教育儿子要以俭素为美，不要以奢靡为荣，说的是个人志向，批评的是奢靡风气，令人信服。在他的言传身教下，家族后人也都以贤德立身。

清代的郑板桥，自幼家贫，为官以后生活条件虽然得以改善，但从未将所得俸银留作自家使用，而是分给亲友、乡邻。他在一封家信中写道："每一念及，真含泪欲落也。汝持俸钱南归，可挨家比户，逐一散给。"他还开列了族人及亲友、同窗的具体名单,将俸银全部分完。郑板桥这种乐善好施的行为直到晚年都没有改变,在他的周围产生的广泛影响,更得到后世的赞赏。

材料 2

家风是一个人精神成长的重要源头。有什么样的家风,往往就有什么样的做人做事态度、为人处世风格。从一个人的举手投足到为人处世,能折射出好家风对他的影响,会让人看到父母长辈在他成长中精心抚育的印记。可以说,好家风的传承过程,同样也是延续优良文明基因的过程。

随着社会的发展,家风也要与时俱进,将不利于文明进步不利于社会和谐的因素剔除,不断被赋予新的内容。鉴于此,国家通过倡导家风建设,培育和践行社会主义核心价值观,给社会注入暖暖的正能量。

结合以上材料回答问题:

1. 为什么说“好家风的传承过程,同样也是延续优良文明基因的过程”?

2. 如何通过好家风的传承弘扬社会主义核心价值观?

推荐阅读书目

1. 马克思、恩格斯:《德意志意识形态(节选本)》,人民出版社 2019 年版。

2. 习近平:《在庆祝中国共产主义青年团成立 100 周年大会上的讲话》,人民出版社 2022 年版。

3. 中央党校采访实录编辑室:《习近平的七年知青岁月》,中共中央党校出版社 2017 年版。

4. 侍旭:《新时代大学生价值观教育有效性分析与精准思政实践探索》,人民出版社 2022 年版。

5. 周忠华:《价值观自信——自信中国的价值支撑》,西南交通大学出版社 2019 年版。

6. 靳晓燕:《青年的品格:黄文秀们》,北京师范大学出版社 2020 年版。

7. 韩震、章伟文:《中国价值观》,中国社会科学出版社 2018 年版。

8. 张小平:《社会主义核心价值观》,人民日报出版社 2021 年版。

9. 张造群:《优秀传统文化的当代价值:中国特色社会主义视角的省察》,中国社会科学出版社 2015 年版。

10. 恽代英、邓中夏、赵一曼等:《红色家书》,南方出版社 2021 年版。

第五章　遵守道德规范　锤炼道德品格

教学目标

1. 知识目标：巩固和拓展本章节课堂理论教学中学到的知识，能够对道德的基本理论和基本知识有更深刻的了解，自觉树立马克思主义道德观和社会主义道德观，弘扬社会主义道德；对中华传统美德的基本精神和中国革命道德的主要内容有更深刻的理解，弘扬中华传统美德和中国革命道德，吸收借鉴人类文明优秀道德成果，丰富发展社会主义道德；对社会公德、职业道德、家庭美德、个人品德等领域中的理论和知识有更深的认识，对社会生活领域中的道德规范以及个人品德提升的路径有精准的把握，培育正确的道德判断和道德责任，提高道德实践能力尤其是自觉践行能力，成为社会所需要的人才。

2. 能力目标：实现从理论到实践的飞跃，从书本到现实的转化，积极践行社会公德，在社会上做一个好公民；积极践行职业道德，在工作中做一个好建设者；积极践行家庭美德，在家庭里做一个好成员；积极践行个人品德，在日常生活中养成好品行，不断提升道德素质，促进全面发展，把自身培养和造就为担当民族复兴大任的时代新人。

3. 情感价值目标：形成善良的道德意愿、道德情感，培育正确的道德判断和道德责任；积极追求崇高道德境界，用道德规范指导自己的实践，加强道德修养，锤炼高尚品格，努力做到向上向善、孝老爱亲，忠于祖国、忠于人民，做新时代公民道德建设的表率。

理论热点

一、知识要点

1.社会主义道德及先进性特征

社会主义道德是以社会主义公有制为主体的经济基础的反映;是在无产阶级自发形成的朴素的道德基础上,以马克思主义的世界观为指导,由无产阶级自觉培养起来的道德;是以为人民服务为核心,以集体主义为原则,以诚实守信为重点,以社会主义公民基本道德规范和社会主义荣辱观为主要内容,代表无产阶级和广大劳动人民根本利益和长远利益的先进道德体系。

与以往社会的道德形态相比,社会主义道德具有显著的先进性特征。这种先进性主要体现在以下几个方面:首先,社会主义道德是社会主义经济基础的反映。在以生产资料公有制为主体的社会主义社会,广大人民不仅在政治上实现了当家作主,而且在道德上实现了由被动到主动的转变。其次,社会主义道德是对人类优秀道德资源的批判继承和创新发展。以当代中国的社会主义道德体系为例,我们今天倡导的社会主义道德规范,不仅与中华传统美德相承接,与中国共产党人在革命战争年代创立的革命道德相延续,同时也是对人类优秀道德成果的吸收和借鉴。再次,社会主义道德克服了以往阶级社会道德的片面性和局限性,坚持以为人民服务为核心,坚持以集体主义为原则,展现出真实而强大的道义力量。

2.社会主义道德建设的核心

社会主义道德建设的核心是为人民服务。社会主义道德建设以为人民服务为核心,是社会主义道德的本质要求。道德建设的核心就是为谁服务的问题,不同类型的道德,其核心也不同,一切剥削阶级的道德都是为维护剥削制度、维护少数剥削者的根本利益服务的,因此,其道德建设的核心就只能是为个人谋私利;而社会主义道德是反映最广大人民群众根本利益的道德,是为维护广大人民群众根本利益服务的伦理体系,其本质决定了社会主义道德建设必须以为人民服务为核心。二是社会主义道德建设以为人民服务为核心,是社会主义的经济基础、政治制度和思想文化的客观要求。

3. 社会主义道德的原则

社会主义道德的原则是集体主义。在我国,国家利益、社会整体利益和个人利益在根本上的一致性,使得集体主义应当而且能够在全社会范围内贯彻实施。早在1956年,毛泽东同志就在《论十大关系》中把集体主义作为社会主义社会的基本原则。《新时代公民道德建设实施纲要》在新时代公民道德建设的总体要求中也提出要以集体主义为原则。集体主义作为道德原则,具有正确处理个人利益、集体利益与国家利益关系的重要作用。从根本上说,个人利益与集体利益、国家利益是相辅相成、辩证发展的。一方面,没有集体和国家的富强,就不能保障个人的发展;另一方面,集体和国家又因为个体的能动性得到充分发挥,才能成为充满活力、具有创新能力、富有蓬勃朝气的集体和国家。

集体主义强调国家利益、社会整体利益和个人利益的辩证统一。在社会主义社会中,国家利益、社会整体利益和个人利益是不能分割的。国家利益、社会整体利益体现着个人根本的、长远的利益,是所有社会成员共同利益的统一。同时,每个人的正当利益,又都是国家利益、社会整体利益不可分割的组成部分。国家、社会的兴衰与个人利益得失息息相关。在现实生活中,国家利益、社会整体利益和个人利益是相辅相成的,力求做到共同发展、相互增益、相得益彰。

集体主义强调国家利益、社会整体利益高于个人利益,在个人利益与国家利益、社会整体利益发生矛盾尤其是发生激烈冲突的时候,必须坚持国家利益、社会整体利益高于个人利益的原则,即个人应当以大局为重,使个人利益服从国家利益、社会整体利益,在必要时作出牺牲。集体主义要求个人为国家、社会作出牺牲并不是随意的,只有在不牺牲个人利益就不能保全国家利益、社会整体利益的情况下,才要求个人作出牺牲。社会主义、集体主义之所以强调个人利益要服从国家利益、社会整体利益,归根到底,既是为了维护国家、社会的共同利益,最终也是为了维护个人的根本利益和长远利益。

集体主义重视和保障个人的正当利益。集体主义促进和保障个人正当利益的实现,使个人的才能、价值得到充分的发挥。对于集体主义来说,只有个人的价值、尊严得到实现,个人的正当利益得到保证,集体才能有更强大的生命力和凝聚力。集体主义重视个人利益的实现,并不等于任何个人不分场合不分时间的利益需求都应该无条件得到满足。集体主义所重视和保障的是个人的正当利益,对于损人利己、损公肥私的行为,不但不保护,而且强烈反对和禁止。

4. 建设社会主义道德的着力点

《新时代公民道德建设实施纲要》明确指出，要把社会公德、职业道德、家庭美德、个人品德建设作为着力点。推动践行以文明礼貌、助人为乐、爱护公物、保护环境、遵纪守法为主要内容的社会公德，鼓励人们在社会上做一个好公民；推动践行以爱岗敬业、诚实守信、办事公道、热情服务、奉献社会为主要内容的职业道德，鼓励人们在工作中做一个好建设者；推动践行以尊老爱幼、男女平等、夫妻和睦、勤俭持家、邻里互助为主要内容的家庭美德，鼓励人们在家庭里做一个好成员；推动践行以爱国奉献、明礼遵规、勤劳善良、宽厚正直、自强自律为主要内容的个人品德，鼓励人们在日常生活中养成好品行。

5. 中国革命道德的主要内容

中国革命道德的主要内容包括五个方面：一是为实现社会主义和共产主义的理想信念而奋斗。坚持社会主义和共产主义理想信念的不屈不挠的精神，是革命道德的灵魂。革命先烈之所以能够排除万难、坚持斗争、无私无畏、不怕牺牲，就是因为他们有坚定的社会主义和共产主义的理想信念。二是全心全意为人民服务。中国革命道德从一开始就特别强调要为群众服务、为大众谋幸福、为人民利益献身，并认为这是对一切革命人士和先进分子的要求。全心全意为人民服务作为贯穿中国革命道德始终的一根红线，是中国共产党在中国革命实践中的一个伟大创造，对中国的革命、建设、改革事业产生了极其重大的推动作用。三是始终把革命利益放在首位。共产党人和革命者从事革命活动的目的就是要为革命利益而奋斗，在个人利益与革命利益发生矛盾时，始终把革命利益放在首位，极大地激发了革命者为集体而献身的斗志，使革命队伍形成了前所未有的向心力和凝聚力，也使革命事业不断蓬勃向前发展。四是树立社会新风，建立新型人际关系。任何道德规范都要面向生活实践。树立社会新风，建立新型人际关系，体现了中国革命道德在社会生活层面上的重要意义。人们对中国革命道德的传承和弘扬，破除了等级观念和特权思想，破除了鄙视劳动和劳动人民的旧观念，树立了平等意识，保护了妇女、儿童和老人的合法权益，引导建立新型家庭关系和培育良好家风，对于提升人民群众的文明水准和道德风貌，树立社会新风尚，发挥了重要的作用。五是修身自律，保持节操。中国革命道德还体现在共产党人对自身道德修养的重视。加强个人道德修养是影响革命成败的大事，因而践履中国革命道德的重要环节就是共产党人的修身自律、保持节操。

具体来说,就是要以中国革命事业为重,严于律己、谦虚谨慎、淡泊名利、清正廉洁、襟怀坦白、光明磊落,始终保持高风亮节,展现出高尚的人格力量。

6. 网络生活中的道德要求

网络生活中的道德要求,是人们在网络生活中为了维护正常的网络公共秩序需要共同遵守的基本道德准则,是社会公德规范在网络空间的运用和扩展。大学生应当积极倡导网络文明,坚持文明上网,养成科学、文明、健康的上网习惯,在网络生活中加强自律。

一是正确使用网络工具。网络是一个内容庞杂、覆盖面广的信息共享平台,人们可以通过网络便利地浏览新闻、查询资料、下载数据。大学生应当学会利用网络这一先进工具获取知识和信息。针对网络上存在的虚假、低级庸俗甚至反动、淫秽和暴力等信息内容,要提高鉴别善恶美丑的能力,积极运用网络传播正能量,使网络成为拓宽学习视野、提高学习能力的重要工具。

二是进行健康的网络交往。网络已成为人际交往的重要媒介和工具,QQ、微信、微博等为人们提供了邮件收发、实时聊天、网上交友、网络购物等途径。但网络交往中要做到诚实无欺,不侮辱、诽谤他人,更不能参与网络色情直播、游戏、赌博等活动。大学生应通过网络开展健康有益的人际交往,积极参与网络文化的建设和管理,进行有利于个人身心健康和品德培养的网络交往。同时,要树立自我保护意识,不要轻易相信网友,避免受骗上当,避免给自己的人身和财产安全带来危害。

三是自觉避免沉迷网络。适度地上网对学习和生活是有益的,但长时间沉迷于网络对人的身心健康有极大损害。现实中存在着一些青少年上网成瘾,沉迷于网络游戏和聊天而不能自拔,进而导致耽误学业甚至放弃学业的现象。大学生应当从自己的身心健康发展出发,合理安排上网时间,理性对待网络。

四是养成网络自律精神。网络的虚拟性以及行为主体的隐匿性,不利于社会舆论监督作用的发挥,使得道德规范所具有的外在约束力明显降低。在这种情况下,个体的道德自律成了维护网络道德规范的基本保障。大学生应当在网络生活中培养自律精神,促进网络的健康、和谐发展。

二、热点解析

1. 如何传承和弘扬中华传统美德

中华传统美德作为中国传统道德的精华部分,为今天的道德建设提供了丰富的资源，要在去粗取精、去伪存真的基础上坚持古为今用、推陈出新，不忘本来，辩证取舍，传承和弘扬中华传统美德。

一是加强对中华传统美德的挖掘和阐发。中华传统美德是经过漫长的社会发展而形成的，不可避免地打上了传统社会的印记，在内容和形式上或多或少地存在着与今天的现实生活不相适应的地方。弘扬中华传统美德，必须通过科学分析和鉴别，把其中带有阶级和时代局限性的成分剔除出去，把其中具有当代价值的道德精神挖掘出来，总结传统美德中丰富的思想道德资源，对中华传统美德的德目、观点进行新的诠释和激活，结合现代生活赋予其新的时代内涵，努力推动中华传统美德的创造性转化和创新性发展。譬如怎么对待父母、朋友、师长、陌生人等，应根植于本土文化资源。儒家所提倡的仁、义、礼、智、信、忠、孝、诚、恕在剔除历史负面性之后，完全可以提炼、活化出合理因素，渗透到今天的生活中去，作为正面的、积极的、健康的力量参与现代化建设，治疗现代社会的弊病。

二是用中华传统美德滋养社会主义道德建设。实现传统美德的创造性转化，就是要把传统道德作为当代中国社会主义道德的重要资源和凭借，实现我们的新道德与传统美德的直接继承和延续。我们的新道德建设，一方面离不开变化了的社会生活实践这个源，但同样也离不开传统美德这个流。传统伦理道德是一个包含着多层次的复杂体系，不同层次在现代社会中的作用和意义是不一样的。就儒家伦理的内容而言，大致可分为三个层次：一是其核心精神即“仁”学，这是儒家关于人及人与人之间关系的最一般的价值精神；二是其特定的社会伦理价值观层次，如三纲五常、家族本位、忠孝等；三是日常生活中为人处世的一般的行为准则，如义、智、恭、宽、信、敏、中庸等。对我国传统道德资源这个流，主要是摒弃其封建国家政治伦理的糟粕，转化个体道德、家族道德与社会道德中的合理成分，以指导现代社会民众的日常生活。例如，传统社会生活中讲求忠诚于事、忠诚于人的精神，行业道德中讲求诚信经营、勤勉敬业的精神，家族道德中讲求尊老爱幼、和睦团结的精神，个体道德中讲求修身养性、追求美德的精神等都是可以批判继承的。要结合时代要求，按照是否有利于推动中国特色社会主义事业，是否有利于建设社会主义道德体系，是否有利于培育和践行社会主义核心价值观的标准，充分彰显其时代价值和永恒魅力，使之与现代文化、现实生活相融相通，成为全体人民精神生活、道德实践的鲜明标识。

要立足面向大众、服务人民,发挥中华传统美德人伦的化育功能,使传统美德与日常生活水乳交融,让传统美德中蕴含的伦理精神点点滴滴地融入人们的生活,生根发芽,不断丰富人们的精神世界,增强人们的精神力量。

三是在对待传统道德的问题上,要反对两种错误思潮。一种是“复古论”,认为道德建设的最终目标就是要恢复中国的“固有文化”,形成以中国传统文化为主体的道德体系;另一种是“虚无论”,认为中国传统道德从整体上来说在今天已经失去了价值和意义,必须从整体上予以全盘否定。这两种观点都是错误的,割断了道德的历史与发展的关系,都不利于社会的发展和道德的进步。我们要树立高度的文化自觉和文化自信,深入挖掘中华优秀传统文化蕴含的思想观念、人文精神、道德规范,结合时代要求继承创新,让中华文化展现出永久魅力和时代风采。

2. 中国革命道德的当代价值

中国革命道德内容丰富、历久弥新。红船精神、井冈山精神、苏区精神、长征精神、延安精神、西柏坡精神等红色精神中蕴含的革命道德,都是中国共产党领导全体人民实现民族独立、人民解放的精神支撑,对于我们走好新时代的长征路,实现中华民族伟大复兴仍然具有极其重要的现实意义。

一是有利于加强和巩固社会主义和共产主义的理想信念。当前,我们既要正视人民群众的物质利益,不断提高和改善人民的物质生活,又要进行理想信念的教育,充实人民群众的精神生活。弘扬中国革命道德,有利于树立和培养人民群众的社会主义和共产主义的理想信念,有利于坚持和发展中国特色社会主义道路。

二是有利于培育和践行社会主义核心价值观。中国革命道德是先进价值观在道德领域的集中体现,蕴含着培育和践行社会主义核心价值观的丰富思想道德资源。不忘本来才能开辟未来,善于继承才能更好创新。在新的历史条件下,继承和弘扬中国革命道德,对于帮助人们深刻理解社会主义核心价值观的科学内涵和历史底蕴,增强价值观认同,为中国特色社会主义事业提供攻坚克难的强大精神支撑,具有重要意义。

三是有利于引导人们树立正确的道德观。在今天,发扬光大革命道德,能够引导人们正确对待个人利益和社会整体利益、国家利益的关系,能够帮助人们在深刻把握历史、认识社会、审视人生的基础上,以昂扬姿态开启全面建设社会主义现代化国家的新征程。

四是有利于培育良好的社会道德风尚。改革开放以来，中国取得了举世瞩目的发展成就，人们的精神面貌也发生了极大的变化。我国道德领域呈现积极健康向上的良好态势，但仍然存在着诸如金钱至上、诚信缺失、奢侈浪费、贪污腐败这样一些不容忽视的问题，严重损害了群众利益，腐蚀了人们的心灵，污染了社会风气。解决道德领域出现的突出问题，要充分发挥革命道德的精神力量，培育良好的社会道德风尚，净化社会人际关系，抵制各种腐朽思想，树立浩然正气，凝聚崇德向善的正能量。

3. 注重家庭、家教、家风的重要意义

家庭是社会的基本细胞，是人生的第一所学校。不论时代发生多大变化，生活格局发生多大变化，都要重视家庭建设，注重家庭、家教、家风。

一是注重家庭。家庭和睦则社会安定，家庭幸福则社会祥和，家庭文明则社会文明。历史和现实告诉我们，家庭的前途命运同国家和民族的前途命运紧密相连。千家万户都好，国家才能好，民族才能好。国家富强、民族复兴、人民幸福不是抽象的，最终要体现在千千万万个家庭的幸福美满之上，体现在亿万人民生活的不断改善之上。只有国家好、民族好，家庭才能好。只有实现中华民族伟大复兴的中国梦，家庭梦才能梦想成真。

二是注重家教。家庭是人生的第一个课堂，父母是孩子的第一任老师。家庭教育涉及很多方面，但最重要的是品德教育，是如何做人的教育。家庭环境对下一代的影响很大，往往可以影响一个人的一生。注重家教，应该把美好的道德观念从小就传递给孩子，引导他们有做人的气节和骨气，帮助他们形成美好心灵，促使他们健康成长。

三是注重家风。家风是指一个家庭或家族世代相传的风尚、作风，即一个家庭当中的风气。家风是社会风气的重要组成部分。良好的家风，对家庭成员的个人修养有着重要作用，也对整个社会道德风尚的形成有着重要影响。家风好，就能家道兴盛、和顺美满；家风差，难免殃及子孙、贻害社会。大学生要继承和弘扬优良家风，促进家庭和谐。

4. 个人品德与社会公德、职业道德、家庭美德的关系

个人品德与社会公德、职业道德、家庭美德都是社会道德建设的重要方面，它们之间的关系主要体现在以下两个方面。

一是个人品德是社会公德、职业道德、家庭美德的基础和落脚点。公民个体道德水平决定着整个社会的道德水平，无论是社会交往、公共生活，还是职业生活、家庭生活，都离不开个体参与，只有个人品德提升，才会有良好的社会公德、职业道德、家庭美德可言。要倡导社会公德、职业道德、家庭美德，就必须首先提高社会成员的个人品德。只有抓好每个公民的个人品德建设，才能使社会公德得以弘扬、职业道德得以遵守、家庭美德得以提倡。

二是加强社会公德、职业道德和家庭美德建设有助于个人品德的养成。公共生活、职业生活、家庭生活是社会生活的三大领域，也是个人品德形成的重要领域。公共生活、职业生活和婚姻家庭生活中的道德规范，其落脚点是个体在道德实践中将其转化为个人的品德和修养。相对于公德所具有的公共性、他律性、制度性而言，个人品德则具有私人性、自律性和自觉性的特点。二者紧密联系、相互促进、相互转化，构成辩证统一的道德整体。个体通过对社会公德、职业道德、家庭美德的遵守，进而达到对公德的自觉遵守，实际上也是个人品德自律性的表现。社会公德、职业道德、家庭美德对社会成员具有规范性和约束性，如果社会成员能够自觉遵守社会公德、职业道德和家庭美德，并将其加以内化，则有助于个人品德的养成。

5. 大学生如何向道德模范学习

道德模范主要是指思想和行为能够激励人们不断向善且为人们所崇敬、模仿的先进人物。道德模范是群众身边看得见、摸得着的榜样，是可以学、能够学的标杆。大学生学习道德模范，就是要学习他们助人为乐、关爱他人的高尚情怀，在关心他人、帮助他人的过程中创造人生价值；学习他们见义勇为、勇于担当的无畏精神，在危难和紧急关头挺身而出；学习他们以诚待人、守信践诺的崇高品格，老老实实做人、踏踏实实做事；学习他们敬业奉献、勤勉做事的职业操守，干一行爱一行，钻一行精一行；学习他们孝老爱亲、血脉相依的至美真情，常怀感恩之心、敬爱之情。优良的品质、高尚的人格并非一蹴而就，而是逐渐积累的结果。大学生应积极向道德模范学习，见贤思齐、崇德向善，争做崇高道德的践行者、文明风尚的维护者、美好生活的创造者。

6. 大学生如何积极引领社会风尚

良好的社会风尚是人们在社会道德实践中逐渐形成的。大学生投身崇德向善的道德实践，要弘扬真善美、贬斥假恶丑，做社会主义道德的示范者和引领者,促成知荣辱、讲正气、作奉献、促和谐的社会风尚。

知荣辱。荣辱观对个人的思想行为具有鲜明的动力、导向和调节作用。大学生应知荣辱、辨善恶、明是非、鉴美丑,形成正确的价值判断,助推全社会形成知荣明辱的良好道德风尚。

讲正气。就是坚持真理、坚持原则,坚持同一切歪风邪气作斗争。要做到讲正气,在日常生活中就要洁身自好、严于律己,自觉远离低级趣味;积极维护社会公共秩序,抵制歪风邪气,敢于伸张正义、见义勇为,坚决同践踏社会道德风尚的一切行为作斗争。

作奉献。奉献精神是社会责任感的集中表现。热心公益、爱心资助是奉献精神,在危难关头挺身而出、牺牲小我是奉献精神,以职业与事业发展为人生目标的爱岗敬业是奉献精神,以服务国家科学技术创新进步或捍卫国家安全为己任是奉献精神。大学生要在奉献社会中积极发光发热,使我们的社会更加美好和谐。

促和谐。民主法治、公平正义、诚信友爱、充满活力、安定有序、人与自然和谐相处的社会,是国家富强、民族复兴、人民幸福的重要保证。对于大学生来说,促和谐就是要促进自我身心的和谐、个人与他人的和谐、个人与社会的和谐、人与自然的和谐等。大学生要用和谐的态度对待人生实践,使崇尚和谐、维护和谐内化为自己的思想意识和行为习惯,推动人与人之间、人与社会之间融洽相处,实现人与自然之间友好共生。

实践项目

一、课内实践

1.微视频展示

(1)活动名称:“我心中的道德楷模”微视频展示 。

(2)活动目的:学习道德模范的高尚品格和先进事迹,时时处处以道德模范为榜样,多做好事,多办实事,在公共场所、邻里相处、外出旅游等不同的场合做到崇德守礼、遵规守法,养成良好的道德习惯,崇德向善、见贤思齐,弘扬真善美,传播正能量。

(3)活动时间:第五章第二节课上课时。

(4)活动地点:授课教室。

(5)活动具体步骤:

第一,在第五章的预习任务中,明确提出要开展“我心中的道德楷模”微视频展示活动,明确微视频要求,要求全体同学提前拍摄视频,准备展示。

第二,按照微视频要求,由班委会开展预选,推荐6名同学参加展示。

第三,教师进行微视频讲评。

(6)活动注意事项:

第一,让全体同学观看微视频,提出观看要求。

第二,未展示的同学下课前上交微视频。

2. 专题讨论

(1)活动名称:“幸福源自奋斗,成功在于奉献,平凡造就伟大”讨论会。

(2)活动目的:大力弘扬“幸福源自奋斗,成功在于奉献,平凡造就伟大”的价值理念,以“最美奋斗者”为榜样,不忘初心、牢记使命、永远奋斗,为实现中华民族伟大复兴的中国梦贡献力量;把奉献社会、关爱他人作为不懈追求,多做扶贫济困、见义勇为的好事,锤炼道德品质,提升道德修养。

(3)活动时间:第五章第三节课上课时。

(4)活动地点:授课教室。

(5)活动具体步骤:

第一,在第五章的预习任务中,明确提出要开展“幸福源自奋斗,成功在于奉献,平凡造就伟大”讨论,提出讨论要求,要求全体同学做好讨论准备,拟写发言稿。

第二,以班级为单位,按照讨论要求,每班由班委会推荐3名发言代表。

第三,在授课学生中选拔2名主持人,负责主持讨论活动。

第四,审查主持人引导词、发言顺序、发言稿,并进行主持预演。

第五,发言人按顺序发言。

第六,教师进行讨论讲评。

(6)活动注意事项:

第一,制定讨论规则,提前告知全体同学。

第二,提出讨论纪律要求,告知全体同学遵守。

第三,未参加讨论的同学下课前上交讨论稿。

3.主题演讲

(1)活动名称:"大学校园里的最美奋斗者"演讲比赛。

(2)活动目的:以"大学校园里的最美奋斗者"为榜样,大力弘扬"幸福源自奋斗,成功在于奉献,平凡造就伟大"的价值理念,把人民对美好生活的向往作为奋斗目标,始终做新时代长征路上的不懈奋斗者。

(3)活动时间:第五章第四节课上课时。

(4)活动地点:授课教室。

(5)活动具体步骤:

第一,在第五章的预习任务中,明确提出要开展"大学校园里的最美奋斗者"演讲活动,提出演讲要求,要求全体同学做好演讲准备,拟写演讲稿。

第二,按照演讲要求,由班委会开展演讲预选,每班推荐3名选手参加演讲。

第三,在学生中选拔主持人2名,负责主持演讲。

第四,演讲前审查主持人主持词、演讲顺序、选手演讲稿,并进行主持预演。

第五,主任评委宣读评分办法及标准,演讲者按顺序演讲,评委打分。

第六,教师进行演讲讲评。

(6)活动注意事项:

第一,制定演讲规则,提前告知全体同学。

第二,提出演讲纪律要求,告知全体同学遵守。

第三,选手演讲后上交演讲稿。

第四,未参加演讲的同学下课前上交演讲稿。

二、课外实践

1.主题实践

(1)活动名称:"我的网络公益活动"微视频展示。

(2)活动目的:把网络公益作为履行社会责任、践行社会主义核心价值观的重要方式,通过网络募捐、网络义卖、网上知识竞赛、网络公益宣传、网上招募、网上宣传等形式在网站和新媒体平台，开展扶贫帮困、慈善捐助、无偿献血、义演义诊、环境保护、植绿护绿等各类网络公益活动，服务社会、奉献社会，增加对社会的了解，培养社会责任意识，锻炼并提高社会活动能力，培养综合素质。

(3)活动时间：课程开设期间。

(4)活动地点：授课QQ群。

(5)活动具体步骤：

第一，在第五章的课后作业中，明确提出要开展“我的网络公益活动”微视频展示活动。

第二，按照要求在授课QQ群中展示微视频。

第三，教师进行微视频讲评。

(6)活动注意事项：让全体学生在授课QQ群中观看微视频。

2. 参观考察

(1)活动名称：参观文明社区。

(2)活动目的：走进文明社区，感受文明社区创建成果，体验文明社区管理和服务水平，了解文明社区居民的生活环境、生活质量、城市文明程度和公民素质，在参观活动中接受具体生动的公民道德建设实践教育，升华道德认知，提升道德素质，做新时代公民道德建设的表率，把自己培养成为有崇高理想和道德追求的人。

(3)活动时间：课程开设期间的双休日。

(4)活动地点：学校周边的文明社区。

(5)活动具体步骤：

第一，提前一周与文明社区取得联系，确定参观的具体时间与地点。

第二，参观前2天跟文明社区接洽，了解参观的主要内容。

第三，参观当天要求参加的同学在指定的时间、地点集合，由各班考勤、带队老师组织前往文明社区。

第四，到达文明社区后，在工作人员指引下有序进入。

第五，参观结束后，按规定有序离开文明社区，到达集合地点后点名确认人数，由带队老师组织返校。

(6)活动注意事项：

第一，队列整齐，服从指挥，在参观过程中禁止大声喧哗，禁止擅自离开参观队伍。

第二，参观人员临时离场须请假。

第三，指定专人负责摄影工作，留作活动资料。

3. 社会调查

(1)活动名称：参观文明村镇，收集乡规民约。

(2)活动目的：走进文明村镇，感受文明村镇创建成果，收集整理乡规民约，体验文明村镇居民的生活环境、生活质量、文明程度和公民素质，在调查活动中接受社会主义新农村道德建设实践教育，升华道德认知，强化道德修养，做新时代公民道德建设的倡导者、传播者、践行者，把自身培养和造就为担当民族复兴大任的时代新人。

(3)活动时间：课程开设期间的双休日。

(4)活动地点：学生家庭附近的文明村镇。

(5)活动具体步骤：

第一，提前一周与调查村镇取得联系，确定调查内容和访谈对象。

第二，确定日程安排。

第三，做好调查资料收集整理。

第四，做好调查记录。

(6)活动注意事项：

第一，注意乘车安全，带好调查资料。

第二，按时到达调查地点。

第三，按日程安排开展调查活动。

三、自主实践

1. 社会调查

(1)活动名称：大学生餐饮浪费行为调查。

(2)活动目的：了解大学生餐饮浪费的现状，提出避免餐饮浪费的建议措施，进一步推进杜绝餐饮浪费工作。

(3)活动时间：课程开设期间。

(4)活动地点：本校餐厅。

(5)活动具体步骤：

第一，提前确定调查内容和访谈对象。

第二，做好调查记录。

(6)活动注意事项：

第一，准备好调查资料。

第二，按时到达调查地点。

第三，按计划开展调查活动。

2. 专题讨论

(1)活动名称：关于实施《西安市文明行为促进条例》的讨论。

(2)活动目的：正确认识《新时代公民道德建设实施纲要》的意义，培育文明行为，修身立德，养成良好的个人道德品质。

(3)活动时间：课程开设期间。

(4)活动地点：授课 QQ 群。

(5)活动具体步骤：

第一，提前确定主持人。

第二，做好讨论记录。

第三，教师进行点评。

(6)活动注意事项：

第一，提前熟悉讨论内容。

第二，按时进入讨论 QQ 群。

第三，按计划开展讨论。

3. VR(虚拟现实)体验

(1)活动名称：道德模范事迹展播。

(2)活动目的：形成善良的道德意愿、道德情感，培育正确的道德判断和道德责任，提高道德实践能力尤其是自觉践行能力，向往和追求讲道德、尊道德、守道德的生活，形成向上的力量、向善的力量。

(3)活动时间：课程开设期间。

(4)活动地点：VR 仿真实验室。

(5)活动具体步骤:

第一,联系 VR 仿真实验室,调制好设备。

第二,领队教师和学生负责人明确责任,组织学生前往。

第三,结束后开展讨论。

(6)活动注意事项:提前周密准备,注意安全,保存好过程材料。

案例学习与评析

案例一　让美德占据心灵

一位哲学家,带着他的一群学生去漫游世界。十年间,他们游历了很多国家,拜访了很多有学问的人。现在他们个个都满腹经纶,成为饱学之士。在回乡之前,哲学家在郊外一片草地上坐下来,对学生说:“十年游历,你们现在有了很多学问,长了不少见识。现在,学业就要结束了,我来给你们上最后一课吧。”弟子们便围绕着哲学家坐了下来。哲学家问:“现在,我们坐在什么地方?”“我们坐在旷野里。”“这旷野里长满杂草,现在你们都来说一说如何除掉这些杂草。”弟子们感到很惊讶,他们都没想到,一直在探讨人生奥秘的老师,最后一课问的竟是这么简单的一个问题。一个弟子先开口了:“老师,只要有把铲子就够了。”哲学家点点头。另一个弟子接着说:“用火烧也是一种很好的办法。”哲学家微笑了一下,示意下一位。第三个弟子说:“撒上石灰就会除掉所有的杂草。”第四个弟子说:“斩草要除根,要把根挖出来才行。”等弟子们都讲完了,哲学家站起来说:“课就上到这里,你们回去以后,按照各自的办法,除去一片杂草,一年后再来相聚。”一年后,弟子们都来了,不过原来相聚的地方,已经不再是杂草丛生,它变成了一片长满谷子的庄稼地。弟子们围着谷子坐了下来,等待老师的到来。可是,哲学家始终没有来。几十年后,哲学家去世,弟子们在整理他的言论时,发现哲学家在书的最后补上了这样一章:“要想除掉旷野里的杂草,方法只有一种,那就是在上面种上庄稼。同样,要想让灵魂无纷扰,唯一的办法,就是让美德占据心灵。”

(作者:高品致;来源:《遇见幸福的你》,中央广播电视大学出版社 2012 年版,第 266 页)

案例评析

这个故事阐明了一个深刻的人生哲理：要想让灵魂无纷扰，唯一的办法，就是让美德占据心灵。这句话给了我们以下启示：首先，学习的意义不仅是饱学知识，增长智慧，更重要的是培养高尚的人格。要让自己的心灵无杂草、无尘埃、无污秽，唯一的办法就是让美德占据心灵的旷野，在自己的心灵里播种高尚的种子。其次，教育就是要让真、善、美常驻人们的心间，让这个世界更加美好祥和。再次，合乎道德地生活，是为了改善自己的生活质量、改善周围人的生活质量，这是一种很有意义的努力。

案例二　守住公德方能共享

乱停乱放、随意毁坏、覆盖诈骗二维码、人为上锁“窃为己有”等现象令人忧心。共享单车犹如一块试金石，反映出一些人社会公德和规则意识的缺失。

共享单车为人们带来了极大便利，有效缓解了出行“最后一公里”问题，而且经济环保。共享单车，作为共享经济的缩影，创新的不只是交易方式、交易对象，更是共享的价值理念。

共享单车是企业与政府合作在城市公共空间提供单车服务的一种共享经济的新形态。与“有桩”的公共自行车相比，随时取用和停车的“无桩”理念在给市民带来极大便利的同时，也导致“乱占道”现象更加普遍。

共享单车若想行稳致远，需要社会公德做支撑。从目前的发展来看，喜忧参半。一方面，部分使用者只顾方便自己，罔顾公德，随意丢放自行车或“窃为己有”，严重影响了共享单车有序发展。另一方面，针对这种现象，也有部分公民展开“打猎”行动，自发监督、自觉纠正这些不良行为，全力维护共享单车秩序。

夯实共享的道德基石，不仅需要每个公民自觉增强规则意识，更需要用制度守住规则。从全社会角度来说，要加快诚信机制建设，对恶意乱停、滥用、损毁、盗窃单车等行为，将租车人纳入失信黑名单。从租赁自行车企业来看，要加强行业自律，完善单车管理措施，对守信者和失信者奖罚分明。

通过共享实现社会资源的优化配置，无论对个人还是对社会都是一件好事。如今，共享充电宝、共享雨伞、共享电动车等都如雨后春笋般出现在了人们的生活中,而文明共享的理念也需要与时俱进。在对待类似事物时,期待更多人心存爱惜,严守规则,让公共文明和契约精神得以不断提升。参与"共享",就意味着我们绝对不仅有使用的责任,更有维护的义务。而事实也是如此:在公共生活中,我们越遵守道德,受益也会越多。

(作者:高健钧;来源:新华社 2017 年 2 月 18 日)

案例评析

共享时代呼唤社会公德。虽说共享单车是企业私产,但也是公共服务工具,理应受到公众的珍惜和爱护。然而,不少人对共享共用概念缺乏认知,依然对公共资源持"不是我的便不必爱惜"的心态,认为"共有便是我有,公共便是无主",对公共资源缺乏基本呵护,甚至肆意糟蹋,使公共资源陷入"公地悲剧"。公德心的缺失,虽是个人的"失节",损害的却是公共利益。

在共享时代,要想让共享资源运转流畅,就需要培育公众的公共意识,引导公众树立公德观念和契约精神。只有每个人自觉通过相应的规则规范约束自己的行为,监督他人的行为,共同爱护公共资源与公共设施,才能与人方便、与己方便,才能让共享经济更亮丽、更温暖、可持续。

案例三　人生的价值在于奉献

胡昌新,1952 年参加工作,1993 年在上海市水文总站退休,列为享受国务院政府特殊津贴人员。为水文事业奋斗了四十多年的胡昌新有一句座右铭:"干一行、爱一行、精一行",这既是他自己的行事准则,也是他对同志们的殷切嘱托。

五十年代初,胡昌新毕业于浙江大学,曾在华东水利部、水电部上海勘测设计院,江苏省水文总站等单位就职。1983 年调上海市水利局,1984 年任水文总站站长。他一直认为,从小到大学到的知识都是党和人民给予的,应当把它奉献给党和人民。在为水文事业奋斗的三十多年中,他兢兢业业埋头苦干,在每一个岗位上充分施展自己的才华,得到了水文同行的一致好评。

参加工作不久,他就参加了新安江水电站水文勘测、计算、预报等工作。起初,由于照搬书本上的公式和国外资料的参数,使设计数据不切实际,造成了差错,这一教训给他留下了深刻印象。从此,他发奋努力,认真学习理论知识,深入实际调查研究，弄清河流特性和技术关键。经过艰苦工作，他为新安江水电站工程及时提供基础资料，作出了一定的贡献，并被评为1956年上海市先进工作者，出席全国先进生产者代表大会。

“刚刚解放时，条件比较困难，仪器没有像现在这样先进。”面对最初的工作环境，胡昌新与其他技术人员一样，无论是早上还是深夜，又或是风霜雨雪，都需要定时定点，24小时读数、记录，胡昌新说：“现在国家富强了，科技发达了，在这一部分自动化、电气化了。无论是遇到多么恶劣的天气，工作都不会受到影响，危险系数也大大降低。”

坚定的信念与工作中的成败，使胡昌新逐渐形成了刻苦钻研、深入实际、一丝不苟的工作风格。1984年，他担任了上海市水文总站站长，一上任就赶上黄浦江水文水质调查。他从组织方法、技术要求到现场踏勘，都抓得又细又实。

“每个地区都有不同的水文特点，如上海就有潮水、河网、平原的特点，而要熟悉它们一般需要好几年的时间。”胡昌新表示，为了弄清这些特点及其规律，他一边工作一边摸索，完成了许多基础资料的整编工作。胡昌新根据平原水网区的特点，提出用“蒸发差值法”来估算径流，并在江苏、上海等地应用。此外，他还专门写了一篇《潮汐河流设站方法探讨》，表明上海的潮水量是水资源的主要部分，并对建立上游大桥站和河口站进行探讨和分析，提出上海水资源的主要口子必须设站控制，为黄浦江的治理和水位预报提供重要依据。

对中青年科研人员，胡昌新总是以平等态度待人，乐于扶持他们，从技术上和思想上帮助他们。很多中青年科研人员都说，他们写的东西都喜欢交给胡老审阅，因为他总是看得很仔细，既能尊重大家的意见，又能给予很多的帮助。

退休后，胡昌新始终心系水文事业，不仅时刻关注行业最新动态，还笔耕不辍，编著了《上海水史话》等具有较大社会影响力的书籍，以平均每2年一篇论文的频率在退休30余年内发表了《感潮河流准动态水质回荡模型的研究》《黄浦江警戒水位标准的探讨》《上海台风暴潮的60年周期性探讨》《长江口水源地的咸潮分析》等15篇著作。

胡昌新说：“人生的价值不在于能够向社会索取多少，而在于对国家、对党和人民贡献多少，能够把自己的毕生精力和全部知识奉献给党的事业，为社会增添一砖一瓦，就是自己的毕生信念和最大乐趣。”

（作者：奚亮；来源：新华社2019年12月17日，节选）

案例评析

胡昌新把自己的一生奉献给了祖国的水文事业，把自己的毕生精力和全部知识奉献给党的事业，爱岗敬业、埋头苦干、兢兢业业，在每一个岗位上充分施展自己的才华，得到了水文同行的一致好评。他将“干一行、爱一行、精一行”作为人生的座右铭，用敬业奉献的职业道德诠释了自己的人生，体现了朴实的职业操守，值得当代大学生学习。当代大学生应当学习胡昌新同志爱岗敬业、奉献社会的职业道德，学习他艰苦创业、乐于奉献的人生追求，让自己成长为具有高尚职业道德的时代新人，创造出彩人生。

案例四　背着爸爸上学

武汉大学计算机学院2003级学生黄来女，一直以来，怀着一颗真诚而感恩的心，勤奋学习、乐观生活、呵护家人、自强自立，特别是在相依为命的父亲六次重病住院而又举目无亲的日子里，挑起了照顾父亲、坚持学习的重担，用意志和行动挽救着父亲的生命。她每天不仅要在学校与医院之间奔波，而且还要坚持两份家教与校内勤工助学工作，以维持基本生活；在此期间，她仍保持着名列前茅的学习成绩。2007年她被评为2006年度中国大学生十大年度人物。

案例评析

孝老敬亲是中华民族的传统美德。在全社会大力弘扬社会主义核心价值观的今天，我们不缺少“背着爸爸上学”之类的感动事迹，但又不得不承认，在当今社会，随着生活节奏加快，生存压力增大，许多人在追求个人成长的过程中，由于太注重个人设计，其孝心或被深藏或被挤压，以至于孝老敬亲成了一件奢侈的事。

孝敬父母，感动不如行动。“背着爸爸上学”可谓是一堂生动的孝行课。花开花落有时节，人死人生无常态。无论我们是贫是富、是卑是尊、是近是远，都应珍惜当下，将感恩之心化为感恩之行。黄来女身上体现的“自立自强、坚持不懈、有责任感和责任心、关爱家人和社会”的精神是时代的“精神钙片”,值得青年大学生学习和发扬光大。“背着爸爸上学”传承了良好的家风,黄来女怀着一颗感恩的心,在照顾好父亲的同时,坚持优秀地完成学业,并在有能力帮助别人的时候,尽力地去帮助更多的人,将爱心传递下去,为当代大学生树立了榜样。

案例五　营造风清气正的网络空间

回顾2020,如果给这一年的网络生态提炼一个关键字的话,非“治”莫属。这一年,从《网络信息内容生态治理规定》的正式施行,到公安部的“净网”行动、国家网信办的“清朗”行动,网络空间的治理被置于前所未有的重要位置。

2020年,网络暴力成为网络生态治理的焦点。长期以来社交平台上的网络暴力行为一直屡禁不止,在网络匿名的“庇佑”下,“键盘侠”们动辄进行道德审判、立场站队,极端情绪充斥网络,理性讨论变成了一件难事。

网络暴力不仅表现在社会事件中,还被应用在商业竞争领域,甚至形成有组织、有策划的产业链。传统的网暴还可以“72变”,通过写小作文、视频剪辑、话题引流、买卖热搜、大V煽动等达到众口铄金、积毁销骨的目的。某些网络平台对于网络暴力不仅不严加监管,反而任由各种颠倒黑白、突破道德底线的信息肆虐网络,通过煽动大众情绪来获取“毒流量”,这不仅给被网暴者造成严重伤害,更扰乱了正常的网络秩序,对青少年的身心健康带来不利影响。

网络暴力背后是社会在个人隐私信息保护方面的滞后。在众多社会事件中,当事人被人肉搜索,而参与搜索的网友们却不以为意,殊不知已经侵犯了他人的隐私权;日常生活中手机APP、人脸识别系统过度索取个人信息用于其他用途,个人信息满天飞,将可能给不法分子窃取个人信息和财产以可乘之机。

网络绝非法外之地,任何不负责任的言论和行为都必须付出应有的代价。在此前的江歌案中,网民谭某恶意发帖攻击江母,最后被判处有期徒刑一年六个月;伪造血衣诬陷老师体罚的广州家长亦被判刑;被造谣出轨快递员而遭到网暴的女子发文称“绝不退缩”,要拿起法律的武器与网暴者抗争到底。经过一系列事件后,拒绝网暴、理性发声逐渐成为网民共识。

2020年,针对各互联网平台上涉及网络暴力、侵犯公民隐私、恶意营销、淫秽低俗等不良信息的行为，国家相关部门采取了一系列专项行动进行整治，已取得明显成效。

2020 年 3 月，《网络信息内容生态治理规定》正式开始施行，为依法治网、依法办网、依法上网提供了明确可操作的制度遵循；4 月，公安部“净网 2020”专项行动全面展开，严打涉疫情“网络水军”及侵害公民个人信息的违法犯罪行为，整治网络违法犯罪生态；5 月，国家网信办在全国范围内启动为期 8 个月的 2020“清朗”专项行动，覆盖包括网站、APP、手机浏览器、移动应用程序等各类网络传播渠道和平台，集中清理了大量违法和不良信息，封禁多批影响恶劣的违规账号；8 月，教育部等六部门印发《关于联合开展未成年人网络环境专项治理行动的通知》，集中整治“饭圈”“黑界”“祖安文化”等涉及未成年人的不良网络社交行为和现象，对网课平台上色情低俗、暴力恐怖的不良内容依法进行打击。多部门对网络不良信息的重拳出击极大震慑了不法分子，网络舆论生态以总体向好的趋势发展。

网络内容生态治理不可能一蹴而就，需要常抓不懈、久久为功。应当看到，虽然当前网络环境已大为改善，但诸如网络暴力、隐私泄露等不良网络行为仍无法彻底铲除，相关部门对此的监管以及相应的法律法规仍存在不少漏洞，人们上网时的不安全感依然强烈。网络内容生态治理，还有很长的路要走。对此，监管部门、网络平台和网民要形成合力，各尽其责，才能让清朗网络成为现实。

（作者：郝娴宇；来源：《人民日报》2021 年 8 月 17 日第 6 版）

案例评析

网络文明是伴随人类进入互联网时代而产生的一种新的文明形式，是社会发展进步的重要体现。加强网络文明建设是实施网络强国战略的重要内容，也是提高社会文明程度的必然要求。新媒体时代，互联网的发展和普及为网民提供了丰富和便捷的生活服务，但由于网络的虚拟性、开放性和隐蔽性，出现了诸如炒作无底线、虚假信息泛滥、网络语言暴力、网络欺诈侵权、“饭圈”谩骂互撕、刷量控评等网络乱象，给网络社会道德秩序带来极大冲击。对此,应从全面提升公民网络道德素养、净化网络空间环境、完善网络立法和管理规范等方面下功夫,促进网络健康有序发展。在政策上应出台鼓励措施,塑造正确价值导向,传播社会正能量,共建守法守信的网络空间,守住网络道德文明的"底线"。

延伸阅读

1. 新时代 新特征 新要求——新时代公民道德建设新亮点

《新时代公民道德建设实施纲要》(以下简称《纲要》)作为新时代道德建设的指导性文件,突出体现了新时代的时代特征,即鲜明体现习近平总书记关于公民道德建设的新思想、新观点、新要求,围绕"适应社会主要矛盾变化"、确立"德者有得、好人好报的价值导向"。

《纲要》充分体现习近平总书记关于公民道德建设的一系列重要论述

《纲要》在总体要求中提出,"坚持以社会主义核心价值观为引领,将国家、社会、个人层面的价值要求贯穿到道德建设各方面",体现总书记多次指示的"核心价值观,其实就是一种德,既是个人的德,也是一种大德,就是国家的德、社会的德"。《纲要》提出"以主流价值建构道德规范、强化道德认同、指引道德实践,引导人们明大德、守公德、严私德",就是体现总书记关于道德建设要"做到明大德、守公德、严私德"的要求。

《纲要》在重点任务中提出"人民有信仰,国家有力量,民族有希望",倡导"幸福源自奋斗""成功在于奉献""平凡孕育伟大"的理念,弘扬改革开放精神、劳动精神、劳模精神、工匠精神、优秀企业家精神、科学家精神,使全体人民保持昂扬向上、奋发有为的精神状态,都是总书记在不同场合关于培育各行各业道德精神重要论述的体现。

《纲要》在重点任务中提出"引导人们把社会主义核心价值观作为明德修身、立德树人的根本遵循。坚持贯穿结合融入、落细落小落实",这是对总书记关于"培育和践行社会主义核心价值观,贵在坚持知行合一、坚持行胜于言,在落细、落小、落实上下功夫"指示落地的体现。

对习近平总书记关于"要注意把社会主义核心价值观日常化、具体化、形象化、生活化”的“四化”道德教育的途径，在《纲要》中得到充分的体现。

其一，《纲要》围绕习近平总书记道德建设要日常化、生活化的要求，在总体要求中提出，“鼓励人们在日常生活中养成好品行”“引导人们向往和追求讲道德、尊道德、守道德的生活”。在重点任务中提出“把社会主义核心价值观要求融入日常生活，使之成为人们日用而不觉的道德规范和行为准则”。同时《纲要》在各个相关部分针对党内政治生活、人民美好生活、科学文明生活、校园文化生活、绿色低碳生活、日常生活以及传承中华传统美德等方面，将总书记关于道德建设要日常化、生活化要求落实落地。如，在落地到“党内政治生活”方面，《纲要》提出“在严肃规范的党内政治生活中锤炼党性、改进作风、砥砺品质”的要求；在落地到人民美好生活方面，《纲要》提出要“满足人民对美好生活向往”的要求，强调“公共政策与人们生产生活和现实利益密切相关，直接影响着人们的价值取向和道德判断”；在落地到“校园文化生活”方面，《纲要》提出要“建设优良校风，用校训励志，丰富校园文化生活，营造有利于学生修德立身的良好氛围”的要求；在落地到“绿色低碳的生活”方面，《纲要》提出要“积极践行绿色生产生活方式”“倡导简约适度、绿色低碳的生活方式”的要求；在落地到“传承中华传统美德”方面，《纲要》提出要“使之与现代文化、现实生活相融相通，成为全体人民精神生活、道德实践的鲜明标识”的要求；在落地到学雷锋和志愿服务活动方面，《纲要》提出要“广泛开展学雷锋和志愿服务活动，引导人们把学雷锋和志愿服务作为生活方式、生活习惯”等，都是把总书记关于道德建设要日常化、生活化要求落实落地的体现。

其二，《纲要》围绕习近平总书记道德建设要具体化、形象化的要求，从国家形象、社会形象、先进模范形象以及引导公民树立“积极向上的良好形象”等要求中体现落实。如，党员干部、青少年、公众人物等要“树立良好社会形象”，在对外交流交往和中国公民旅游中要树立“国家形象”，要维护先进人物和英雄模范的荣誉和形象，要引导人们树立自尊自信、开放包容、积极向上的良好形象等，都是把道德建设具体化、形象化要求落实落地的体现。

《纲要》鲜明地确定了新时代公民道德建设要适应社会主要矛盾变化、满足人民对美好生活向往的迫切需要的公民道德建设导向

《纲要》指出，加强公民道德建设、提高全社会道德水平，是适应社会主要矛盾变化、满足人民对美好生活向往的迫切需要。新时代要“形成德者有得、好人好报的价值导向”。

《纲要》关于“适应社会主要矛盾变化”“形成德者有得、好人好报的价值导向”这一论断，切中了公民道德建设的本质要求。因为道德带有合目的性的特点，即公民道德建设要合乎社会公众需要之目的；往深一层说，公民道德建设要符合广大人民的根本利益，满足人民追求幸福生活的目的性。从道德建设推动力的角度看，公民道德建设需要各种外在条件力量和人们内在利益力量（包括精神利益、物质利益）的优化配合、合力推进。由于最终决定性的力量是人民利益的力量，所以，公民道德建设一定要把道德利益的力量，内化为道德驱动力，外化为道德践行。

落实“德者有得、好人好报的价值导向”，《纲要》从公共政策价值导向方面进一步提出了要求。指出，“公共政策与人们生产生活和现实利益密切相关，直接影响着人们的价值取向和道德判断。各项公共政策制度从设计制定到实施执行，都要充分体现道德要求，符合人们道德期待”“在涉及就业、就学、住房、医疗、收入分配、社会保障等重大民生问题上，妥善处理各方面利益关系，充分体现维护社会公平正义的要求”。在新时代公民道德建设实施中，我们既要打造道德建设成果的红利，又要让人民享受道德建设成果的红利，使道德建设者有建设成就感，使广大人民有道德红利获得感。

（作者：王东虓；来源：《经济日报》2019 年 11 月 14 日第 10 版）

2. 新时代加强公民道德建设的重要意义

中共中央、国务院印发的《新时代公民道德建设实施纲要》（以下简称《纲要》），对于坚持以习近平新时代中国特色社会主义思想为指导，全面总结近些年道德建设的成绩和经验，准确把握道德建设领域存在的不足和问题，科学分析新时代对公民道德建设提出的新要求具有十分重要的意义。《纲要》进一步明确了新时代公民道德建设的任务，即推动新时代全民道德素质和社会文明程度达到一个新高度，为决胜全面建成小康社会、开启全面建设社会主义现代化国家新征程和实现中华民族伟大复兴中国梦的战略目标凝聚磅礴力量。

新时代加强公民道德建设，推动全民道德素质和社会文明程度达到新高度，是贯彻落实习近平总书记关于思想道德建设重要论述和党中央决策部署的战略任务

历史唯物主义认为，道德是一种社会意识形态。作为社会中的人共同生活的准则和规范,道德是社会发展的产物。不同的时代有不同的道德观念,没有任何一种道德体系和道德观念是永恒不变的。社会发展到某个程度,也就需要与之相适应的道德体系和道德观念。《纲要》是在决胜全面建成小康社会、开启全面建设社会主义现代化国家新征程的关键时刻颁布的,反映了中国特色社会主义进入新时代对公民道德建设的新要求。

中华民族是一个重视伦理道德的民族。在漫长的历史进程中,中华民族不断追求道德境界的提升,孕育了中华民族的宝贵精神品格,培育了中国人民的崇高价值追求。这是中华民族在文明长河中绵延不绝、不断发展的精神力量。中国共产党领导人民在革命、建设和改革历史进程中,坚持马克思主义对人类美好社会的理想,继承发扬中华传统美德,形成了引领中国社会发展进步的社会主义道德体系,为中国特色社会主义事业发展提供了强大精神动力。2001年,党中央颁布《公民道德建设实施纲要》,对在社会主义市场经济条件下加强公民道德建设提供了重要指导,有力促进了社会主义精神文明建设和社会的和谐稳定。党的十八大以来,以习近平同志为核心的党中央高度重视公民道德建设。习近平总书记在全国宣传思想工作会议、全国高校思想政治工作会议、全国教育大会、学校思想政治理论课教师座谈会等重要会议中,在中共中央政治局围绕社会主义核心价值观、中华民族爱国主义精神等开展的集体学习中,在各级各类学校和各地的调研考察、座谈交流以及给有关方面的回信中,发表了一系列重要讲话,作出了一系列重要论述。习近平总书记强调,核心价值观,其实就是一种德,既是个人的德,也是一种大德,就是国家的德、社会的德。国无德不兴,人无德不立。习近平总书记强调,必须加强全社会的思想道德建设,激发人们形成善良的道德意愿、道德情感,培育正确的道德判断和道德责任,提高道德实践能力尤其是自觉践行能力,引导人们向往和追求讲道德、尊道德、守道德的生活,形成向上的力量、向善的力量。习近平总书记指出,要大力弘扬时代新风,加强思想道德建设,深入实施公民道德建设工程,加强和改进思想政治工作,推进新时代文明实践中心建设,不断提升人民思想觉悟、道德水准、文明素养和全社会文明程度。习近平总书记指出,弘扬爱国主义精神,必须坚持爱国主义和社会主义相统一。让爱国主义成为每一个中国人的坚定信念和精神依靠,等等。习近平总书记的重要论述,充分体现了中国共产党强烈的道德自觉、崇高的道德追求,深刻阐明了新时代公民道德建设的重大意义、基本内涵、目标任务,为新时代公民道德建设指明了前进方向、提供了基本遵循。以习近平同志为核心的党中央着眼立根塑魂、正本清源,推动思想道德建设取得显著成效。这主要表现在:中国特色社会主义和中国梦深入人心,践行社会主义核心价值观、传承中华优秀传统文化的自觉性不断提升,爱国主义、集体主义、社会主义思想广为弘扬,崇尚英雄、尊重模范、学习先进成为风尚,民族自信心、自豪感大大增强,人民思想觉悟、道德水准、文明素养不断提高,道德领域呈现积极健康向上的良好态势。

今天,我们面临的世情国情党情发生了很大变化,公民道德建设须在原有成绩和经验基础上有更高的目标和境界。我们必须总结在社会主义革命、建设、改革中形成的道德建设经验,弘扬中华传统美德,传承红色文化基因,赓续革命精神谱系,把握道德建设的规律,创新道德建设的形式,在新的历史起点上推动全民道德素质和社会文明程度升华到新境界。

新时代加强公民道德建设,坚定中国特色社会主义理想信念,是在实现中华民族伟大复兴中国梦征程中巩固全体人民团结奋斗共同思想道德基础的必然要求

一代人有一代人的责任使命,一代人有一代人的道德风范。中国特色社会主义进入新时代,我们比历史上任何时期都更接近、更有信心和能力实现中华民族伟大复兴的目标。我们的信心是建立在一代又一代中国共产党人不忘初心、牢记使命,带领中国人民接续奋斗的实践历程中的,也是寄予在对未来青年德才兼备、勇于创新、堪当大任的期望上的。能够担当民族复兴大任的时代新人,必须是在思想水平、政治觉悟、道德品质、文化素养、精神状态等方面同新时代要求相符合的。

中华民族伟大复兴,绝不是轻轻松松、敲锣打鼓就能实现的,要依靠德智体美劳全面发展的建设者和接班人。堪当民族复兴大任的时代新人,不仅要掌握创新创业的关键能力,而且要有更强的责任感、更高的使命感,必须准备付出更为艰巨、更为艰苦的努力,才能把理想变成现实。这就要求年青一代,不仅要继承中华优秀传统美德和红色文化基因,而且要在前人的基础上,站得更高、看得更远,以更加高远的使命感和更具韧性的责任感,在科学技术、经济社会、思想文化等领域创造出前无古人的业绩。我们党立志于中华民族千秋伟业,就要培养一代又一代拥护中国共产党领导和我国社会主义制度、立志为中国特色社会主义事业奋斗终身的有用人才。

新时代加强公民道德建设，适应社会主要矛盾变化、满足人民对美好生活的迫切需要，是把社会主义思想道德建设成果进一步转化为治理效能和制度优势的重大举措

中国特色社会主义进入新时代，社会主要矛盾的变化对道德建设提出了新要求。习近平总书记指出："我国社会主要矛盾的变化是关系全局的历史性变化，对党和国家工作提出了许多新要求。"关系全局表明这一进程是全面的、系统的、全方位的，历史性变化表明这一进程是长期积累形成的根本性的、趋势性的、不可逆的。这一变化对党和国家工作产生深刻影响，也必然影响到道德建设及精神文明建设。我国社会主要矛盾已经转化为人民日益增长的美好生活需要和不平衡不充分的发展之间的矛盾，其中物质文明发展与精神文明发展之间就存在某些不平衡不充分的问题。在新的历史条件下，坚持和发展中国特色社会主义，需要物质文明和精神文明全面发展、人民物质生活和精神生活水平全面提升。在新时代，公民道德建设不能只停留在公共场合讲文明、上车排队、主动为老幼病残孕让座这样的要求上，而是在社会责任、生态文明、国家安全等公益精神上要有新的境界。为此，我们要坚持依法治国和以德治国相结合，完善弘扬社会主义核心价值观的法律政策体系，把社会主义核心价值观要求融入法治建设和社会治理，体现到国民教育、精神文明创建、文化产品创作生产全过程；坚持马克思主义的美好社会理想，筑牢理想信念之基，推动理想信念教育的常态化、制度化；坚持以社会主义核心价值观引领道德规范、强化道德认同、指导道德实践，引导人们明大德、守公德、严私德，提高全社会道德水平和思想境界。

加强新时代公民道德建设，是深化公民道德建设与解决存在问题，推进社会治理体系和治理能力现代化的需要

中国特色社会主义进入新时代，实现中华民族伟大复兴中国梦和建成社会主义现代化强国，就需要更高的公民道德素质和精神文明程度加以支撑。在国际国内形势深刻变化、我国经济社会深刻变革的大背景下，面对国内外风险挑战明显增多的复杂局面，必须解决道德领域的突出问题以及诸如网络道德建设的新问题，促进社会治理能力的现代化。在社会主义市场经济探索过程中，由于市场经济规则、政策法规、社会治理还不够健全，再加上受不良思想文化侵蚀和网络有害信息影响，我国社会道德领域依然存在不少问题。譬如，某些地方、某些领域存在不同程度的道德失范现象，拜金主义、享乐主义、极端个人主义言行仍然比较突出；再如，某些社会成员道德观念模糊甚至缺失，缺乏区分是非、善恶、美丑的标准，存在见利忘义、唯利是图，损人利己、损公肥私的行为；另外，造假欺诈、不讲信用特别是网络诈骗的现象久治不绝，某些人的言行极为不负责任，突破公序良俗底线、妨害人民幸福生活、伤害国家尊严和民族感情的事件时有发生。这些问题如果任其发展，必然影响到中国特色社会主义经济建设、政治建设、文化建设、社会建设、生态文明建设目标的实现，也影响到国家形象和文化影响力。在新的历史条件下，我们必须高度重视道德领域存在的问题，既要加强和改进道德教育，也要综合施策、标本兼治，建立惩戒失德行为常态化机制，运用经济、法律、技术、行政等手段，实现有效治理，形成扶正祛邪、扬善惩恶的良好社会风气，从而为政治稳定、经济发展、文化繁荣、民族团结、人民幸福、社会安宁、国家统一以及国家治理体系和治理能力现代化提供深厚的道德支撑。

总之，加强公民道德建设是一项长期而紧迫、艰巨而复杂的任务，说其长期而紧迫是因为新时代中国特色社会主义事业需要公民道德建设有新高度，说其艰巨而复杂是因为中华民族伟大复兴和“两个一百年”奋斗目标凸显了培养担当民族复兴大任时代新人的任务更加艰巨，而风云变幻的国际形势让道德建设和社会文明建设的环境更为复杂了。我们必须适应新时代的历史方位，遵循新发展理念所提出的新要求，坚持目标导向和问题导向相统一，进一步加大工作力度，把握道德建设的规律，积极创新道德教育、道德实践和文明创建的形式，持之以恒、久久为功，推动全民道德素质和社会文明程度达到一个新高度。

（作者：韩震；来源：《光明日报》2020 年 1 月 6 日第 15 版）

3. 加强新时代公民道德建设的四个维度

德为立国之基、树人之本。近日，中共中央、国务院印发了《新时代公民道德建设实施纲要》（以下简称“纲要”）。《纲要》具有鲜明的时代特征，尊重群众实践，突出问题导向，把握历史规律，明确了“筑牢理想信念之基、培育和践行社会主义核心价值观、传承中华传统美德、弘扬民族精神和时代精神”等四项重点任务，为新时代加强社会主义精神文明建设、推动全民道德素质和社会文明程度达到新高度提供了重要价值规范。

要加强新时代公民道德建设，必须坚定对马克思主义的信仰。人民有信仰,国家有力量,民族有希望。信仰信念指引人生方向,引领道德追求。历史和现实一再证明,从饱受屈辱与压迫的半殖民地半封建社会走来的中国之所以能够得到解放,并实现从站起来到富起来再到强起来的伟大飞跃,其根本原因就在于中国共产党的领导。中国共产党的历史、新中国的历史和改革开放的历史已经证明,历史和人民选择马克思主义是完全正确的,中国共产党把马克思主义写在自己的旗帜上是完全正确的。历史和现实还将证明,只有继续坚定马克思主义信仰,不断地运用马克思主义的立场、观点和方法来思考问题、分析问题,才能更好地解决新时代中国特色社会主义道路上所面临的一系列新情况、新任务。当前,要破解新时代中国特色社会主义所面临的风险和挑战,就要继续坚定对马克思主义的信仰,以此筑牢我们的信念之基。要加强对马克思主义理论的学习,使之成为我们认识世界、改造世界的强大思想武器。要深化对马克思主义真理力量的认识与感悟,不断提高马克思主义理论素养。要用马克思主义中国化的最新理论成果,即习近平新时代中国特色社会主义思想武装我们的头脑,准确把握其丰富内涵、精神实质、实践要求,大力筑牢信仰信念的思想堤坝,为实现中华民族伟大复兴的中国梦提供精神支撑。

要加强新时代公民道德建设,必须尽力培育和践行社会主义核心价值观。社会主义核心价值观是当代中国精神的集中体现,是凝聚中国力量的思想道德基础。社会主义核心价值观从国家、社会和个人三个层面给我们每一个公民提出了行动准则,是新时代中国人民共同遵守的价值规范,承载着中华民族、中国人民共同的心灵愿望与精神追求。尤其是在新时代中国特色社会主义道路伟大而又艰辛的征程上,社会主义核心价值观是凝聚全体人民共识的“最大公约数”,要进行伟大斗争、推进伟大事业、建设伟大工程、实现伟大梦想,必须要让社会主义核心价值观成为中国人民和中华民族共同的价值追求;要尽力培育和践行社会主义核心价值观,持续深化社会主义核心价值观宣传教育,增进价值认同、树立鲜明导向、强化示范带动,引导人们把社会主义核心价值观作为明德修身、立德树人的根本遵循。坚持贯穿结合融入、落细落小落实,把社会主义核心价值观要求融入日常生活,使之成为人们日用而不觉的道德规范和行为准则。要推动社会主义核心价值观深入社会、深入群众、深入人心,积极引导人们树立正确的价值观,追求高尚的道德理想,使之成为新时代中国特色社会主义道路上有力的精神支撑。要将社会主义核心价值观的要求全面体现到全面依法治国中，体现到法律法规立改废释、公共政策制定修订、社会治理改进完善中，为弘扬社会主义主流价值提供良好社会环境和制度保障。

要加强新时代公民道德建设，必须传承中华传统美德。中华传统美德是中华文化的精髓，是道德建设的不竭源泉。中华民族传统美德中和谐协调的人伦关系，“为公”“为群体”的整体主义观念，孝老爱亲的传统家风，“民本主义”“重民”思想以及“见利思义”“先义后利”“义然后取”的义利观等思想，对于今天弘扬社会主义道德、加强新时代公民道德建设具有重要的意义。习近平总书记就曾经专门针对传统家庭美德强调，要发扬中华民族孝亲敬老的传统美德，引导人们自觉承担家庭责任、树立良好家风，强化家庭成员赡养、扶养老年人的责任意识，促进家庭老少和顺。当前，要推动新时代中国特色社会主义事业迈上新台阶，必须传承中华传统美德，以礼敬自豪的态度对待中华优秀传统文化，让中华文化中的优秀基因更好地植根于人们的思想意识和道德观念。要深入阐发中华优秀传统文化蕴含的讲仁爱、重民本、守诚信、崇正义、尚和合、求大同等思想理念，深入挖掘自强不息、敬业乐群、扶正扬善、扶危济困、见义勇为、孝老爱亲等传统美德，使之与现代文化、现实生活相融相通，成为全体人民精神生活、道德实践的鲜明标识。

要加强新时代公民道德建设，必须大力弘扬民族精神和时代精神。民族精神是一个民族赖以生存和发展的精神支撑，是一个民族生命力和凝聚力的重要体现。时代精神是一个时代的人们在文明创建活动中体现出来的精神风貌和优良品格。当前，推进新时代中国特色社会主义建设，必须大力弘扬以爱国主义为核心的民族精神和以改革创新为核心的时代精神，让其成为中华民族生生不息、发展壮大的坚实精神支撑和强大道德力量。要大力弘扬中国人民伟大创造精神、伟大奋斗精神、伟大团结精神、伟大梦想精神，让他们成为构筑中华民族共有精神家园的动力源泉。要大力弘扬改革开放精神、劳动精神、劳模精神、工匠精神、优秀企业家精神、科学家精神，使全体人民在建设新时代中国特色社会主义道路上始终保持昂扬向上、奋发有为的精神状态。

（作者：黄亦君；来源：人民网官方账号 2019 年 10 月 31 日）

4. 牢牢把握新时代公民道德建设的总体要求

在国际国内形势深刻变化、我国经济社会深刻变革的大背景下，特别是中国特色社会主义已经进入新时代，对新时代公民道德建设提出了新的更高要求。2019年中共中央、国务院印发的《新时代公民道德建设实施纲要》(以下简称《纲要》),坚持目标导向和问题导向相统一,明确了新时代公民道德建设的总体要求。我们要深刻把握其内涵和规律,以习近平新时代中国特色社会主义思想为指导,持续强化教育引导、实践养成、制度保障,持之以恒、久久为功,推动全民道德素质和社会文明程度达到一个新高度。

始终保持公民道德建设的社会主义方向

道德是有立场和方向的。加强新时代公民道德建设,必须始终保持社会主义方向。道德是历史的产物,只有与社会发展进步的方向一致的道德,才能构成推动历史发展的精神力量。在当代中国,道德建设必须坚持社会主义方向。这就要求:一是坚持马克思主义道德观、社会主义道德观,倡导共产主义道德。只有以马克思主义道德观、社会主义的道德观引领社会文明进步,倡导共产主义道德,才能与中国特色社会主义发展道路同向同行。二是坚持以为人民服务为核心。人民群众是创造历史的动力,为人民服务是中国共产党的根本宗旨。只有坚持以为人民服务为核心加强社会主义道德建设,才能更好地实现先进性要求与广泛性要求的有机结合。三是坚持以集体主义为原则。在当前历史条件下,只有倡导把国家、集体利益放在首位,充分尊重和维护个人的正当利益,才能正确处理国家、集体、个人的利益关系,促进社会和个人的和谐发展。四是坚持以爱祖国、爱人民、爱劳动、爱科学、爱社会主义为基本要求。在道德养成过程中,唯有心中有他人、心中有集体、心中有人民、心中有祖国,才能在日常生活中逐步养成良好的道德品质和文明行为习惯,才能把爱国情、强国志、报国行自觉融入坚持和发展中国特色社会主义、建设社会主义现代化强国、实现中华民族伟大复兴的奋斗之中。

坚持以社会主义核心价值观为引领

道德是有价值取向的。加强新时代公民道德建设,必须坚持以社会主义核心价值观为引领。核心价值观是一个民族赖以维系的精神纽带,是一个国家共同的思想道德基础。社会主义核心价值观是当代中国人民精神家园的价值追求和价值定位,也是人们在生活中调节人际关系和人与社会之间关系的行为准则和伦理规范。可以说,社会主义核心价值观是规范社会日常道德和中国人民精神生活的基本价值框架。只有将社会主义核心价值观的要求贯穿到道德建设各方面,坚持贯穿结合融入、落细落小落实,融入日常生活,使之成为人们日用而不觉的道德规范和行为准则，以主流价值建构道德规范、强化道德认同、指引道德实践，才能引导人们明大德、守公德、严私德，充分发挥社会主义核心价值观凝魂聚气、强基固本的作用。

坚持在继承传统美德中创新发展

道德是具有民族性和时代性的。加强新时代公民道德建设，必须坚持在继承传统美德中创新发展。我们应该自觉传承中华传统美德，继承我们党领导人民在长期实践中形成的优良传统和革命道德，适应新时代改革开放和社会主义市场经济发展要求，积极推动中华传统美德在新时代的创造性转化、创新性发展，发扬光大我们党领导人民在长期实践中形成的优良传统和革命道德，不断增强道德建设的时代性实效性，为实现中华民族伟大复兴的中国梦凝聚起强大精神力量。

坚持提升道德认知与推动道德实践相结合

道德是善良动机和效果的统一。加强新时代公民道德建设，必须坚持提升道德认知与推动道德实践相结合。这就要求我们既要加强思想道德教育，又要以先进模范的示范作用引领道德风尚，更要提倡每个人持之以恒的道德实践。要尊重人民群众的主体地位，鼓励人民群众自我教育、自我提高的各类群众性创建活动，激发人们形成善良的道德意愿、道德情感，培育正确的道德判断和道德责任，提高道德实践能力尤其是自觉实践能力，引导人们向往和追求讲道德、尊道德、守道德的生活。

坚持发挥社会主义法治的促进和保障作用

道德与法律是相辅相成的。加强新时代公民道德建设，必须坚持发挥社会主义法治的促进和保障作用。法律是成文的道德，道德是内心的法律。要发挥法治对道德建设的促进和保障作用，把道德导向贯穿法治建设全过程，及时把实践中广泛认同、较为成熟、操作性强的道德要求转化为法律规范，推动社会诚信、见义勇为、志愿服务、勤劳节俭、孝老爱亲、保护生态等方面的立法工作。发挥司法裁判定分止争、惩恶扬善功能，以法治承载道德理念、鲜明道德导向、弘扬美德义行，把社会主义道德要求体现到立法、执法、司法、守法之中，引导人们增强法治意识、坚守道德底线，以法治的力量引导人们向上向善。

坚持积极倡导与有效治理并举

道德建设需要自律和他律的结合，加强新时代公民道德建设，必须坚持积极倡导与有效治理并举。只有既发挥榜样示范引领作用，又加大突出问题整治力度，才能达到树立新风正气、祛除歪风邪气的社会效应。为此，首先要坚持重在建设、立破并举。譬如，加快个人诚信、政务诚信、商务诚信、社会诚信和司法公信建设，构建覆盖全社会的征信体系，健全守信联合激励和失信联合惩戒机制，开展诚信缺失突出问题专项治理，让诚信的人得到社会褒奖，让失信的人付出代价。其次要遵循道德建设的规律。譬如，加强学生的思想品德教育，就要遵循不同年龄阶段的道德认知规律，而不同职业的公民道德建设则要创建适合职业特点的道德实践活动。再次要营造见贤思齐的氛围。精心选树时代楷模、道德模范等先进典型，综合运用宣讲报告、事迹报道、专题节目、文艺作品、公益广告等形式，广泛宣传他们的先进事迹和突出贡献，让道德模范、先进人物成为人们学习的榜样。只有这样，才能形成道德建设的良好氛围，树立新时代鲜明的价值取向，彰显社会道德水平的高度。

《纲要》着重体现了习近平总书记对党员领导干部、青少年和社会公众人物等重要群体和重点领域道德建设的重要论述和具体要求，重点强化了法治保障、网络空间、生态文明、对外交往等方面的内容。我们要结合《纲要》的学习和落实，深入学习领会习近平总书记关于道德建设的重要论述，全面推进社会公德、职业道德、家庭美德、个人品德建设，不断提升公民道德素质，促进人的全面发展，培养和造就担当民族复兴大任的时代新人。

（作者：韩震、林敏洁；来源：《经济日报》2020 年 6 月 4 日，作者为北京市习近平新时代中国特色社会主义思想研究中心研究员）

精选习题

一、单选题

1. 志愿服务的精神是（　　）

A. 奉献、友爱　　B. 互助、进步

C. 自强自律　　D. 奉献、友爱、互助、进步

2. 社会主义道德的原则是（　　）

A. 集体主义　　B. 无私奉献

C. 一心为公　　D. 先公后私

3. 社会主义道德的核心是(　　)

A. 为人民服务　　B. 无私奉献

C. 先人后己　　D. 一心为公

4. (　　)中共中央、国务院印发了《新时代公民道德建设实施纲要》

A. 2019 年 10 月　　B. 2016 年 10 月

C. 2018 年 10 月　　D. 2017 年 10 月

5. 道德的基本功能有(　　)

A. 调节功能　　B. 认识功能

C. 规范功能　　D. 调节功能、认识功能、规范功能

6. 在对待传统道德的问题上,要反对的错误思潮是(　　)

A. 复古论　　B. 虚无论

C. 复古论、虚无论　　D. 渺茫论

二、多项选择题

1. 道德的五大类型是(　　)

A. 原始社会的道德　　B. 奴隶社会的道德

C. 封建社会的道德　　D. 资本主义社会的道德

E. 社会主义社会的道德

2. 中华传统美德的基本精神是(　　)

A. 重视整体利益,强调责任奉献　　B. 推崇仁爱原则,注重以和为贵

C. 注重人伦关系,重视道德义务　　D. 追求精神境界,向往理想人格

E. 强调道德修养,注重道德践履

3. 中国革命道德的主要内容是(　　)

A. 为实现社会主义和共产主义理想而奋斗

B. 全心全意为人民服务

C. 始终把革命利益放在首位

D. 树立社会新风,建立新型人际关系

E. 修身自律,保持节操

4. 中国革命道德的当代价值是(　　)

A. 有利于加强和巩固社会主义和共产主义的理想信念

B. 有利于培育和践行社会主义核心价值观

C. 有利于引导人们树立正确的道德观

D. 有利于培育良好的社会道德风尚

5. 社会公德的主要内容是(　　)

A. 文明礼貌　　B. 助人为乐

C. 爱护公物　　D. 保护环境

E. 遵纪守法

6. 职业生活中的道德规范是(　　)

A. 爱岗敬业　　B. 诚实守信

C. 办事公道　　D. 热情服务

E. 奉献社会

7. 恋爱中的道德规范是(　　)

A. 尊重人格平等　　B. 自觉承担责任

C. 文明相亲相爱　　D. 培养与对方相同的兴趣爱好

8. 家庭美德的主要内容包括(　　)

A. 尊老爱幼　　B. 男女平等

C. 夫妻和睦　　D. 勤俭持家

E. 邻里互助

9. 历史上思想家们所提出的加强道德修养、提升个人品德的积极有效的方法有(　　)

A. 学思并重　　B. 省察克治

C. 慎独自律　　D. 知行合一

E. 积善成德

10. 个人品德的主要内容包括(　　)

A. 爱国奉献　　B. 明礼遵规

C. 勤劳善良　　D. 宽厚正直

E. 自强自律

三、材料分析题

大学校园内不受欢迎的十大不文明行为：

1. 上课时任意出入教室、窃窃私语或大声交谈、做与上课内容无关的事情，影响老师授课。

2. 在图书馆、自习室等场所吸烟，手机不调静音模式，大声接电话，大声喧哗。

3. 用语不文明，出口成“脏”。

4. 大、小便后不冲水，严重影响公共卫生。

5. 在宿舍区打闹、高分贝播放音乐，在宿舍上网时大呼小叫，在宿舍内大声语音聊天，影响他人学习和休息。

6. 在图书馆的书刊上乱写乱画，折、撕书刊，损坏计算机等设备。

7. 晚归且拒绝登记，不尊重管理人员。

8. 不经允许随意动用他人物品，借他人的财物长时间不还。

9. 在课桌或墙壁上乱涂乱画，故意损坏公共设施。

10. 在图书馆、食堂等场所不遵守秩序，拥挤推拉，任意插队。

结合材料回答问题：

1. 运用所学知识，分析大学校园内不受欢迎的十大不文明行为违反了哪些道德规范？

2. 作为一名大学生你应该如何加强道德修养，杜绝这些不文明行为？

推荐阅读书目

1. 黄钊：《中国道德文化》，湖北人民出版社 2000 年版。

2. 古今：《论语中的人生智慧》，中国纺织出版社 2011 年版。

3. 方朝晖：《儒家修身九讲》，清华大学出版社 2008 年版。

4. 庄浪：《社会公德故事》，南京出版社 2012 年版。

5. 刘源：《家庭美德故事》，南京出版社 2012 年版。

6. 和谐文化编辑组：《道德的力量》，人民出版社 2008 年版。

7. 中共中央宣传部宣传教育局：《中国古代道德故事》，中共中央党校出版社 2006 年版。

第六章　学习法治思想　提升法治素养

教学目标

1. 知识目标：巩固和拓展本章节课堂理论教学中学到的知识，能够准确把握法律的含义、历史发展，全面了解社会主义法律的本质特征和运行机制；了解我国宪法的形成和发展，掌握我国宪法确立的基本原则和制度，了解各个法律部门的基本功能和原则，从整体上把握中国特色社会主义法律体系和法治体系；深刻理解中国特色社会主义法律体系和法治体系的主要内容，准确把握全面依法治国的基本格局，做到学法、知法、懂法，不断提升法律素质，增强建设法治国家的使命感和责任感。

2. 能力目标：实现从理论到实践的飞跃，从书本到现实的转化，牢固树立正确的法治观念，坚定走中国特色社会主义法治道路的信念，培养社会主义法治思维；自觉维护社会主义法律权威，准确把握法律权利和法律义务的内涵，了解我国宪法规定的公民的基本权利与义务，形成正确的权利义务观；妥善处理学习、生活中遇到的法律问题和各种矛盾，不断提高自己的法律素质和运用法律解决问题的能力，养成心中有法、自觉守法、遇事找法、解决问题用法、化解矛盾靠法的良好习惯，成为具有较高法律素质和法律能力的社会主义事业的建设者和接班人。

3. 情感价值目标：树立崇尚法律、信仰法律的牢固观念，增强对法律的信任感、认同感，对法律常怀敬畏之心，常思敬重之情；在尊重法律权威方面加强砥砺，在学习和生活中积极作为，养成敬畏法律的良好品质，做到信仰法律，遵守法律，服从法律，维护法律，努力成为尊重法律权威、信仰法律的先锋，成为法治国家的建设者和捍卫者。

理论热点

一、知识要点

1. 法律的定义

树立正确的法治观，首先要准确理解法律的含义。从法律的发展史来看，法律是一种复杂的社会历史现象，只有透过各种法律现象，把握深藏其后的本质，才能深刻揭示法律的一般含义。

法律是由国家创制并保证实施的行为规范。作为社会规范，法律区别于道德规范、宗教规范、风俗习惯、社会礼仪、职业规范等其他社会规范的首要之处在于，它是由国家创制并保证实施的社会规范。国家创制法律规范的方式主要有两种：一是制定。国家制定法律一般以一定的规范性文件的形式表现出来，所以被称为制定法。二是认可。即国家机关赋予某些既存的社会规范以法律效力，或者赋予先前的判例以法律效力的活动。法律不但由国家创制，而且由国家保证实施，法律具有国家强制性。法律的国家强制性既表现为国家对违法行为的否定和制裁，也表现为国家对合法行为的肯定与保护。国家强制力并不是保证法律实施的唯一力量。法律意识、道德观念、纪律观念也在保证法律的实施过程中发挥着重要作用。国家是法律的来源和起作用的机制，没有国家就没有法律，同时国家职能的实现也离不开法律，即法律与国家是相辅相成的，谁也离不开谁。

法律是由社会物质生活条件决定的。法律不是凭空出现的，而是产生于特定时代的社会物质生活条件之上。社会物质生活条件指与人类生存相关的地理环境、人口和物质资料的生产方式等。其中，物质资料的生产方式既是决定社会面貌、性质和发展的根本因素，也是决定法律本质、内容和发展方向的根本因素。生产方式包括生产力与生产关系两个方面，对法律产生决定性的影响。在一定社会中，有什么样的生产关系，就有什么性质和内容的法律。奴隶制生产关系、封建制生产关系、资本主义生产关系和社会主义生产关系，相应地产生了四种历史类型的法律。同样，生产力的发展水平也制约着法律的发展程度。不能设想，在生产力水平较低的奴隶社会，会制定出保护科技发明创造的知识产权法；在大工业时代之前的社会，会制定出保护自然环境的环境法。这是从马克思主义的唯物史观基本原理得出的结论。

法律是统治阶级意志的体现。在阶级社会中,法律是统治阶级意志的体现。这一命题包含着丰富的内容。首先,法律所体现的是统治阶级的阶级意志,即统治阶级的整体意志,而不是个别统治者的意志,也不是统治者个人意志的简单相加。统治阶级不仅迫使被统治阶级服从和遵守法律,而且要求统治阶级的成员也遵守法律。其次,法律所体现的统治阶级意志,并不是统治阶级意志的全部,而仅仅是上升为国家意志的那部分意志。统治阶级的意志还体现在国家政策、统治阶级的道德、最高统治者的言论等形式之中。

综合以上三个方面,我国法学界一般将法律定义为:法律是由国家制定或认可并依靠国家强制力保证实施的,反映由特定社会物质生活条件所决定的统治阶级意志的规范体系。

2. 我国社会主义法律的本质特征

从本质上说,我国社会主义法律是中国特色社会主义制度的重要组成部分,是党领导人民当家作主的制度保障,其本质特征如下:

一是我国社会主义法律体现了党的主张和人民意志的统一。我国社会主义法律既具有鲜明的阶级性,又具有广泛的人民性,体现了阶级性与人民性的统一。我国是中国共产党领导下的社会主义国家,人民是国家的主人,制定法律的权力属于人民。中国共产党是中国工人阶级的先锋队,同时是中国人民和中华民族的先锋队,是中国特色社会主义事业的领导核心。社会主义法律维护人民的根本利益,巩固中国共产党的领导地位,体现了党的主张和人民意志的统一。

二是我国社会主义法律具有科学性和先进性。我国法律坚持马克思主义世界观和方法论,并指导人们在法律实践中尊重和反映客观规律。我国法律适应时代发展要求,改革创新立法体制、立法程序、立法技术,使立法的质量和水平不断提高。

三是我国社会主义法律是中国特色社会主义建设的重要保障。我国法律的社会作用体现了社会主义的本质要求,经济发展、政治清明、文化昌盛、社会公正、生态良好,都离不开社会主义法律的引领、规范和保障。

3. 坚持中国特色社会主义法治道路必须遵循的原则

一是坚持中国共产党的领导。党的领导是中国特色社会主义最本质的特征,是社会主义法治最根本的保证。把党的领导贯彻到依法治国全过程和各方面,是我国社会主义法治建设的一条基本经验。我国是人民民主专政的社会主义国家,党的领导是中国特色社会主义法治之魂,这是我们的法治同西方资本主义国家的法治的最大区别。国际国内环境越是复杂,改革开放和社会主义现代化建设任务越是繁重,越要运用法治思维和法治手段巩固执政地位、改善执政方式、提高执政能力,保证党和国家长治久安。全面依法治国是要加强和改善党的领导,健全党领导全面依法治国的制度和工作机制,推进党的领导制度化、法治化,通过法治保障党的路线方针政策有效实施。

二是坚持人民主体地位。全面依法治国最广泛、最深厚的基础是人民,必须坚持一切为了人民、一切依靠人民。推进全面依法治国,根本目的是依法保障人民权益。必须始终牢牢把握坚持党的领导、人民当家作主、依法治国有机统一,不断发展社会主义民主政治并使之法治化、制度化,坚持和完善人民代表大会制度以及中国共产党领导的多党合作和政治协商制度、民族区域自治制度、基层群众自治制度等人民当家作主的制度体系。要积极回应人民群众新要求新期待,系统研究谋划和解决法治领域人民群众反映强烈的突出问题,不断增强人民群众的获得感、幸福感、安全感,用法治保障人民安居乐业。

三是坚持法律面前人人平等。平等是社会主义法律的基本属性,是社会主义法治的基本要求。坚持法律面前人人平等,对于坚持走中国特色社会主义法治道路具有十分重要的意义。第一,它可以充分显示中国特色社会主义制度的优越性,使人民在依法治国中的主体地位得到尊重和保障,从而有利于增强人民群众的主人翁意识和责任感。第二,它鲜明地反对法外特权、法外开恩,对掌握公权力的人形成制约,从而有利于预防特权思想和各种潜规则的侵蚀。第三,它鲜明地反对法律适用上的各种歧视,有利于贯彻执行"以事实为依据、以法律为准绳"的司法原则。第四,它要求人人都严格依法办事,既充分享有法律规定的各项权利,又切实履行法律规定的各项义务,有利于维护法律权威、健全社会主义法治,确保实现全面依法治国的总目标。

坚持法律面前人人平等,一方面要求违法必究,一切违反宪法法律的行为都必须予以追究。法治意味着不管什么人,不管涉及谁,只要违反法律就要依法追究责任。另一方面要求非歧视,即无差别对待。只要是正当权益诉求,就应当在法律上得到平等对待;只要是合法权益,就应当依法得到平等保护。要着力反歧视,特别要强调对弱势群体合法利益的法律保护。

四是坚持依法治国和以德治国相结合。法治和德治,是治国理政不可或缺的两种方式,如车之两轮或鸟之两翼,忽视其中任何一个,都将难以实现国家的长治久安。只有让法治和德治共同发挥作用,才能使法律与道德相辅相成,法治与德治相得益彰,做到法安天下,德润人心。坚持依法治国和以德治国相结合,既要强化道德对法治的支撑作用,重视发挥道德的教化作用,提高全社会文明程度,为全面依法治国创造良好环境;又要把道德要求贯彻到法治建设中,以法治承载道德理念。立法、执法、司法都要体现社会主义道德要求,都要把社会主义核心价值观贯穿其中,使社会主义法治成为良法善治,引导全社会崇德向善。要运用法治手段解决道德领域的突出问题,依法加强对群众反映强烈的失德行为的整治。

五是坚持从中国实际出发。建设法治中国,必须从我国实际出发,同完善和发展中国特色社会主义制度、推进国家治理体系和治理能力现代化相适应,既不能罔顾国情、超越阶段,也不能因循守旧、墨守成规。坚持从实际出发,就是要突出法治道路的中国特色、实践特色、时代特色。要传承中华优秀传统法律文化,从我国革命、建设、改革的实践中探索适合自己的法治道路,同时借鉴国外法治有益成果,为全面建设社会主义现代化国家、实现中华民族伟大复兴夯实法治基础。要注意研究我国古代法治传统及其成败得失,挖掘和传承中华法律文化精华,汲取营养、择善而用。要学习借鉴世界上优秀的法治文明成果,但必须坚持以我为主、为我所用,认真鉴别、合理吸收,不能搞"全盘西化",不能搞"全面移植",不能照搬照抄。实践证明,我国政治制度和法治体系是适合我国国情和实际的制度,具有显著优越性。要树立自信、保持定力,一切从我国实际出发,坚定不移沿着中国特色社会主义法治道路前进。

4. 建设中国特色社会主义法治体系的主要内容

建设中国特色社会主义法治体系,就是要形成完备的法律规范体系、高效的法治实施体系、严密的法治监督体系、有力的法治保障体系,形成完善的党内法规体系。

完备的法律规范体系。完备的法律规范体系,是中国特色社会主义法治体系的前提,是法治国家、法治政府、法治社会的制度基础。法律规范体系,是以宪法为核心,由部门齐全、结构严谨、内部协调、体例科学、调整有效的法律及其配套法规所构成的法律规范系统。

高效的法治实施体系。建设高效的法治实施体系,是建设中国特色社会主义法治体系的重点。高效的法治实施体系,是指执法、司法、守法等各个环节有效衔接、协调高效运转、持续共同发力,织密法治之网,强化法治之力,实现效果最大化的法治实施系统。

严密的法治监督体系。严密的法治监督体系,是指以规范和约束公权力为重点建立的有效的法治化权力监督网络。它以有权必有责、用权受监督、违法必追究,坚决纠正有法不依、执法不严、违法不究行为等为主要任务,是宪法法律有效实施的重要保障,是加强对权力运行制约和监督的迫切要求。

有力的法治保障体系。有力的法治保障体系,是全面依法治国的重要依托,是指在法律制定、实施和监督过程中形成的结构完整、机制健全、资源充分、富有成效的保障系统,包括政治和组织保障、人才和物质条件保障、法治文化保障等。

完善的党内法规体系。建设完善的党内法规体系,是中国特色社会主义法治体系的本质要求和重要内容。完善的党内法规体系,是指内容科学、程序严密、配套完备、运行有效的党内制度及其运行、保障体系。加强党内法规体系建设,就是要形成完善的党内法规制度体系、高效的党内法规制度实施体系、有力的党内法规制度建设保障体系,党依据党内法规管党治党的能力和水平显著提高。

5. 我国宪法的基本原则

我国宪法的基本原则包括党的领导原则、人民主权原则、人权保障原则、法治原则、民主集中制原则、权力监督和制约原则。既体现了宪法原则的一般性,又体现了中国特色社会主义宪法原则的特殊性。

党的领导原则。中国共产党是中国特色社会主义事业的领导核心,党的领导是人民当家作主的根本保证。中国共产党执政就是党领导、支持、保证人民当家作主,最广泛地动员和组织人民群众依法管理国家和社会事务,管理经济和文化事业,维护和实现最广大人民的根本利益。我国宪法对中国共产党领导地位和执政地位的规定,既是对中国共产党领导各族人民在革命、建设和改革各个历史时期奋斗成果的确认,也是对我国国家性质和根本制度的确认,集中体现了党的主张和人民意志的高度统一。

人民主权原则。主权是指国家的最高权力，人民主权是指国家中绝大多数人拥有国家的最高权力，人民当家作主是社会主义民主政治的本质和核心。我国宪法体现了人民主权原则，强调国家的一切权力属于人民。这一原则在宪法中的表现是多方面的。宪法通过确认我国人民民主专政的国体，保障了广大人民群众在国家中的主人翁地位；通过确认以公有制为主体、多种所有制经济共同发展的基本经济制度，为人民当家作主奠定了经济基础；通过确认人民代表大会制度的政体，为人民当家作主提供了组织保障；通过确认广大人民依照法律规定，通过各种途径和形式，管理国家事务，管理经济和文化事业，管理社会事务的权利，把人民当家作主贯彻于国家和社会生活各个领域。

人权保障原则。人权是指人作为人享有和应当享有的基本权利。我国宪法规定的公民基本权利，都是最重要的人权，包括公民有参与国家政治生活的权利和自由、公民的人身自由和信仰自由、公民在社会经济文化方面的权利等。2004 年，我国宪法还将“国家尊重和保障人权”规定为一项基本原则，体现了对人权保障更加重视。

法治原则。法治就是按照法律治理国家、管理社会、规范行为，是对人治的否定。我国宪法明确规定实行依法治国，建设社会主义法治国家。依法治国的基本格局是“科学立法、严格执法、公正司法、全民守法”。依法治国首先是依宪治国，同时国家的法律也应获得普遍的服从。要推进国家各项工作法治化，维护社会公平正义，维护社会主义法治的统一、尊严、权威。任何组织和个人都要在宪法和法律范围内活动，一切违法行为都应受到法律的追究，法律面前人人平等。

民主集中制原则。民主集中制是集中全党全国人民集体智慧，实现科学决策、民主决策的基本原则和主要途径。我国宪法规定，中华人民共和国的国家机构实行民主集中制原则。国家权力统一由全国人民代表大会和地方各级人民代表大会行使，全国人民代表大会和地方各级人民代表大会由民主选举产生，对人民负责，受人民监督。广大人民的共同意志通过民主形式集中起来，并通过法定程序上升为国家意志。国家行政机关、审判机关、检察机关都由人民代表大会产生，对它负责，受它监督。中央和地方国家机构职权的划分及其活动，遵循在中央统一领导下，充分发挥地方的主动性、积极性的原则。

权力监督和制约原则。权力监督和制约原则是指国家权力的各部分之间相互监督、彼此牵制,以保障公民权利的原则。它既包括公民权利对国家权力的制约,也包括国家权力对国家权力的制约。

二、热点解析

1. 为什么要走中国特色社会主义法治道路

走中国特色社会主义法治道路,是历史的必然结论。要不要走法治道路、走什么样的法治道路,是近代以来中国人民面临的历史性课题。鸦片战争后,许多仁人志士也曾想变法图强,但都以失败告终,法治只是镜花水月。中国共产党在领导中国人民进行新民主主义革命的伟大斗争中,不断探索适合中国国情的法治道路,制定了《中华苏维埃共和国宪法大纲》以及大量法律法令。中华人民共和国成立后,在社会主义革命、社会主义建设时期,我们党领导人民制定了“五四宪法”和国家机构组织法、选举法、婚姻法等一系列重要法律法规,建立起社会主义法制框架体系,确立了社会主义司法制度。进入改革开放历史新时期,我们党提出“有法可依、有法必依、执法必严、违法必究”的方针,强调依法治国是党领导人民治理国家的基本方略,依法执政是党治国理政的基本方式,不断推进社会主义法治建设,最终走出了一条中国特色社会主义法治道路。党的十八大以来,以习近平同志为核心的党中央把全面依法治国作为新时代坚持和发展中国特色社会主义“四个全面”战略布局的重要组成部分,始终强调加强党的集中统一领导,坚持党领导立法、保证执法、支持司法、带头守法,在新时代不断坚持和拓展了中国特色社会主义法治道路。

走中国特色社会主义法治道路,是由我国社会主义的国家性质所决定的。我国宪法明确规定,社会主义制度是中华人民共和国的根本制度。这一根本制度保证了人民当家作主的主体地位,也保证了人民在全面依法治国中的中心地位,这是我们的最大制度优势。中国特色社会主义法治道路坚持人民主体地位,坚持法律面前人人平等,能够保证人民在党的领导下,依照法律规定,通过各种途径和形式管理国家事务,管理经济和文化事业,管理社会事务,本质上是中国特色社会主义道路在法治领域的具体体现。只有始终坚持以人民为中心,才能真正实现法治保障人民权益的根本目的。

走中国特色社会主义法治道路,是立足我国基本国情的必然选择。走什么样的法治道路,脱离不开一个国家的基本国情。从已经实现现代化的国家的发展历程看,英国、美国、法国等西方国家适应资本主义市场经济和现代化发展需要,经过一二百年乃至二三百年内生演化,逐步实行法治化。就我们这个14亿多人口的社会主义大国而言,要在较短时间内建成法治国家,必须走中国特色社会主义法治道路。我们有自己的历史文化传统,有长期积累的经验和优势。中国特色社会主义法治道路的一个鲜明特点,就是坚持依法治国和以德治国相结合。从国情实际出发,不等于关起门来搞法治,我们要坚持以我为主、为我所用,认真鉴别、合理吸收世界上优秀的法治文明成果。

2. 我国全面依法治国的总目标是什么

全面推进依法治国的总目标是建设中国特色社会主义法治体系,建设社会主义法治国家。这就是在中国共产党领导下,坚持中国特色社会主义制度,贯彻中国特色社会主义法治理论,形成完备的法律规范体系、高效的法治实施体系、严密的法治监督体系、有力的法治保障体系,形成完善的党内法规体系,坚持依法治国、依法执政、依法行政共同推进,坚持法治国家、法治政府、法治社会一体建设,实现科学立法、严格执法、公正司法、全民守法,促进国家治理体系和治理能力现代化。实现这个总目标,必须坚持中国共产党的领导,坚持人民主体地位,坚持法律面前人人平等,坚持依法治国和以德治国相结合,坚持从中国实际出发。

3. 法律思维与法治思维的联系

党的二十大报告指出,要“不断提高战略思维、历史思维、辩证思维、系统思维、创新思维、法治思维、底线思维能力”①。法律思维与法治思维作为思维的不同表现形式,它们都有思维所具有的概括性、间接性等一般特性,而且两者之间还有更为紧密的联系。法律思维与法治思维的联系表现在以下几个方面。

一是法律思维与法治思维都是心理逻辑。作为认知过程中的心理逻辑,法治思维包含但不限于形式逻辑,包含但选择性使用数理逻辑,推崇并广泛地使用命题逻辑,禁止但难以根绝地使用直觉主义逻辑,这与法律思维具有一致性。这种心理逻辑的功能在于促进“法治解决意向”的理性,最终外化为一个权力行

---

① 习近平. 高举中国特色社会主义伟大旗帜 为全面建设社会主义现代化国家而团结奋斗——在中国共产党第二十次全国代表大会上的报告(2022年10月16日)[N]. 人民日报,2022-10-26(01)。

使的“可接受性”。这同法律思维对解决事实的理性运用以达到“可接受性”具有一样的逻辑基础。

二是法律思维与法治思维都是理性思维。理性是认识之源,也是认识之本。法律作为人类主观认识和建构的结果,是人类理性的产物,也是人类理性的象征。当然,法治作为一种现代国家的治理理想,必定要求它符合比现行法律“更高理性”的标准。法治思维与法律思维一样都是追求“更高理性”的认知活动,它们本身就是一种理性思维。首先,两者都是一种逻辑理性。逻辑学适用于一切人。因此,它又是理性思维的裁判。就是说,由于法治思维与法律思维都是一种心理逻辑,这种逻辑中本身就体现出一种较高理性。其次,法治思维与法律思维是一种实践理性。法治思维强调思维主体对于思维客体(社会问题)的“穿透性反映”,进而能够形成具有科学性的“法治解决意向”。再次,法治思维与法律思维是一种规则理性。法治思维的“法治解决意向”强调通过规则来解决具体问题,强调规则的语词表达和法律效果都必须有确定性,强调权力行使遵循形式要件。这与法律思维中对规则的理解与运用,以及运用法律的“明确性”这一基本理性相一致。

三是法律思维与法治思维都是价值判断。法治思维的最终目的是保障人权。然而,人权本身必定包含价值判断。法治思维在精神活动过程中对事实的判断与法律思维在精神活动过程中对特定的事实以法律的视角去审视一样,最为重要的必定是价值判断。法治思维和法律思维的价值判断都是以一定的“价值经验”为基础。法治思维的价值判断与法律思维一样是要解决不同情形下不同价值的排序问题。

四是法律思维与法治思维都是一种习惯思维。法治思维是人们遵从法治精神来思考、研究和解决问题的习惯性模式,作为一种习惯思维,法治思维反对把法治当成一种精确装配起来的科学结构,反对把法治当成多种要素复杂合成的器具技术。而法律思维也是主体遵从法律,在法律规范、学说等的指引下,对具体问题进行思考、研究的一种习惯性模式。

五是法律思维与法治思维都是以法治理念和法律知识为依托。不论是法律思维的主体还是法治思维的主体在应对各种具体问题时都会将这一问题纳入法律知识体系中。结合法治理念去思考、理解,也就是说两者的主体都会拥有法律知识背景和经验以及对法治理念的理解与把握,都强调以“法”为中心,强调法律的地位,依法治理社会,以法律追求的价值为目标。

六是法律思维与法治思维在内容上有一定的重合性。法治思维和法律思维都植根于法治理念基础之上,符合法治的根本要求,两者都体现了法治的精神实质和价值追求,分析、判断、处理现实问题的思维方法或者过程。而且,两者离不开分析、判断等逻辑思维,离不开法治原则、法治的精神实质、法治的价值追求等内涵。

4. 法律权利与法律义务的关系

法律上的权利和义务,是法律关系的一个重要构成要素,没有法律权利和义务,也就不存在法律关系。法律关系就是法律关系主体之间在法律上的一种权利义务关系。

一是法律权利与法律义务相互依存。权利和义务作为构成法律关系的内容要素,是紧密联系、不可分割的。在法律关系中,权利和义务相互依存。义务的存在是权利存在的前提,权利人要享受权利必须履行义务;任何一项权利都必然伴随着一个或几个保证其实现的义务;法律关系中的同一人既是权利主体又是义务主体,权利人在一定条件下要承担义务,义务人在一定条件下要享受权利。在权利和义务的关系上,义务占主导地位,法的根本目的是保护人的权利,但是如果缺乏义务性规范的支持,权利就形同虚设,法律就会成为一纸空文。义务存在的合理性决定了权利存在的合理性。如果原有义务的合理性丧失,或新的合理性义务产生,那么已有的权利必然发生变化。权利的实现取决于义务的履行,一部分以他人履行义务而获得,一部分以自己履行义务而获得,不自觉履行义务就无法获得相应的权利,离开了义务,权利就不复存在。也就是说,在权利和义务这一对矛盾统一体中,义务处于矛盾的主要方面和支配地位,发挥着主导作用,决定着权利的存在和实现。

二是法律权利与法律义务相互独立。权利不能被看作是义务,义务也不能被视为权利。混淆两者的界限,必然会导致法律上的错误。也就是说,权利和义务有各自的范围和限度。超出了这个限度,就不为法律所保护,甚至是违反法律的。具体而言,超出了权利的限度,就可能构成“越权”或“滥用权利”,属于违法行为。而要求义务人作出超出其义务范围的行为,同样是法律所禁止的。

三是法律权利与法律义务在一定条件下互为对应。权利意味着对利益的获取与实现,义务意味着对利益的付出与负担;法律确立的不同社会主体之间利益的获取或付出的状态，构成了在一定条件下他们相互之间可以自己做出或不做出某一行为，或者要求他人做出或不做出某一行为。权利以其特有的利益导向和激励机制作用于人的行为，义务以其特有的约束机制和强制机制作用于人的行为，最终达到不同的社会主体基于对自身权利义务的准确理解与行使。

总之，法律权利与法律义务就像一枚硬币的两面，不可分割，相互依存。在社会生活中，每个人既是享受法律权利的主体，又是承担法律义务的主体。在法治国家，不存在只享受权利的主体，也不存在只承担义务的主体。法律权利的实现必须以相应法律义务的履行为条件；法律义务的设定和履行也必须以法律权利的行使为根据。离开了法律权利，法律义务就失去了履行的价值和动力；离开了法律义务，法律权利也形同虚设。有些法律权利和法律义务具有复合性的关系，即一个行为可以同时是权利行为和义务行为，如劳动的权利和义务、接受义务教育的权利和义务。在法律权利与法律义务相一致的情况下，一个人无论是行使权利还是履行义务，实际上都是对自己有利的。大学生应当正确把握依法行使权利、履行义务的基本要求，既珍惜自己的权利又尊重他人的权利，既善于行使权利又自觉履行义务。

5. 大学生应如何提升法治素养

新时代大学生的法治素养，关系全民族法治素养的总体水平，关系法治中国建设的进程。提升法治素养是大学生成长成才的内在需要。

一是尊重法律权威。法律通过调整社会关系，规范人的行为，保障社会成员的利益，实现稳定合理的社会秩序。法律的权威源自人民的内心拥护和真诚信仰。人民权益要靠法律保障，法律权威要靠人民维护。人民是国家的主人翁，是法治国家的建设者和捍卫者，尊重法律权威是其法定义务和必备素质。就大学生而言，作为一个公民，要在尊重法律权威方面加强砥砺，在学习和生活中积极作为，养成敬畏法律的良好品质，努力成为尊重法律权威、信仰法律的先锋。

尊重法律权威，就要信仰法律，对法律常怀敬畏之心；就要遵守法律，用实际行动捍卫法律尊严，保障法律实施；就要服从法律，拥护法律的规定，接受法律的约束，履行法定的义务，服从依法进行的管理，承担相应的法律责任；就要维护法律，争当法律权威的守望者、公平正义的守护者、具有良知的护法者。

二是学习法律知识。学习和掌握基本的法律知识，是提升法治素养的前提。一个对法律知识一无所知的人，不可能具备法治素养。法律知识通常包括法律法规方面的知识和法律原理方面的知识,这两部分法律知识对于培养法治思维、提升法治素养都很重要。只有既了解法律法规在某个问题上的具体规定,又了解法律的原理、原则,才能更好地领会法律精神,提升法治素养。除了从书本上获取法律知识外,还可以通过收听收看法治广播电视节目、阅读法律类报纸杂志,尤其是运用新媒体等途径学习法律知识。

参与法治实践是学习法律知识的有效途径。法治实践有助于加深个人对法律知识的认识,脱离了生动的实践,法治素养就成了空中楼阁。只有通过参与各种法律活动,在实践中运用法律知识和方法思考、分析、解决法律问题,才能养成自觉的法治思维习惯,提升法治素养。现在,参与法治实践的方式和途径越来越多。一是参与立法讨论。我国国家或地方的很多立法都要广泛征求意见或者进行听证,可以参与这些立法的讨论,发表自己的有关意见。二是旁听司法审判。凡是人民法院公开审判的案件,都允许公民旁听,大学生可以向人民法院申请旁听法院庭审,了解案件的审判过程。三是参与校园法治文化活动。大学生可以通过参与模拟法庭、法律诊所、法律辩论等方式,增长法律知识,锻炼法治思维,提升法治素养。

三是养成守法习惯。守法,就是任何组织或者个人都必须在宪法和法律范围内活动,任何公民、社会组织和国家机关都要以宪法和法律为行为准则,依照宪法和法律行使权利或权力、履行义务或职责。养成守法习惯,不仅要有基本的法律知识,更要有遵守规则的意识,坚持从具体事情做起。

增强规则意识。养成规则意识、坚持守法守规是每一个法治国家公民的基本素养。大学生参与社会活动,实施个人行为,都要以法律为依据,不得违反法律规范。处理问题、作出决定时,要先问问在法律上“是什么”和“为什么”,是否合法可行。在处理守法与违法的关系时,要防微杜渐,防止因小失大。在面临选择的重大关头,要依法冷静权衡,防止因头脑发热或心存侥幸而铸成大错。在学习和生活中,大学生应做到懂规矩、守规则、依规范,坚持依法办事。

守住法律底线。法律红线不可逾越、法律底线不可触碰。法律不能成为“橡皮泥”“稻草人”,触犯法律底线就要受到追究。如国家公职人员以权谋私、徇私枉法,是触犯法律底线的具体表现;公民应当依法纳税,而偷税漏税也是触犯法律底线的具体表现。因此,大学生应当坚持从我做起,从身边做起,形成底线思维,严守法律底线,带头遵守法律。

四是提高用法能力。学法是为了更好地用法，把对法治的尊崇、对法律的敬畏转化成思维方式和行为方式，做到在法治之下，而不是法治之外，更不是法治之上想问题、作决策、办事情。通过运用法律，提高解决问题的能力，使法律内化于心、外化于行。

维护自身权利。大学生要增强权利意识，用法处理纠纷，依法维权护权。当自身的合法权益受到侵害或者威胁时，既要有遇事找法、解决问题用法、化解矛盾靠法的意识，又要掌握维护权利的途径和手段，如自力救济、协商、和解、调解、仲裁、诉讼等。在具体生活中，面对校园暴力、网贷欺诈、用工纠纷等现象，除了提高防范意识外，还要善于留存法律证据，通过法律途径解决问题，理性维权。

维护社会利益。大学生除了要运用法律维护自身权利外，还要通过法律维护社会公共利益，对违法犯罪行为要敢于揭露、勇于抵制，消除袖手旁观、畏缩不前的恐惧心理，抵制遇事回避的惧法现象。如帮扶弱者、见义勇为，不仅是一种道德要求，也是一种法律规范，为我国的民法典、残疾人保障法、老年人权益保障法、未成年人保护法等法律所保护，对弘扬正气起到了重要的推动作用。大学生要遵法守规、遇事找法、善于用法，做新时代的守法人、护法人。

实践项目

一、课内实践

1. 微视频展示

(1) 活动名称：“我心中的感动中国法治人物”微视频展示。

(2) 活动目的：学习守法模范的高尚品格和先进事迹，学习他们崇尚法律、信仰法律的观念，增强对法律的信任感、认同感，对法律常怀敬畏之心，常思敬重之情。自觉学习法律知识、掌握法律方法、参与法律实践、养成守法习惯、守住法律底线，在学习和生活中逐渐提高法治思维能力，培养法治思维方式，努力把自己塑造成法治中国的建设者和捍卫者。

(3) 活动时间：第六章第一节课上课时。

(4) 活动地点：授课教室。

(5) 活动具体步骤：

第一，在第六章的预习任务中，明确提出要开展“我心中的感动中国法治人物”微视频展示活动，明确微视频要求，要求全体同学制作微视频，准备展示。

第二，由班委会开展预选，每班推荐 3 名同学参加展示。

第三，教师进行微视频讲评。

(6)活动注意事项：

第一，让全体同学观看微视频。

第二，未展示的同学下课前交回制作的微视频。

2. 主题演讲

(1)活动名称：“法治中国我何为”演讲比赛。

(2)活动目的：坚守法治信仰，深化法治理念，践行法治思维和法治方式，义无反顾地肩负起法治中国建设者、捍卫者的职责，努力在全面依法治国中作出应有贡献。

(3)活动时间：第六章第二节课上课时。

(4)活动地点：授课教室。

(5)活动具体步骤：

第一，在第六章的预习任务中，明确提出要开展“法治中国我何为”演讲比赛，制定演讲比赛的规则，要求全体同学做好演讲准备，准备演讲稿。

第二，以班为单位，按照比赛规则，由班委会开展预选，每班推荐 3 名选手参加演讲。

第三，在学生中选拔演讲赛主持人 2 名。

第四，正式演讲前审查主持人主持词、演讲顺序、选手演讲稿，并进行主持预演。

第五，主任评委宣读评分办法及标准，参赛选手演讲，评委评分。

第六，任课教师进行演讲讲评。

(6)活动注意事项：

第一，制定演讲规则，提前告知全体同学。

第二，提出演讲纪律要求，告知全体同学遵守。

第三，选手演讲后交回演讲稿。

第四，其他同学下课前交回演讲稿。

3. 专题讨论

(1)活动名称：学习习近平法治思想心得交流。

(2)活动目的：认真学习领会习近平法治思想，坚持习近平法治思想在全面依法治国中的指导地位，把习近平法治思想贯彻落实到全面依法治国各方面和全过程，更好转化为全面建设社会主义法治国家的生动实践。

(3)活动时间：第六章第三节课上课时。

(4)活动地点：授课教室。

(5)活动具体步骤：

第一，在第六章的预习任务中，明确提出要开展学习习近平法治思想心得交流活动，提出讨论要求，要求全体同学做好讨论准备，准备发言稿。

第二，以班为单位，按照讨论要求，每班由班委会推荐3名发言代表。

第三，在学生中选拔2名主持人，负责主持讨论活动。

第四，课前审查主持人引导词、发言顺序、发言稿，并进行主持预演。

第五，正式开展交流活动。

第六，任课教师进行讲评。

(6)活动注意事项：

第一，提出讨论纪律要求，告知全体同学遵守。

第二，讨论结束后所有同学交回讨论稿。

二、课外实践

1. 法治宣传

(1)活动名称：“民法典宣传”微视频展示。

(2)活动目的：让全体师生了解民法典、遵循民法典、运用民法典，形成全民学法、守法、用法的良好氛围。

(3)活动时间：课程开设期间。

(4)活动地点：授课QQ群。

(5)活动具体步骤：

第一，在第六章的课后作业中，明确提出要开展“民法典宣传”微视频展示活动。

第二，按照微视频制作要求制作微视频，在授课QQ群中展示。

第三，教师进行微视频讲评。

(6)活动注意事项：

第一，让全体同学在授课QQ群中观看微视频，开展评比。

第二，展示后评选出优秀微视频。

2. 司法实践

(1)活动名称：观看法院庭审。

(2)活动目的：了解、熟悉庭审环节和过程，增强法律意识，深化对庭审知识的认识，零距离感受法律的公正与严谨，进一步培养学习法律知识的兴趣和热情。

(3)活动时间：第六章教学结束后的周末。

(4)活动地点：学校所在地法院。

(5)活动具体步骤：

第一，提前一个月与法院取得联系，选取公诉意义较大的案件，确定旁听的具体时间与地点。

第二，前往旁听前3天跟法院接洽，获取旁听案例的基本信息，制作资料发放给旁听的学生。

第三，活动当天要求参加旁听的学生在指定的时间地点集合，各班考勤、带队老师组织前往法院。

第四，到达法院后，在法院工作人员指引下有序进入庭审现场；旁听过程中严格遵守法庭的相关规定，珍惜旁听的机会，认真做好旁听记录，切实感受法的威严和法庭的辩论氛围，提高法律素质。

第五，庭审结束后，按规定有序离开法庭，到达集合地点进行全员点名，人员到齐后由学院带队老师组织返校。

(6)活动注意事项：

第一，注意乘车安全。

第二，及时清点人数。

第三，反复强调与庭审旁听活动相关的法律法规及法院的规章制度。

第四，各班班干部负责维持旁听秩序。

3. 观后感交流

(1)活动名称：《法治中国》观后感交流。

(2)活动目的：全面了解和认识党的十八大以来全面依法治国的历史性变革和辉煌成就，明确全面依法治国的指导思想、基本原则、总目标、总抓手和基本任务，树立崇尚法律、信仰法律的牢固观念，增强对法律的信任感、认同感，对法律常怀敬畏之心，常思敬重之情。自觉学习法律知识、掌握法律方法、参与法律实践、养成守法习惯、守住法律底线，在学习和生活中逐渐提高法治思维能力，培养法治思维方式，努力成为法治中国的建设者和捍卫者。

(3)活动时间：第六章授课期间。

(4)活动地点：授课 QQ 群。

(5)活动具体步骤：

第一，在第六章的课后作业中，明确提出要开展《法治中国》观后感交流活动。

第二，按照交流规则，学生在规定时间段在授课 QQ 群中提交观后感。

第三，同学之间相互点评。

第四，教师进行讲评。

(6)活动注意事项：

第一，制定交流规则，提前告知全体同学。

第二，提出交流活动纪律要求，告知全体同学遵守。

三、自主实践

1. 专题讨论

(1)活动名称：香港国安法颁布实施的意义讨论。

(2)活动目的：正确认识和理解香港国安法颁布实施的意义，增强法律意识，推进国家治理能力和治理体系现代化。

(3)活动时间：授课学期内。

(4)活动地点：授课 QQ 群。

(5)活动具体步骤：

第一，提前确定主持人和引导发言人。

第二，做好讨论记录。

(6)活动注意事项：

第一，提前熟悉讨论内容。

第二，按时进入讨论 QQ 群。

第三，按计划安排开展讨论。

2. 社会调查

(1)活动名称：当代大学生对“常回家看看”入法的认同度调查。

(2)活动目的：了解大学生对“常回家看看”入法的认同情况，引导大学生弘扬关爱老人这一中华传统美德，自觉履行法定义务、社会责任、家庭责任，培育大学生的法律信仰、法治观念、规则意识，营造全社会都讲法治、守法治的文化环境。

(3)活动时间：授课学期内。

(4)活动地点：校园内。

(5)活动具体步骤：

第一，提前确定调查内容和访谈对象。

第二，做好调查记录。

(6)活动注意事项：

第一，准备好调查资料。

第二，按时到达调查地点。

第三，按计划安排开展调查活动。

3. VR(虚拟现实)体验

(1)活动名称：模拟法庭庭审活动。

(2)活动目的：了解法庭审理案件的整个流程和细节，将所学到的法学理论知识、司法基本技能等综合运用于实践，在分析和研究案例、模拟案件的处理、解释法律规定等环节中，掌握案情与法律之间的关系，将法学理论活学活用，达到理论和实践相统一。

(3)活动时间：课程开设期间的双休日。

(4)活动地点：VR仿真实验室。

(5)活动具体步骤：

第一，提前策划法庭庭审活动，明确活动目的、安排、注意事项。

第二，联系VR仿真实验室，调制好设备。

第三，领队教师和学生负责人明确责任，组织学生前往体验场所。

第四，结束后开展讨论。

(6)活动注意事项：提前周密准备，注意安全，保存好过程材料。

案例学习与评析

案例一 尊法案例

2018年2月15日,张扣扣持刀致2人当场死亡、1人重伤抢救无效死亡;2月17日,张扣扣投案自首。张扣扣案件曝光后,外界就出现了两种截然不同的观点。一部分人认为,这名罪犯的所作所为,与他年少时期母亲与本案受害人王某某发生纠纷而死有着密不可分的关系,应该对他从轻发落。而另一部分人则认为,法律是公正严明的,无论出于何种原因,违法行为发生后都应该依法惩治。2019年1月8日,汉中市中级人民法院以故意杀人罪、故意毁坏财物罪对张扣扣判处死刑;4月11日,陕西省高级人民法院裁定驳回张扣扣的上诉,维持一审死刑判决,并依法报请最高人民法院核准;7月17日,张扣扣被执行死刑。

案例评析

法律是道德的底线,现代社会是法治社会,违法必究,全民都应该树立崇尚法治的意识,通过法律途径维护自己的合法权益。如果人人都可以冲破法律的约束,践踏司法的权威,以实现自己内心的正义,那么法律将形同虚设,司法将毫无意义,社会秩序也将无法保障。依靠法律理性解决矛盾纠纷是文明社会稳定发展的重要基础。作为一名公民,要用实际行动捍卫法律尊严,保障法律推行。公民无论是参与社会活动,还是实施个人行为,都要以法律为依据,不得违反法律规范。处理问题、作出决定时,要先问问在法律上“是什么”和“为什么”,是否合法可行,争当法律权威的守望者、公平正义的守护者、具有良知的护法者。

案例二 非法校园贷

“爸,妈,我跳了,别给我收尸,太丢人。爸,妈,来世做牛做马报答你们。”这是2016年3月大学生小郑(化名)发给父母的最后一条短信,在发完这条短信后他跳楼结束了自己的生命。由于迷上了网络赌球,小郑先后通过某借贷平台借款6万元，这笔钱利滚利，慢慢地小郑就无力还款了。虽然借贷平台宣传贷款"无利息"，但其实他们巧立名目，偷换概念，将利息换成了所谓的手续费、违约金、迟延履约金、保证金等，加在一起，高出国家规定的银行同期利率的10倍、20倍，甚至更多。走投无路之下，小郑偷偷用同学的身份信息去贷款还债。他先后用28名同学的身份证借钱，然而，这并没有缓解小郑的还贷压力。同学陆续收到催款电话，直到这时，他们才知道自己的身份信息被小郑用来贷款。最终，欠款像滚雪球一样越滚越大，变成了60多万元。小郑不仅要偿还巨额贷款，还面临着来自家庭和同学的压力。重压下，他以自杀来逃避。

案例评析

这个案例是一个由非法校园贷引发的惨案，正是由于非法校园贷的存在，小郑能够轻而易举获得贷款，从而无所顾忌地延续其网络赌球的恶习；正是因为非法校园贷的高额利息，导致小郑难以还清贷款本息，只能从不同的平台借钱，甚至偷偷用同学的身份证借款，拆东墙补西墙，贷款雪球越滚越大；也正是因为小郑对金融法律法规不了解，在遭遇非法高利贷时，不知道去寻求学校、公安部门以及金融监管部门的帮助，正当地维护自身的合法权益，致使自己无法承受重压，选择自杀。这个案例告诉广大学生，要远离网络赌博、远离非法校园贷，万一陷入非法校园贷陷阱，要第一时间寻求学校、家长的帮助，如遇到威胁、恐吓或暴力催收，要及时报警，依法维护自身合法权益。

案例三　消费维权案例

天津市某消费者于2018年5月在宝坻区商贸街某购物广场购买某品牌厨宝一台，价值550元。2019年4月20日厨宝发生自燃，且跑水导致楼下天花板损坏。消费者发现后立即与品牌方售后联系，一直没有收到答复，于是投诉至天津市宝坻区消协。经消协工作人员核查，消费者所述情况属实。经协调，品牌方同意赔偿消费者7000元。

案例评析

本案例是一个消费者维权案,《消费者权益保护法》第十一条规定“消费者因购买、使用商品或者接受服务受到人身、财产损害的,享有依法获得赔偿的权利”;第二十三条规定“经营者应当保证在正常使用商品或者接受服务的情况下其提供的商品或者服务应当具有的质量、性能、用途和有效期限……”;第五十二条规定“经营者提供商品或者服务,造成消费者财产损害的,应当依照法律规定或者当事人约定承担修理、重作、更换、退货、补足商品数量、退还货款和服务费用或者赔偿损失等民事责任”。本案中,商品出现自燃,明显是存在质量问题,品牌方应承担民事赔偿责任。

案例四　正当防卫案例

2018年12月26日,赵某在出租屋内听到楼下有人呼救,前去了解情况时,看到一女子被一男子掐住脖子,便上前拉开。双方进行一番拉扯,赵某踹到男子腹部。后经鉴定,该男子内脏伤残达到二级。2018年12月29日,在医院陪护临产妻子的赵某被警方以涉嫌故意伤害罪刑事拘留。公安机关移送审查起诉后,当地检察院先后作出不批准逮捕和相对不起诉决定。而赵某希望法律能还自己一个彻底的清白,“不希望因为我有污点影响孩子今后的生活”。

在最高人民检察院指导下,福建省人民检察院指令福州市人民检察院对该案进行了审查。经审查认为,赵某的行为属于正当防卫,不应当追究刑事责任,原不起诉决定书认定防卫过当属适用法律错误,依法决定予以撤销,依据刑事诉讼法第一百七十七条第一款规定,并参照最高人民检察院2018年12月发布的第十二批指导性案例,对赵某作出无罪不起诉决定。2019年12月18日,赵某在福州市年度见义勇为表彰大会上被授予“福州市见义勇为先进分子”光荣称号。

案例评析

本案例是一个正当防卫案,赵某的行为属于正当防卫,检察机关在司法实务上做到了敢于担当,保护公民依法行使正当防卫权,让正义“不委屈也可以求全”,并最终有效维护法治秩序。为了保护和鼓励公民运用正当防卫与严重威胁公民人身安全的暴力犯罪作斗争的积极性,纠正司法实践中一些对正当防卫限制过严的情况,我国刑法第20条第3款规定:“对正在进行行凶、杀人、抢劫、强奸、绑架以及其他严重危及人身安全的暴力犯罪,采取防卫行为,造成不法侵害人伤亡的,不属于防卫过当,不负刑事责任。”

延伸阅读

1. 坚持以习近平法治思想为指导 谱写新时代全面依法治国新篇章

伟大时代诞生伟大理论,伟大理论引领伟大征程。2020年11月召开的中央全面依法治国工作会议最重要的成果,就是确立了习近平法治思想在全面依法治国中的指导地位,这在马克思主义法治理论发展史和中国社会主义法治建设史上具有里程碑意义。习近平法治思想是顺应实现中华民族伟大复兴时代要求应运而生的重大理论创新成果,是马克思主义法治理论中国化的最新成果,是习近平新时代中国特色社会主义思想的重要组成部分,是新时代全面依法治国的根本遵循和行动指南。深入学习宣传贯彻习近平法治思想,是当前和今后一个时期全国法学法律界的一项重大政治任务。广大法学法律工作者要在学习宣传贯彻习近平法治思想上作表率,坚持用习近平法治思想武装头脑、指导实践、推动工作,自觉做习近平法治思想的坚定信仰者、积极传播者、模范践行者,推动开创法治中国建设新局面,谱写新时代全面依法治国新篇章。

准确把握提出习近平法治思想的科学依据

在即将全面建成小康社会、即将开启全面建设社会主义现代化国家新征程的重要时刻,党中央首次召开中央全面依法治国工作会议提出习近平法治思想,理由根据充分、时机条件成熟、顺乎党心民意,是全面贯彻习近平新时代中国特色社会主义思想、巩固马克思主义在意识形态领域指导地位的应有之义,是加快建设中国特色社会主义法治体系、建设社会主义法治国家的必然要求。

习近平法治思想是经过长期发展而形成的内涵丰富、论述深刻、逻辑严密、系统完备的法治理论体系。我们党在长期的革命、建设、改革实践中,坚持将马克思主义基本原理与中国实际相结合,持续推进马克思主义法治理论中国化进程。党的十八大以来,以习近平同志为核心的党中央,坚持立足全局观法治、着眼整体谋法治、胸怀天下论法治,从历史和现实相贯通、国际和国内相关联、理论和实际相结合上深刻回答了新时代为什么实行全面依法治国、怎样实行全面依法治国等一系列重大问题,形成了习近平法治思想。习近平法治思想的主要内容,集中体现为习近平总书记在中央全面依法治国工作会议上提出的“十一个坚持”,即坚持党对全面依法治国的领导,坚持以人民为中心,坚持中国特色社会主义法治道路,坚持依宪治国、依宪执政,坚持在法治轨道上推进国家治理体系和治理能力现代化,坚持建设中国特色社会主义法治体系,坚持依法治国、依法执政、依法行政共同推进,法治国家、法治政府、法治社会一体建设,坚持全面推进科学立法、严格执法、公正司法、全民守法,坚持统筹推进国内法治和涉外法治,坚持建设德才兼备的高素质法治工作队伍,坚持抓住领导干部这个“关键少数”。习近平法治思想覆盖改革发展稳定、内政外交国防、治党治国治军等各方面的法治问题,在范畴上系统集成、逻辑上有机衔接、话语上自成一体,展现出深厚的理论底蕴、缜密的逻辑架构和统一的价值指向,是我们党迄今为止最为全面、系统、科学的法治理论体系。

习近平法治思想是习近平总书记以非凡理论勇气、卓越政治智慧、强烈使命担当创立和发展的法治理论体系。习近平总书记是新时代中国特色社会主义的开创者,是实现中华民族伟大复兴中国梦的领航者,一以贯之地高度重视并亲自谋划推进法治建设。在长期的领导实践中,习近平总书记积累了依法治县、依法治市、依法治省、依法治国的丰富经验,提出了许多立时代之潮头、发时代之先声的法治新思想新论断,展现出深邃思考力、敏锐判断力、卓越领导力。特别是党的十八大以来,习近平总书记以厉行法治的坚定意志、奉法强国的雄才大略、依规治党的远见卓识,创造性提出了一系列新思想新理念新战略,形成了习近平法治思想。习近平总书记是这一思想的主要创立者,对这一思想的形成和发展发挥了决定性作用、作出了决定性贡献。

习近平法治思想是在实践进步中彰显强大感召力、创新力、引领力的法治理论体系。习近平法治思想是经过实践证明、富有实践伟力的强大思想武器,是指引全党全国人民在复杂形势中守正创新、在矛盾风险中胜利前进、在法治轨道上治理国家的科学行动指南。党的十八大以来,以习近平同志为核心的党中央把全面依法治国提升为新时代坚持和发展中国特色社会主义的基本方略,作出了一系列重大决策部署，解决了许多长期想解决而没有解决的难题，办成了许多过去想办而没有办成的大事，有力促进了中国特色社会主义制度更加完善，有力推进了国家治理体系和治理能力现代化，有力保障了中国经济快速发展奇迹和社会长期稳定奇迹，有力提升了中国法治在全球治理中的影响力。这些重大成就的取得，根本在于习近平法治思想的正确指引，也有力证明了习近平法治思想的科学真理性。

深刻认识习近平法治思想的重大意义

深入学习贯彻习近平法治思想，必须深刻把握其政治意义、理论意义、实践意义、世界意义，切实增强学习贯彻的思想自觉、政治自觉和行动自觉，做到学思用贯通、知信行统一。

习近平法治思想揭示了社会主义法治的生命力和优越性，必将增强广大干部群众走中国特色社会主义法治道路的信心。习近平法治思想是从源远流长的中华法律文明传统和蓬勃发展的社会主义法治实践中形成的伟大理论成果，充分揭示了中国特色社会主义法治道路、理论、制度、文化的生命力和优越性，是习近平新时代中国特色社会主义思想的“法治篇”。深入研究、阐释和宣传贯彻习近平法治思想，有利于统一广大干部群众的思想认识，增强“四个意识”，坚定“四个自信”，做到“两个维护”，坚定不移走中国特色社会主义法治道路，进一步巩固全党全国人民团结奋斗的共同思想基础。

习近平法治思想开辟了马克思主义法治理论新境界，必将引领中国特色社会主义法治理论创新发展。习近平法治思想既坚持了马克思主义法治理论的基本立场、观点和方法，又在法治理论上有许多重大突破、重大创新、重大发展，为马克思主义法治理论发展作出了原创性贡献。深入研究阐释习近平法治思想，有利于拓展和创新中国特色社会主义法治理论，构建中国特色法学学科体系、学术体系和话语体系，增强新时代全面依法治国的政治定力、前进动力。

习近平法治思想擘画了新时代全面依法治国的宏伟蓝图，必将引领法治中国建设迈向良法善治新境界。习近平法治思想深刻总结了古今中外治国理政经验特别是党领导人民依法治国的成功经验，体现出深远的战略思维、鲜明的政治导向、强烈的历史担当、真挚的为民情怀，是引领法治中国建设迈向良法善治新境界的强大思想武器。在全面建设社会主义现代化国家新征程中，深入学习宣传贯彻习近平法治思想，有利于激发全党全国人民投身法治中国建设的巨大热情，加快建设中国特色社会主义法治体系、建设社会主义法治国家。

习近平法治思想凝聚了法治建设的中国经验和中国智慧，必将有力提升中国法治的国际话语权和影响力。随着我国日益走近世界舞台的中央，世界上越来越多的国家和人民对“中国奇迹”背后的中国法治故事感兴趣，希望深入了解“中国之治”背后的中国法治经验。习近平法治思想对中国特色社会主义法治作出了权威、精准的阐释，加强对习近平法治思想的对外宣传阐释工作，可以让国际社会更深入地了解中国特色社会主义法治，更充分地学习借鉴法治建设的中国经验、中国智慧，扩大中国法治在全球法治舞台上的话语权和影响力。

学深悟透习近平法治思想的核心要义

深入学习贯彻习近平法治思想，必须吃透基本精神、把握核心要义、明确工作要求，做到知其言更知其义，知其然更知其所以然，不断提高马克思主义理论水平和运用能力。

一是学深悟透关于全面依法治国政治方向的重要观点。习近平法治思想深刻回答了全面依法治国由谁领导、依靠谁、走什么道路等大是大非问题，科学指明了中国特色社会主义法治的前进方向。我们要深刻认识到党的领导是中国特色社会主义法治之魂，自觉坚持党对全面依法治国的领导，健全党领导全面依法治国的制度和工作机制，推进党的领导制度化、法治化，通过法治保障党的路线方针政策有效实施。要深刻认识到全面依法治国最广泛、最深厚的基础是人民，自觉坚持以人民为中心，积极回应人民群众新要求新期待，系统研究谋划和解决法治领域人民群众反映强烈的突出问题，不断增强人民群众获得感、幸福感、安全感，用法治保障人民安居乐业。要深刻认识到中国特色社会主义法治道路是建设社会主义法治国家的唯一正确道路，自觉坚持从中国国情和实际出发，走适合自己的法治道路，决不能照搬别国模式和做法，决不能走西方“宪政”“三权鼎立”“司法独立”的路子。

二是学深悟透关于全面依法治国战略地位的重要观点。习近平法治思想从坚持和发展中国特色社会主义、实现中华民族伟大复兴的长远考虑出发，深刻回答了为什么要全面依法治国的问题，科学指明了全面依法治国的战略定位。我们要充分认识到全面依法治国是新时代坚持和发展中国特色社会主义的基本方略，努力在全面建设社会主义现代化国家新征程上更好发挥法治固根本、稳预期、利长远的保障作用。要充分认识到全面依法治国是党领导人民治理国家的基本方式，善于运用法治思维和法治手段巩固执政地位、改善执政方式、提高执政能力，保证党和国家长治久安。要充分认识到全面依法治国是国家治理的一场深刻革命，坚持在法治轨道上推进国家治理体系和治理能力现代化，有效保障国家治理体系的系统性、规范性、协调性。

三是学深悟透关于全面依法治国工作布局的重要观点。习近平法治思想深刻回答了全面依法治国如何谋篇布局的问题，科学指明了中国特色社会主义法治的战略布局。我们要坚持把建设中国特色社会主义法治体系作为总抓手，加快形成完备的法律规范体系、有效的法治实施体系、严密的法治监督体系、有力的法治保障体系、完善的党内法规体系。要深刻认识全面依法治国是一项系统工程，坚持依法治国、依法执政、依法行政共同推进，法治国家、法治政府、法治社会一体建设，增强法治的系统性、整体性、协同性。

四是学深悟透关于全面依法治国主要任务的重要观点。习近平法治思想深刻回答了全面依法治国如何重点突破的问题，科学指明了中国特色社会主义法治的战略安排。要坚持依宪治国、依宪执政，以宪法为根本活动准则，维护宪法尊严，保证宪法实施，确保宪法确定的中国共产党领导地位不动摇，宪法确定的人民民主专政的国体和人民代表大会制度的政体不动摇。要坚持全面推进科学立法、严格执法、公正司法、全民守法，深入推进法治领域改革，提高立法质量和效率，深化行政执法体制改革，深化司法体制综合配套改革，建设社会主义法治文化，全面提升法治的权威性和公信力。要坚持统筹推进国内法治和涉外法治，加快涉外法治工作战略布局，加快我国法域外适用法律体系建设，善于综合利用立法、执法、司法等手段开展斗争，占领法治制高点，坚决维护国家主权、尊严和核心利益。

五是学深悟透关于全面依法治国重大关系的重要观点。习近平法治思想从马克思主义立场、观点和方法出发，深刻回答了如何正确处理全面依法治国重大关系问题，科学指明了法治中国建设的认识论和方法论。要正确处理政治和法治的关系，社会主义法治必须坚持党的领导，党的领导必须依靠社会主义法治。要正确处理改革与法治的关系，坚持在法治下推进改革，在改革中完善法治。要正确处理法治和德治的关系，充分发挥法律的规范作用、道德的教化作用，实现法治和德治相辅相成、相得益彰。要正确处理依法治国和依规治党的关系，发挥依法治国和依规治党的互补性作用，确保党既依据宪法法律治国理政，又依据党内法规管党治党、从严治党。

六是学深悟透关于全面依法治国基础保障的重要观点。习近平法治思想深刻回答了全面依法治国需要什么保障的问题，科学指明了全面依法治国的人才支撑和“关键少数”。要加快推进法治专门队伍革命化、正规化、专业化、职业化建设，加强理想信念教育，深入开展社会主义核心价值观和社会主义法治理念教育，做到忠于党、忠于国家、忠于人民、忠于法律。要加强法律服务队伍建设，教育引导法律服务工作者坚持正确政治方向，依法依规诚信执业，认真履行社会责任，满腔热忱投身社会主义法治国家建设。要坚持抓住领导干部这个“关键少数”，推动各级领导干部带头尊崇法治、敬畏法律，了解法律、掌握法律，不断提高运用法治思维和法治方式深化改革、推动发展、化解矛盾、维护稳定、应对风险的能力，做尊法学法守法用法的模范。

充分发挥习近平法治思想的实践伟力

深入贯彻落实习近平法治思想，关键在于发挥好习近平法治思想的真理力量，筑法治之基、行法治之道、积法治之势，在法治中国建设新征程上实现新担当新作为。

一是加强习近平法治思想的宣传阐释，推动科学思想落地生根。要抓紧建设高水平的习近平法治思想研究基地，推动形成习近平法治思想研究学术高地，对习近平法治思想深入开展学理化阐释、学术化表达、体系化构建，推出一批有分量、有深度的研究成果。坚持把学习贯彻习近平法治思想作为干部教育培训的重要任务，组织开展学习研讨培训活动，真正做到学懂弄通、入脑入心。坚持把习近平法治思想作为法治人才培养的核心内容，推动习近平法治思想进教材、进课堂、进头脑，使之成为法学专业学生观察、思考、处理法治问题的世界观和方法论。扎实开展习近平法治思想宣讲活动，统筹运用各类媒体平台和宣传渠道开展立体化、互动式的理论宣讲，推动习近平法治思想走进群众、深入人心，让法治成为广大人民群众的思维方式和行为习惯。

二是坚持以习近平法治思想统领法治理论研究，加快推进中国特色社会主义法治理论创新。要坚持以习近平法治思想为引领，加强对法治实践成熟经验的系统总结，对法治建设新情况新问题的深入研究，概括出有规律性的新认识，提炼出有学理性的新理论，发展符合中国实际、具有中国特色、体现社会发展规律的社会主义法治理论。要深入挖掘和传承中华优秀传统法律文化精华，合理学习和借鉴世界优秀法治文明成果，打造具有中国特色和国际视野的法学理论体系和法治话语体系，做中国法学的创造者、世界法学的贡献者。要立足全面依法治国新任务新要求，积极推动法学传统学科转型升级，大力发展法学新兴学科，积极开拓法学交叉学科研究，不断完善具有中国特色、中国气派的法学学科体系。

三是坚持以习近平法治思想指导法治实践，全面提升法治工作质效。要紧紧围绕把握新发展阶段、贯彻新发展理念、构建新发展格局中的法治问题，坚持以习近平法治思想为指导，研究提出有价值、可操作的政策措施，为全面建设社会主义现代化国家提供有力法治保障。要紧紧抓住建设中国特色社会主义法治体系这个“牛鼻子”，坚持以习近平法治思想引领科学立法、严格执法、公正司法、全民守法，推动法治工作质量变革、效率变革、动力变革，把科学思想转化为全面建设社会主义法治国家的生动实践。组织开展多渠道、宽领域、深层次的对外法治交流活动，做好习近平法治思想的对外传播工作，善于开展涉外法律斗争，提升我国在国际法治事务中的话语权和影响力。

中国特色社会主义法治事业已走过千山万水，新征程新目标仍然需要跋山涉水。我们要更加紧密地团结在以习近平同志为核心的党中央周围，深入学习宣传贯彻习近平法治思想，加快推进法治中国建设，为全面建设社会主义现代化国家、实现中华民族伟大复兴的中国梦提供有力法治保障，以优异成绩迎接中国共产党成立一百周年！

（作者：王晨；来源：求是网官方账号 2021 年 2 月 1 日）

2. 习近平法治思想的理论渊源

习近平法治思想是马克思主义法治理论中国化最新成果，是习近平新时代中国特色社会主义思想的重要组成部分，是全面依法治国的根本遵循和行动指南。学习领会习近平法治思想，吃透基本精神、把握核心要义，首要的是在历史与现实的结合中科学理解其理论渊源。从渊源关系、理论地位、内在关联性、实际作用和理论影响力等方面考虑，理解习近平法治思想的理论渊源，应重点把握好以下四方面资源：一是马克思、恩格斯、列宁等经典作家创立的马克思主义法治理论；二是中国共产党把马克思主义普遍原理同中国实际相结合，推动马克思主义法治理论中国化形成的创新成果；三是在数千年文明演进中形成的中华优秀传统法律文化；四是人类法治文明中的有益成果。

马克思主义法治理论

马克思主义国家学说、无产阶级政党理论、社会主义革命理论、无产阶级专政理论、人民民主理论等，是习近平法治思想形成和发展的重要理论依据。尽管受时代条件所限，马克思主义经典作家并没有提出系统完整的法治理论，但他们对近代理性主义的古典自然法学、德国古典法哲学和空想社会主义法学思潮这三大法学思想渊源在批判继承、合理扬弃和必要吸收基础上形成的法学思想，对资产阶级国家及其法治进行深刻批判所阐释的重要观点，以及在一般论述中提出的关于国家与法律的基本理念、关于法律制度和国家法治的基本观点、关于无产阶级法治的基本立场观点方法等，对于社会主义国家法治建设具有普遍指导意义。概括而言，这些法治理论主要包括以下内容。

第一，法由经济基础决定。马克思在《〈政治经济学批判〉序言》中指出："法的关系正像国家的形式一样，既不能从它们本身来理解，也不能从所谓人类精神的一般发展来理解，相反，它们根源于物质的生活关系。"这个发现在法学史上具有划时代意义。以往的法学理论认为国家与法决定经济，而马克思在这里把两者的关系从根本上颠倒过来了，动摇了黑格尔法哲学体系的根基。在《哲学的贫困》中，马克思更加明确地说："无论是政治的立法或市民的立法，都只是表明和记载经济关系的要求而已。"同时，在马克思主义辩证唯物主义看来，经济关系决定法，但法对经济基础也有反作用。

第二，法具有鲜明的阶级性。马克思和恩格斯在《共产党宣言》中揭露了资产阶级法律的本质，指出："你们的观念本身是资产阶级的生产关系和所有制关系的产物，正像你们的法不过是被奉为法律的你们这个阶级的意志一样，而这种意志的内容是由你们这个阶级的物质生活条件来决定的。"事实上，在这种关系中占统治地位的个人除了必须以国家的形式组织自己的力量外，还必须给予他们自己的由这些特定关系所决定的意志以国家意志即法律的一般表现形式。而这种表现形式的内容总是决定于这个阶级的关系。列宁明确地说："法律就是取得胜利并掌握国家政权的阶级的意志的表现。"在人民当家作主的社会主义社会，阶级矛盾已不是社会主要矛盾，法的阶级性本质往往集中表现为法的政治性和人民性。

第三，法以社会为基础。马克思主义认为，社会不是以法律为基础的。相反地，法律应该以社会为基础。法律应该是社会共同的、由一定物质生产方式所产生的利益和需要的表现。马克思以拿破仑法典为例，指出这部法典并没有创立现代的资产阶级社会。相反地，产生于十八世纪并在十九世纪继续发展的资产阶级社会，只是在这本法典中找到了它的法律的表现。这一法典一旦不再适应社会关系，就会变成一叠不值钱的废纸。法是社会关系的调整器，对一切有关全社会的公共事务进行管理，从而保证人类的存在和发展，它具有一般社会意义。法的政治职能只有在执行法的社会职能的同时才能实现。

第四，实行人民民主。列宁提出，“没有民主，就不可能有社会主义”。民主不仅是无产阶级革命第一步的政治追求，而且是马克思主义政治哲学的基础性概念和革命理论的逻辑起点，是理解马克思主义法治理论的一把钥匙。马克思主义认为，民主的发展过程本质上就是人的解放过程，是使个人摆脱外在的束缚关系，成为自由而全面发展的人，最终实现人的政治解放、经济解放、文化解放和社会解放。这种解放的过程，可以表现为政治民主、经济民主、文化民主和社会民主。从根本上讲，民主是国家形式，是国家形态的一种。列宁在实践中积极探索创立的苏维埃制度是在民主发展过程中具有全世界历史意义的一大进步，从制度上、法律上使人民的权利与国家的权力获得统一，使国家真正成为人民的国家。

第五，用宪法和法律来巩固和发展人民民主和国家政权。马克思主义认为，一切革命的根本问题是国家政权问题。列宁指出：“意志如果是国家的，就应该表现为政权机关制定的法律，否则，‘意志’只是毫无意义的定义而已。”同样，法也必须以国家为后盾，“如果没有政权，无论什么法律，无论什么选出的代表都等于零”。列宁告诫俄国革命者：“社会主义的无产阶级时时刻刻都要记住，它所面临的、必然会面临的是一场群众性的革命斗争，这场斗争将捣毁注定要灭亡的资产阶级社会的全部法制。”无产阶级“要废除旧法律，摧毁压迫人民的机关，夺取政权，创立新法制”。在工人阶级夺取国家政权、共产党成为执政党之后，为了巩固和发展政权，必须制定新宪法，创立和实行新法治；要随着形势的发展需要不断地对法律进行立、改、废。

第六，实行共产党领导。列宁在总结苏维埃民主制度的基本特征时认为，这种民主制度“建立了劳动者先锋队，即大工业无产阶级的最优良的群众组织，这种组织使劳动者先锋队能够领导最广大的被剥削群众，吸收他们参加独立的政治生活，根据他们亲身的体验对他们进行教育，因而是空前第一次使真正的全体人民都学习管理国家，并且开始管理国家”。社会主义国家政权的全部政治经济工作都是由工人阶级先锋队——共产党领导的。但是，党的领导不是包办一切，“在党的代表大会上是不能制定法律的”。

马克思主义法治理论不是就法律讲法律、就法治谈法治、就法学论法学，而是把揭露批判资产阶级法权的阶级本质、否定资本主义法治与创立马克思主义国家学说和法治理论紧密结合起来，深刻揭示了法的本质特征，科学阐明了法的发展规律、法的价值和功能、法的基本关系等根本问题，是真正为无产阶级和劳动人民服务的法治理论。需要特别指出的是，经典作家创立的马克思主义法治理论，当时主要是无产阶级革命和斗争的强大武器，列宁虽然在十月革命后探索过在无产阶级掌握政权条件下的社会主义法制建设问题，但由于当时特定的历史条件和其过早去世，这种探索没有取得广泛成功的整体经验。尽管如此，马克思主义法治理论为全世界无产阶级通过革命取得政权，建立新国家、巩固新政权、建设新法治、治理新社会明确了基本立场观点方法，提供了具有原创性和革命性的理论指导。马克思主义法治理论是新中国法制建立和发展的重要法理基础，是形成革命法制理论和中国特色社会主义法治理论的重要理论基础，是习近平法治思想形成和发展的基础性理论渊源。

马克思主义法治理论的中国化成果

关注和回答时代和实践提出的重大课题，是马克思主义永葆生机活力的奥妙所在。在革命、建设、改革各个历史时期，我们党坚持马克思主义基本原理同中国具体实际相结合，在研究解决各种重大理论和实践问题过程中，不断推进马克思主义中国化，产生了毛泽东思想、邓小平理论、“三个代表”重要思想、科学发展观、习近平新时代中国特色社会主义思想等重大理论创新成果。在此进程中，尽管表现形式不尽相同，但探索和推进社会主义法治建设始终是党的事业的重要组成部分；尽管基本内涵不尽相同，但探索和构建社会主义法治理论，始终是马克思主义中国化的重要内容。

新民主主义革命时期，以毛泽东同志为主要代表的中国共产党人创造性提出中国共产党领导的革命根据地建设理论，指导根据地和解放区的红色政权创立、法制建设；提出彻底废除国民党政权的“六法全书”和伪法统，建立人民民主专政的新国家。社会主义革命和建设时期，以毛泽东同志为主要代表的中国共产党人创造性提出制定共同纲领和社会主义宪法，实行人民民主专政的国体、人民代表大会制度的政体、单一制国家、民主集中制，确立社会主义基本制度，正确处理人民内部矛盾等重大理论。这些重要理论创新，深刻回答了在革命和建设进程中，我们党如何团结带领人民运用宪法、法律方式方法推翻旧政权、建立新国家、巩固和发展新政权、保障人民当家作主等重大问题。

改革开放初期，以邓小平同志为主要代表的中国共产党人，创造性提出为了保障人民民主、必须加强法制、使民主制度化法律化，处理好法治和人治的关系，法律面前人人平等，建设和法制两手抓，开展全民法制教育等重大命题，深刻回答了改革开放新时期为什么要加强法治建设，怎样通过完善宪法和法治保障改革开放顺利进行等重大问题。

党的十三届四中全会以来，以江泽民同志为主要代表的中国共产党人，创造性提出实行依法治国、建设社会主义法治国家，尊重和保障人权，形成有中国特色社会主义法律体系，坚持依法治国与以德治国相结合，建设社会主义政治文明等重大命题，回答了在建立中国特色社会主义市场经济体制新形势下，为什么要确立依法治国基本方略，怎样坚持依法治国、建设社会主义法治国家等重大问题，推动了中国特色社会主义法治理论发展。

进入新世纪，以胡锦涛同志为主要代表的中国共产党人，创造性提出坚持党的领导、人民当家作主、依法治国有机统一，坚持科学执政、民主执政、依法执政，构建社会主义和谐社会，依法治国前提是有法可依，基础是提高全社会的法律意识和法治观念，关键是依法执政、依法行政、依法办事、公正司法，依法治国首先要依宪治国、依法执政首先要依宪执政等重大理论，回答了怎样坚持依法治国正确方向、落实依法治国基本方略等重大问题，丰富了中国特色社会主义法治理论。

党的十八大以来，以习近平同志为核心的党中央围绕全面依法治国提出一系列新理念新思想新战略，丰富和发展了中国特色社会主义法治基本理论、基本观点以及全面推进依法治国的基本方略、基本方法。

关于中国特色社会主义法治的基本理论，主要包括：发展符合中国实际、具有中国特色、体现社会发展规律的社会主义法治理论，为依法治国提供理论指导和学理支撑；加强法学基础理论研究，形成完善的中国特色社会主义法学理论体系、学科体系、课程体系；加强对中国特色社会主义国家制度和法律制度的理论研究，为坚定制度自信提供理论支撑；等等。

关于中国特色社会主义法治的基本观点，主要包括：统筹布局的战略观、人民中心的主体观、党法统一的政治观、公平正义的价值观、人权保障的权利观、宪法至上的权威观、全面推进的系统观、良法善治的法治观、法德结合的治理观、于法有据的改革观、依法治权的监督观、人类命运共同体的全球观，等等。

关于全面推进依法治国的基本方略，主要包括：把全面依法治国纳入"四个全面"战略布局；坚持党的领导、人民当家作主、依法治国有机统一；建设中国特色社会主义法治体系、建设社会主义法治国家的全面推进依法治国总目标；坚持依宪治国、依宪执政；坚持党领导立法、保证执法、支持司法、带头守法；坚持依法治国、依法执政、依法行政共同推进，法治国家、法治政府、法治社会一体建设；坚持依法治国和依规治党有机统一；等等。

关于全面推进依法治国的基本方法，主要包括：坚持和运用马克思主义法治理论、法治思维、法治方法，坚持以人民为中心的根本立场，坚持实事求是、一切从国情和实际出发的思想路线，坚持战略思维、历史思维、辩证思维、创新思维、底线思维等科学思维方法。

中华优秀传统法律文化

习近平总书记高度重视发掘中华法治文明的本土法治资源，明确指出"我们的先人们早就开始探索如何驾驭人类自身这个重大课题，春秋战国时期就有了自成体系的成文法典，汉唐时期形成了比较完备的法典。我国古代法制蕴含着十分丰富的智慧和资源，中华法系在世界几大法系中独树一帜"。党的十八大以来，以习近平同志为核心的党中央注重研究我国古代法制传统和成败得失，推动中华优秀法律文化创造性转化、创新性发展。

从我国古代看，凡属盛世都是法制相对健全的时期。春秋战国时期，法家主张"以法而治"，偏在雍州的秦国践而行之，商鞅"立木建信"，强调"法必明、令必行"，使秦国迅速跻身强国之列，最终促成了秦始皇统一六国。唐太宗以奉法为治国之重，一部《贞观律》成就了"贞观之治"；在《贞观律》基础上修订而成的《唐律疏议》，为大唐盛世奠定了法律基石。这些宝贵经验证明了在中华文化深厚的土壤中可以培育出毫不逊色于西方两大法系的中华法系（法治）文明，对此我们要坚定自信，决不能妄自菲薄。

习近平法治思想深刻总结我国古代法制成败得失，挖掘传承中华优秀传统法律文化，弘扬出礼入刑、隆礼重法的治国策略，民惟邦本、本固邦宁的民本理念，天下无讼、以和为贵的价值追求，德主刑辅、明德慎罚的慎刑思想，赋予中华法治文明新的时代内涵，使中华法治文明焕发出新的生命力。

例如，习近平总书记强调，中国特色社会主义法治道路的一个鲜明特点，就是坚持依法治国和以德治国相结合，强调法治和德治两手抓、两手都要硬。这既是历史经验的总结，也是对治国理政规律的深刻把握。法律是成文的道德，道德是内心的法律。法律和道德都具有规范社会行为、调节社会关系、维护社会秩序的作用，在国家治理中都有重要地位和功能。法律有效实施有赖于道德支持，道德践行也离不开法律约束。法治和德治不可分离、不可偏废，国家治理需要法律和道德协同发力。中华法治文明延续着我们国家和民族的精神血脉，既需要薪火相传、代代守护，也需要与时俱进、推陈出新。

再如，习近平总书记说，走什么样的法治道路、建设什么样的法治体系，是由一个国家的基本国情决定的。“为国也，观俗立法则治，察国事本则宜。不观时俗，不察国本，则其法立而民乱，事剧而功寡。”全面推进依法治国，必须从我国实际出发，同推进国家治理体系和治理能力现代化相适应，既不能罔顾国情、超越阶段，也不能因循守旧、墨守成规。

另如，习近平总书记在论及全面推进依法治国必须保证法律严格实施，否则制定再多法律也无济于事的问题时举例说：“我国古代有徙木立信的典故，说的是战国时期商鞅在秦国变法，为了取信于民，派人在城中竖立一木，说谁能将此木搬到城门，赏赐十金。搬一根木头就可以拿到十金，民众无人相信，后来把赏赐加到五十金，有人试着把木头搬到城门，果然获赏五十金。这就是说要言而有信。”现在，我们社会生活中发生的许多问题，有的是因为立法不够、规范无据，但更多是因为有法不依、失于规制乃至以权谋私、徇私枉法、破坏法治。实现良法善治，必须善于汲取中华优秀传统文化基因，在推进中华法系文明批判性继承、现代性复兴的进程中建设法治中国。

人类法治文明有益成果

习近平法治思想以宽广的世界视野、博大的人类胸怀，深入观察人类文明交流互鉴，高度重视法治中国建设对人类法治文明有益成果的借鉴吸收。习近平总书记强调，坚持从我国实际出发，不等于关起门来搞法治。法治是人类文明的重要成果之一，法治的精髓和要旨对于各国国家治理和社会治理具有普遍意义，我们要学习借鉴世界上优秀的法治文明成果。

在涉及世界法治文明发展的历史问题时，习近平总书记指出："从世界历史看，国家强盛往往同法治相伴而生。3000多年前，古巴比伦国王汉谟拉比即位后，统一全国法令，制定人类历史上第一部成文法《汉谟拉比法典》，并将法典条文刻于石柱，由此推动古巴比伦王国进入上古两河流域的全盛时代。德国著名法学家耶林说，罗马帝国3次征服世界，第一次靠武力，第二次靠宗教，第三次靠法律，武力因罗马帝国灭亡而消亡，宗教随民众思想觉悟的提高、科学的发展而缩小了影响，唯有法律征服世界是最为持久的征服。"

在阐述如何正确把握党和法的关系问题时，习近平总书记深刻指出，党和法的关系问题是政治和法治关系的集中反映。法治当中有政治，没有脱离政治的法治。西方法学家也认为公法只是一种复杂的政治话语形态，公法领域内的争论只是政治争论的延伸。每一种法治形态背后都有一套政治理论，每一种法治模式当中都有一种政治逻辑，每一条法治道路底下都有一种政治立场。

在谈到司法不公的危害性问题时，习近平总书记引用英国哲学家培根的话说："'一次不公正的裁判，其恶果甚至超过十次犯罪。因为犯罪虽是无视法律——好比污染了水流，而不公正的审判则毁坏法律——好比污染了水源。'这其中的道理是深刻的。"

对于人类法治文明有益成果，要立足中国国情和实际，在分析中参考、在比较中借鉴、在批判中吸收，绝不能照搬照抄。习近平总书记多次强调指出，对丰富多彩的世界，我们应该秉持兼容并蓄的态度，虚心学习他人的好东西，在独立自主的立场上把他人的好东西加以消化吸收，化成我们自己的好东西，但决不能囫囵吞枣、决不能邯郸学步。照抄照搬他国的政治制度行不通，会水土不服，会画虎不成反类犬，甚至会把国家前途命运葬送掉。鞋子是否合适，只有脚知道。学习借鉴人类法治文明有益成果不是简单的拿来主义，必须在运用马克思主义立场观点方法进行批判分析的基础上，坚持以我为主、为我所用，认真鉴别、合理吸收，不能搞全盘西化，不能搞全面移植，不能照搬照抄。要从中国国情和实际出发，走适合自己的法治道路，决不能照搬别国模式和做法，决不能走西方"宪政""三权鼎立""司法独立"的路子。

（作者：李林；来源：《光明日报》2021年1月22日第11版）

3. 坚持全面依法治国，推进法治中国建设

习近平总书记在党的二十大报告中指出："全面依法治国是国家治理的一

场深刻革命，关系党执政兴国，关系人民幸福安康，关系党和国家长治久安。必须更好发挥法治固根本、稳预期、利长远的保障作用，在法治轨道上全面建设社会主义现代化国家。”

我们要坚持走中国特色社会主义法治道路，建设中国特色社会主义法治体系、建设社会主义法治国家，围绕保障和促进社会公平正义，坚持依法治国、依法执政、依法行政共同推进，坚持法治国家、法治政府、法治社会一体建设，全面推进科学立法、严格执法、公正司法、全民守法，全面推进国家各方面工作法治化。

(1)完善以宪法为核心的中国特色社会主义法律体系。坚持依法治国首先要坚持依宪治国，坚持依法执政首先要坚持依宪执政，坚持宪法确定的中国共产党领导地位不动摇，坚持宪法确定的人民民主专政的国体和人民代表大会制度的政体不动摇。加强宪法实施和监督，健全保证宪法全面实施的制度体系，更好发挥宪法在治国理政中的重要作用，维护宪法权威。加强重点领域、新兴领域、涉外领域立法，统筹推进国内法治和涉外法治，以良法促进发展、保障善治。推进科学立法、民主立法、依法立法，统筹立改废释纂，增强立法系统性、整体性、协同性、时效性。完善和加强备案审查制度。坚持科学决策、民主决策、依法决策，全面落实重大决策程序制度。

(2)扎实推进依法行政。法治政府建设是全面依法治国的重点任务和主体工程。转变政府职能，优化政府职责体系和组织结构，推进机构、职能、权限、程序、责任法定化，提高行政效率和公信力。深化事业单位改革。深化行政执法体制改革，全面推进严格规范公正文明执法，加大关系群众切身利益的重点领域执法力度，完善行政执法程序，健全行政裁量基准。强化行政执法监督机制和能力建设，严格落实行政执法责任制和责任追究制度。完善基层综合执法体制机制。

(3)严格公正司法。公正司法是维护社会公平正义的最后一道防线。深化司法体制综合配套改革，全面准确落实司法责任制，加快建设公正高效权威的社会主义司法制度，努力让人民群众在每一个司法案件中感受到公平正义。规范司法权力运行，健全公安机关、检察机关、审判机关、司法行政机关各司其职、相互配合、相互制约的体制机制。强化对司法活动的制约监督，促进司法公正。加强检察机关法律监督工作。完善公益诉讼制度。

(4)加快建设法治社会。法治社会是构筑法治国家的基础。弘扬社会主义法治精神，传承中华优秀传统法律文化，引导全体人民做社会主义法治的忠实崇尚者、自觉遵守者、坚定捍卫者。建设覆盖城乡的现代公共法律服务体系，深入开展法治宣传教育，增强全民法治观念。推进多层次多领域依法治理，提升社会治理法治化水平。发挥领导干部示范带头作用，努力使尊法学法守法用法在全社会蔚然成风。

（来源：新华社 2022 年 10 月 26 日）

精选习题

一、单选题

1. 法律区别于道德规范、宗教规范、风俗习惯等其他社会规范的首要因素是（　　）

A. 法律是统治阶级意志的体现

B. 法律是由国家创制和实施的行为规范

C. 法律由社会物质生活条件决定

D. 法律是历史发展规律和自然规律的反映

2. 法律由一定社会的物质生活条件所决定，其中决定法律的本质、内容和发展方向的根本因素是（　　）

A. 人口的素质和密度　　B. 生产关系

C. 物质资料的生产方式　　D. 地理环境

3. 法律发展史上最早出现的法律为（　　）

A. 原始社会法律　　B. 封建制法律

C. 奴隶制法律　　D. 资本主义法律

4. 国务院各部门可以根据宪法、法律和行政法规，在本部门的权限范围内，制定（　　）

A. 行政法规　　B. 部门规章

C. 地方性法规　　D. 地方政府规章

5. 我国的司法机关是指（　　）

A. 公安局　　B. 人民政府

C. 监狱　　D. 人民法院和人民检察院

6.(　　)是我国的根本法,是治国安邦的总章程,是党和人民意志的集中体现。

A.宪法　　B.法律

C.行政法规　　D.地方性法规

7.2018 年 3 月 11 日通过的《中华人民共和国宪法修正案》关于宪法第三条第三款中人民代表大会产生的新的国家机关是(　　)

A.行政机关　　B.监察机关

C.审判机关　　D.检察机关

8.我国的国体是(　　)

A.人民民主专政　　B.人民代表大会制度

C.生产资料的社会主义公有制　　D.多党合作制

9.我国现行宪法是(　　)年制定的。

A.1949　　B.1954

C.1978　　D.1982

10.培养法治思维的前提是(　　)

A.养成守法习惯　　B.学习和掌握基本的法律知识

C.掌握和运用法律方法　　D.参与立法讨论和依法行使监督权

二、多项选择题

1.法律的类型有(　　)

A.奴隶制法律　　B.封建制法律

C.资本主义法律　　D.社会主义法律

2.世界五大法系是(　　)

A.大陆法系　　B.英美法系

C.伊斯兰法系　　D.印度法系

E.中华法系

3.中国特色社会主义法律体系包括(　　)

A.宪法相关法　　B.民法商法

C.经济法　　D.刑法

E.行政法

4. 中国特色社会主义法治体系包括(　　)

A. 完备的法律规范体系
B. 高效的法治实施体系
C. 严密的法治监督体系
D. 有力的法治保障体系
E. 完善的党内法规体系

5. 党内法规体系包括(　　)

A. 党章
B. 党的组织法规制度
C. 党的领导法规制度
D. 党的自身建设法规制度
E. 党的监督保障法规制度

6. 我国宪法的基本原则是(　　)

A. 党的领导原则
B. 人民当家作主原则
C. 尊重和保障人权原则
D. 社会主义法治原则
E. 民主集中制原则

7. 我国的法治方针是(　　)

A. 科学立法
B. 严格执法
C. 公正司法
D. 全民守法

8. 法治思维的基本内容是(　　)

A. 法律至上
B. 权力制约
C. 公平正义
D. 权利保障
E. 程序正当

9. 人身权利包括(　　)

A. 生命健康权
B. 人身自由权
C. 人格尊严权
D. 住宅安全权
E. 通信自由权

10. 政治权利包括(　　)

A. 选举权与被选举权
B. 表达权
C. 民主管理权
D. 监督权

三、材料分析题

卢某系北京某大学计算机专业的学生。2000年6月,卢某从网上下载了黑客软件,破译并盗取某公司上网账号与密码,并且向好友与同学广泛传播此账号与密码,还得意地告诉他们,“这账号是黑下来的,不付钱就可以上”。致使1000多人使用这个账号,对该公司带来16万多元的经济损失。当卢某因涉嫌盗窃罪被追究刑事责任时,他竟以并没有偷东西为由替自己辩解。

结合材料回答问题:

1. 卢某的行为是否触犯了刑法,构成了什么犯罪?

2. 作为一名大学生,应如何提高法律素质,养成法治思维,不碰法律红线?

推荐阅读书目

1. 江山:《中国法理念》,中国政法大学出版社2005年版。

2. 约翰·莫里斯·凯利:《西方法律思想简史》,王笑红译,法律出版社2010年版。

3. 梁治平:《寻求自然秩序中的和谐:中国传统法律文化研究》,商务印书馆2013年版。

4. 伯尔曼:《法律与宗教》,梁治平译,中国政法大学出版社2003年版。

5. 瞿同祖:《中国法律与中国社会》,中华书局2007年版。

6. 古斯塔夫·拉德布鲁赫:《法律智慧警句集》,舒国滢译,中国法制出版社2016年版。